# 生産と饗宴からみた
# 縄文時代の社会的複雑化

川島尚宗
Takamune Kawashima

六一書房

# 目　次

はじめに …………………………………………………………………………… 1

## 第1章　縄文時代における社会的複雑化に関する研究の位置づけと目的
　　第1節　問題の所在 ………………………………………………………… 3
　　第2節　縄文社会の複雑化に関する先行研究 …………………………… 6
　　第3節　研究の目的と方法 ………………………………………………… 7

## 第2章　狩猟採集民社会の複雑化
　　第1節　狩猟採集民社会の複雑化 ………………………………………… 11
　　　（1）複雑化狩猟採集民 …………………………………………………… 12
　　　（2）トランスイガリタリアン社会 ……………………………………… 14
　　第2節　狩猟採集民社会における複雑化過程のモデル ………………… 18
　　　（1）生産と労働動員 ……………………………………………………… 18
　　　（2）饗宴 …………………………………………………………………… 27

## 第3章　環状盛土遺構からみた縄文時代後・晩期の集落
　　第1節　関東地方縄文後・晩期集落と縄文階層化社会論 ……………… 41
　　第2節　関東地方の縄文時代後・晩期集落 ……………………………… 41
　　第3節　縄文時代後・晩期集落の立地 …………………………………… 60
　　第4節　「盛土」の形成と集落景観 ……………………………………… 61
　　第5節　住居構造の変化 …………………………………………………… 65
　　第6節　「盛土」の堆積土 ………………………………………………… 66
　　第7節　環状盛土遺構の性格 ……………………………………………… 74
　　第8節　縄文時代後・晩期集落の特質―中期集落との比較から― …… 76

## 第4章　縄文時代の土器製塩における労働形態
　　第1節　縄文時代土器製塩研究の意義と課題 …………………………… 81
　　第2節　土器製塩の社会的背景 …………………………………………… 85
　　第3節　縄文時代の製塩土器 ……………………………………………… 86

（1）口縁部……………………………………………………………… 86
　　　（2）底部 ………………………………………………………………… 97
　　第4節　製塩遺構と土器製塩工程 ………………………………………… 101
　　第5節　製塩と塩の流通 …………………………………………………… 105
　　第6節　土器製塩と社会組織 ……………………………………………… 108

## 第5章　縄文時代の饗宴
　　　　　―縄文時代後・晩期における食料加工と消費の増大―
　　第1節　縄文時代後・晩期の食料保存・加工技術 ……………………… 115
　　第2節　木組をもつ水場遺構 ……………………………………………… 117
　　第3節　水場遺構と堅果類の可食化 ……………………………………… 132
　　第4節　焼土遺構 …………………………………………………………… 138
　　第5節　儀礼と食料の消費 ………………………………………………… 140
　　　（1）焼土と獣骨 ………………………………………………………… 141
　　　（2）祭祀遺物の集中 …………………………………………………… 143
　　　（3）大型住居 …………………………………………………………… 145
　　　（4）土偶 ………………………………………………………………… 150
　　　（5）その他の祭祀遺物 ………………………………………………… 152
　　第6節　縄文時代後・晩期の饗宴 ………………………………………… 154

## 第6章　縄文時代後・晩期社会の複雑化
　　第1節　縄文時代後・晩期における生産と饗宴 ………………………… 157
　　第2節　縄文時代の生業と社会的複雑性 ………………………………… 162
　　第3節　縄文社会における複雑化過程の特徴 …………………………… 165

## おわりに ………………………………………………………………………… 171

　引用文献 ……………………………………………………………………… 174
　図表出典 ……………………………………………………………………… 191
　初出一覧 ……………………………………………………………………… 195
　あとがき ……………………………………………………………………… 196
　索引 …………………………………………………………………………… 198

# はじめに

　本研究では，縄文時代研究の主要なテーマのひとつとなった縄文階層化社会論をとりあげ，関東地方の縄文時代後・晩期の社会の変化について考察をおこなう。縄文階層化社会論以前には，縄文時代は狩猟採集民社会として認識され，平等な社会を形成していたと一般的にはとらえられてきた。階層的社会が出現するのは稲作農耕が生業として定着する弥生時代以降であると考えられてきたのである。しかしながら，北米太平洋岸の民族誌を援用した研究成果によって，縄文時代にも階層化社会が存在したという説が提出された（渡辺 1990）。

　当初，縄文研究者のほとんどは渡辺のモデルに否定的な見解を示した（今村 2002, 小杉 1991, 林 1995;1998;2000, 山田 2003;2005, 山本 2005）。特に，縄文時代の各時期・時代からいわゆる優品とされる考古資料のみを分析対象とする資料操作の問題，階層という用語の定義に関する問題が批判的に論じられた。この一方で，縄文時代に階層化社会を積極的に認める立場の研究者もあらわれた（中村 1999;2000, 武藤 1999）。

　この一連の議論の中で，縄文階層化社会論のみならず，縄文時代研究そのものが含有する問題点が明らかとなった。それは，狩猟採集民の社会組織に対する理解不足であり，狩猟採集民社会は平等であり階層制は存在しないという前提のまま研究を進めてきたことが原因である。極論するならば，現在の縄文階層化社会論は，縄文時代に世襲的階層化社会が存在したかどうかについての議論に終始している。墓制からの研究では，縄文時代には基本的に世襲的階層制が存在しなかったと推察され（山田 2003），子供の厚葬の存在からは世襲的階層制が存在したと考えられている（中村 1999）。この解釈の相違は，縄文時代階層化社会論に必要な理論の整備がおこなわれてこなかったこと，そのために議論が深化してこなかったことに起因すると考えられる。その意味で，渡辺のモデルの問題点を整理・検討し，今後の研究へとつなげようとする坂口（1999）の試みは重要な視点を提供している。

　近年の狩猟採集民の研究では，狩猟採集民は平等であり階層制を有しないという単純な図式はまったく通用せず，その社会は実に多様なあり方を示すことが指摘されて久しい。たとえば，明確な階層制をもつ狩猟採集民社会の存在が注目されている。これらは複雑化狩猟採集民とよばれ，主に北米太平洋岸で報告されてきた（Price and Brown 1985, Arnold 2001;2004, Prentiss and Kuijt 2004, Sassaman 2004）。しかしながら，身分制といっていいほど階層化した彼らの社会であっても，その墓制には明確な差違が認められない場合もある。墓制に差異が生じるほど階層化した社会はごくわずかであり，実際には平等社会と階層化社会の中間に位置づけられる社会も多い。この中間的社会を除外して，縄文時代における階層化社会の有無を論じることに意義を見出すことはできない。長期間にわたる縄文時代の中の社会的変容のダイナミズムをとらえるには，二項対立的な構図ではなく，中間的社会に対応可能な新たな視点が必要となるのである。

　本研究では，縄文時代で研究されてこなかった饗宴を中心的な視座として，縄文時代後・晩期

社会の複雑性に言及していく。これまで，集落数・住居跡数の減少や祭祀遺物の増加から，後・晩期は呪術に支配された文化的停滞期であると認識されたこともあった。しかし饗宴の視点からみると，縄文時代中期までとは異なり，拠点的集落において饗宴を活発におこなう社会として後・晩期社会を再評価できると考えられる。さらに，縄文時代後・晩期における生産の痕跡を探ることで，社会組織の多様化・専門化を確認できるであろう。本研究で採用する方法によって，世襲的階層制の有無のみでは抽出できない多様な縄文社会のあり方とその複雑化の過程をよりダイナミックにとらえることが可能になると考える。

　なお，タイトルや文中にある社会的複雑化または社会的複雑性という用語は，第2章で述べるように social complexity の訳語である。同様に，複雑化社会は complex society を意味している。これらは，階層制・社会的不平等などを包括するあいまいな用語ではあるが，中間的社会において，社会政治的・経済的な活動の活発化を考察するためには有効であると考え使用することとした。また，不平等という用語は，個人間・集団間の社会的地位の差を示す場合に用いている。また，リーダーや指導者などを含む社会的権威をもつ人物または人々に対し，エリートという用語を用いることとする。

# 第1章　縄文時代における社会的複雑化に関する研究の位置づけと目的

## 第1節　問題の所在

　現在の縄文時代研究における重要な課題のひとつに縄文社会の階層化に関する議論が挙げられる（高橋2001，山本2005）。これまでは，社会的階層化と農耕が密接に関連するという考えが支配的であったが，日本の縄文時代も狩猟採集民ではあるものの，豊富な威信財の存在などから階層化社会であったという斬新な指摘がなされた（渡辺1990）。たしかに，狩猟採集社会は素朴で農耕社会は複雑という単純な図式は現在では支持されておらず，狩猟採集民の中でも素朴なものから世襲的階層制をもつ複雑な社会まで存在することを強調した研究が増えている（Arnold 1993;1996, Fitzhugh 2003, Hayden 1995, Sassaman 2004）。これらの研究は北米先住民の民族誌によって複雑な狩猟採集社会の存在が明らかな地域，主に北米太平洋岸を対象としており，ヨーロッパとの接触以前と以後の文化的連続性を前提として，狩猟採集民の複雑化社会の起源と社会的複雑化の過程について議論がおこなわれている。

　渡辺（1990）はこのような北米北西海岸先住民の民族誌を援用しつつ，生業に関する職業の分化が身分の差を生じさせたと主張し，縄文社会に豊富に観察される威信財は階層的社会を示すと述べた。これ以降，縄文時代の階層化に関する議論が活発となった。渡辺の考古資料の用い方に対する批判はあるが，縄文階層化論に対する関心が高まってきている（高橋2001，武藤1999，山田2010，山本2005）。考古資料の中でも階層制を示すと考えられているのは墓制であり，後述のように縄文研究の中でも副葬品の格差などにより地位の差異が以前より指摘されてきた（駒井1959など）。これらの指摘は史的唯物論にもとづいていると考えられるが，これに対して，民族誌を援用して墓制が先史社会のどのような特徴をあらわすかという研究もおこなわれている（Binford 1971）。しかし，埋葬形態のもつ社会的な意味は各社会において様々であり，また，死に関する条件によっても死者の取り扱いが異なるなど社会内での変異も大きく，葬送の体系的な理解には至らなかった。ただ，墓制に多様性がみられる社会では社会内の地位体系も多様であるという一般的傾向が指摘されている（Binford 1971, Saxe 1970）。一方で，考古資料を扱って各社会の墓制を分析すべきという立場や社会人類学者によって，ビンフォードやサックスの研究は批判的に扱われている（メトカーフ・ハンティントン1996）。

　しかしながら，近年でも階層化と墓制の関連性は重視されており，特に子供の墓が厚葬されるかどうかに焦点が当てられている（Hayden 1995, 中村1999, 山田2003;2005）。墓制の分析では階層制を認める立場（中村1999）と懐疑的な立場（山田2003;2005）があり，北米北西海岸先史時代の埋葬例を日本列島の先史時代墓制と比較検討した結果，縄文時代よりも弥生時代の事例に近いという指摘もある（山田2003;2005）。縄文時代における子供の副葬が顕著でないことも考慮すると（山田2003），縄文時代の階層制に関して墓制から検討をおこなうことは困難であろうと判断

される。副葬品の差異は一時的なものであり，制度化されていないと考えられるのである。

　墓制研究に代表される1990年代からの縄文階層化論においては，世襲的な階層制の存在に焦点が当てられてきたようである。しかしながら，この点こそ重大な問題点であると考えられるのである。そもそも，縄文時代に世襲的階層制が存在したかどうかという議論が適切かどうかについて検討が必要なのではないだろうか。通例，世襲的階層制は首長制社会の特徴のひとつとされているが（Service 1962, 松木 2000;2006a;2006b），縄文社会が首長制社会のほかの特徴を備えているかについても考慮するべきである。現在の縄文階層化論の問題点は1950年代より用いられてきた「階層」「階級」という語に束縛され，古い概念・歴史観にもとづいて考古資料を分析していることに起因する。この状況から脱却するには，多様な実態を示す狩猟採集民の民族誌から得た理論によって，階層制の有無のみにとらわれない新たな概念を用いる必要がある。1980年代から社会的に複雑化した狩猟採集民社会の研究が盛んになっており（テスタール 1995），農耕社会ではないにもかかわらず社会的複雑化がおこる過程に関心が寄せられている（Feinman and Douglas 2001, Sassaman 2004）。北米を中心とする研究では，すでに複雑な社会に対応できる新しい概念が導入されている。これらの研究では社会進化史における特定の段階をとりあげ，饗宴など社会の発展段階と相関する社会的要素から人類社会における発展段階の細分が提案されている（Hayden 1995;2001a）。また，北米先史時代の発掘調査にもとづく実証的研究も進められている（Prentiss and Kuijt 2004）。旧来の図式ではとらえられない狩猟採集民社会の多様性に対応できるよう，新たな概念にもとづいた研究が必要である。

　本論では，狩猟採集民社会の複雑化に関する先行研究を参考に，縄文時代の階層化について考察を試みる。階層化など社会的複雑化の研究においては，墓制を分析対象とするのが通常の手法であろう。しかし，縄文時代の中では墓や副葬品の差が明確ではないとされているため（山田 2003;2005），墓制から縄文社会の複雑化を明らかにすることは難しいと考えられる。世襲的階層制を示すような墓制は弥生時代以降において顕著になるのであって，縄文時代の墓制には制度化された階層差があらわれていないのであろう。そのため，筆者は墓制以外の社会的要素で，平等社会から首長制社会までの段階において変化の読み取れる社会的要素，すなわち生産と饗宴を分析に用いようと考えた。生産と饗宴は社会的複雑性や不平等との相関が注目されており，民族誌を用いた理論的な研究が進められてきた（Arnold 1993, Costin 1991, Hayden 2001b）。墓制研究が世襲的階層制の確認を目的とするのに対し，生産や饗宴に関する研究は世襲的階層制が確立されていない段階の社会的複雑性の分析に適していると考えられる。

　北米カリフォルニア先住民の研究によれば，狩猟採集民社会であっても社会的統合度が高まり複雑化すれば，リーダーによって工芸品の製作と製作工程の管理がおこなわれるという（Arnold 1996）。日常品ではない工芸品を製作させるための権威と財力，さらに完製品を交易に供するための指導力が必要とされるからである。したがって，日常生活用具以外の器物は社会的な要求が漠然と高まるから製作されるのではなく，特定の個人などの欲求が前提となって製作されると考えられる。縄文時代には土製品，木製品，石製品などの製作がおこなわれているが，出土数が少

ない遺物は分析対象として適していない。社会の複雑化にともなって生産量が増減する遺物が，ここで採用する手法の分析対象として適していると考えられる。工芸品だけでなく特定の生産活動にも，工芸品製作と共通の構造を想定することができる。例えば縄文時代の土器製塩は，生産遺跡が比較的明瞭に判別でき，製塩土器の堆積があることから時期的な生産活動の変遷を知ることができる。土器製塩は縄文時代後期後半に関東地方で開始され，晩期には東北地方の太平洋岸でもおこなわれた。製塩専用の土器の大量消費，製塩炉などの遺構の存在から，自集落での消費を上回る生産がおこなわれていたと考えられる。

　ヘイデン（1995）の論文は墓制と社会的複雑化との関連で引用されることがあるが（中村 1999），より重要な点は社会の発展段階を区分し，平等社会と首長制社会の間にトランスイガリタリアン社会という中間的段階を設定したことである。彼はトランスイガリタリアン社会を再定義し，先史社会に適用することを試みた。考古資料の具体的な分析はなされていないものの，複雑化社会の各段階の特徴を整理し先史時代の各社会に当てはめた彼の研究は，他の研究者に影響を与えた。さらに各段階に特徴的な饗宴の形態をまとめ，社会の発展段階と饗宴形態の相関も示している（Hayden 2001a）。縄文時代研究において饗宴が主要なテーマとしてとりあげられたことはないが，縄文時代の考古資料の中にも饗宴と関わるものを確認することができるだろう（川島 2008）。縄文時代中期までとは異なり後・晩期の遺跡においては，包含層中の多量の獣骨片，通常の炉とは異なる大型の焼土ブロックなど饗宴の痕跡と考えられる特徴がしばしば観察されている。精製土器と粗製土器との分化によって，特殊な器種が出現することも通常とは異なるコンテクストにおける食料消費と関連するであろう。また近年，食料の加工に関する遺構として，木組をともなう水場遺構が遺跡低地部から検出される事例が増えている（佐々木 2007）。水場遺構は通常，ドングリ・トチなどの堅果類のアク抜き処理を効率的におこなうために設けられたと解釈されている。これらの諸特徴は，縄文社会内で大量の食料加工がおこなわれたことを示唆しており，食料消費の機会として饗宴がおこなわれた可能性を考慮する必要がある。

　縄文時代階層化論に対し否定的な見解を示す研究者でも，ある程度の社会的複雑化を認めている場合が多い。これは世襲的階層制の存在に論点が絞られてしまったために，議論が成り立たない状況を示していると考えられる。階層制，特に「世襲的階層制」や「階級」という概念のみから縄文時代の社会的複雑性を明らかにすることはできないであろう。これまでに想定されてきた階層的な社会よりも素朴な社会を分析するには，それらの多様性に対応しうる指標を用いなければならない。それが本論で採用する生産と饗宴である。今後の縄文時代階層化論に必要なのは，縄文社会に適用可能な方法論とその方法論にしたがった考古資料の分析であると考えられる。次節で縄文社会の階層化に関する先行研究をまとめ，論点を整理し，第3節において本研究の目的と方法について述べる。

## 第2節　縄文社会の複雑化に関する先行研究

　これまでに縄文時代の社会的複雑性に関して言及した論考をとりあげ，前述した問題点を明らかにする。特殊な遺物・遺構にもとづいて階層的社会の存在を想定することは以前よりおこなわれており，すでに1950年代にもいくつかの指摘が存在する。特に，東北地方・北海道の環状列石に関連して（後藤1952;1953，駒井1959），また北海道の環状土籬の副葬品から（河野1955，藤本1971）社会的不平等について言及されていた。これらの研究では「階級」という用語が用いられており，唯物史観的な立場からの解釈がなされていたことがうかがえる。これらの論考では，発掘調査によって出土した遺構や副葬品の差異を社会的不平等の根拠としている。

　これに対し，1970年代になると，民族誌的資料をもとに人類学的な見地から縄文時代の階層制に言及した論考が目立つようになる。考古資料はほとんど用いられていないものの，北太平洋岸地域の民族誌を豊富に扱った論考は，縄文時代の社会組織の復元に寄与したと考えられる（大林1971）。縄文社会復元のための民族誌は，山内（1964;1969）も指摘したカリフォルニアの例に加え，東北アジア漁撈民諸族，北方ユーラシア狩猟民が適しているとされた（大林1971:70）。縄文社会の政治的単位は集落であったと推定し，そこに世襲的「酋長」が存在した可能性はあるが，「酋長制」の発達は未熟であったと想定した。また，大林は夫方居住制が支配的であったと推定し，母系制の存在に疑問を呈している。考古資料にもとづく社会組織の研究として，貯蔵穴の分布から生産物の分配と占有を考察したものがある（佐々木1973）。この論考は貯蔵・分配という経済的側面から縄文社会における不平等の可能性を指摘した点で，墓制や祭祀施設にもとづく論考と異なる視点を提供した。

　1980年代には，北米北西海岸諸部族の民族誌を援用する研究が増加するが，単純な比較をおこなったものが多い。社会的不平等に焦点を当て，北米北西海岸では狩猟採集民であっても奴隷制を有する社会を構築していたことから，縄文時代における身分階層の分化や奴隷の存在を考慮する必要性が指摘された（佐原1985;1986;1987，佐原・小林2001，小林1986;1988a;1988b;1996;2000a;2000b）。このほか，人類学の社会発展段階理論を用いて配石遺構の分析をおこなった研究もあり，縄文時代後期以降に階層化社会が出現したと想定された（塚原1987;1989）。詳細な検討がなされたわけではないものの，佐原や小林の言説は考古学者に民族誌の重要性について目を向けさせたとも考えられよう。

　考古学者が本格的に縄文時代の社会的複雑化に関心を示し，研究にとりくむようになったのは，1990年代以降と考えられる。北太平洋沿岸地域の民族誌から，生業の分化によって社会の階層化が進むというモデルが示され，縄文時代の遺物・遺構が階層化を示すという解釈がなされた（渡辺1990）。この研究に対して考古学者からの批判が提出されたことは（小杉1991，林1995;1998），渡辺がもたらした影響の大きさを示しているといえるだろう。これらの批判は民族誌の用い方や考古資料の扱い方に関するものもあるが，階級や階層といった用語の概念規定

の必要性が提唱されている。一方で，縄文階層化社会論を積極的に評価する研究者もいる（中村1993;1999;2000，武藤1999）。中村は縄文時代の墓における副葬品に差がみられることから，階層制を想定している。しかしながら，同様に墓制の分析をおこなったにもかかわらず，階層化社会に否定的な見解もあり（山田2003;2005），単純に縄文社会の階層化を認めることはできないと考えられる。東北地方の土坑墓に関する研究において，同一の研究者が同様の資料を用いながらも解釈が異なっていることは，階層化を対象とする墓制研究において解釈の基準の確立が必要であることを示しているだろう（金子2004;2005）。このほか，工芸品製作のような経済的側面から階層化に言及した論考もある。安斎は縄文社会全般に渡辺の階層化理論を適用できないとして，北米北西海岸と環境が類似する北海道を対象に考察をおこなった（安斎2002;2007a）。佐々木（2002）は経済的側面を重視しているが，階層化を示す遺構として環状列石をとりあげ，祖先祭祀や個人的な威信を高めるために用いられたとする。環状列石をめぐっては，縄文時代後期前半に関東地方に展開する配石遺構のあり方から，核家屋（石井1994）とされる柄鏡型敷石住居を中心とした祭祀にもとづく階層的社会の出現が指摘されている（石坂2011）。

　縄文社会の階層化に関して議論が活発化し，日本における先行研究を整理した論考や（中村2002，山本2005），人類学的成果を援用して階層化をどのようにとらえるかについてまとめた研究が進められている（高橋2001b;2004）。中村（2002）も述べるように，縄文時代階層化論に否定的な研究者の多くは，世襲的で制度化された階層制の存在について否定的なのであり，縄文時代の後半に社会的複雑性が存在することはある程度認識されている。これまでの研究は縄文社会の複雑性の上限を示してきたと考えられるが，世襲的階層制の存在に関する議論だけでは縄文社会の複雑性を明らかにできないだろう。坂口（1999）のように，民族誌の援用方法やそれを適用する地域を厳密に検証しようとする姿勢は重要である。先行研究を概観すると，多くの考古学者の議論は狩猟採集民の階層化に関して，民族誌を参照せずに経験的な考察がおこなわれてきた。一方で，大林（1971）や渡辺（1990）のように北太平洋沿岸地域の複数の民族誌を用いた研究は社会組織の復元に適していると考えられるが，考古資料を体系的に扱っていないという問題を含んでいる。したがって，複雑な狩猟採集民社会に関する研究を参照しつつ，考古資料を詳細に分析したうえで，解釈をおこなうことが求められる。

## 第3節　研究の目的と方法

　縄文時代の階層化に関するこれまでの研究の経緯と問題点を述べてきた。上述のとおり，縄文社会の階層制について，考古資料の解釈のみでは不十分であることは明らかである。まず，同じ副葬品に関する研究であっても階層制を認める立場（中村1999;2000）と慎重な立場（山田2003;2005）があるように，考古資料の解釈と人類学的モデルの援用方法が問題となっている。人類学的モデルを先史社会に適用するには，複数の民族誌を用いて解釈の客観性を高める必要がある。また，墓制の研究は縄文時代の社会的複雑性の分析に適していない可能性が高く（川島

2007)，墓制の差異が確立する以前の社会段階を想定して研究を進めることが重要であると考えられる。本研究では，これらの課題を解消したうえで，縄文時代後・晩期社会の複雑化について考察する。本研究の目的は，縄文時代後・晩期社会においてどの程度社会的複雑性が達成されていたのかについて明らかにすることである。このため墓制以外の要素として，前述のように生産と饗宴を社会的複雑性の程度をはかる基準として用い，文化人類学的研究にもとづき，考古資料の解釈をおこなう基準の確立を試みる。工芸品製作に関する研究では，生産工程の分業が進展すると生産や製品の流通を管理するリーダーが出現するとされている（Arnold 1993）。縄文時代後期以降，特に東日本において生産活動の専門性が顕著になる（Kawashima 2012）。これらの活動からは，生産の拡大や専門化がおこっていたかどうかについての痕跡を読み取ることができるだろう。また，限定された場所で生産された製品の交換がおこなわれていれば，専業的な労働形態がとられた可能性が高まる。本研究のもうひとつの軸となる饗宴に関しては，リーダーが労働力を動員する際にもしばしば開催されることが指摘されている（Hayden 2001a）。両者に関連が認められるため，社会的複雑化と関わる考古資料の解釈に用いることができると考えられる。工芸品製作のみからではなく，饗宴という指標も用いることによって，社会的複雑化の程度を多角的に検討することができるだろう。第2章において各社会段階の概念規定をおこなうが，先述のように墓制研究によれば縄文時代後・晩期の社会は首長制社会に相当するほど複雑とはみなしがたいので，純粋な首長制社会への移行過程の社会やその周辺段階の社会を参照しながら分析を進める。

　本研究の方法は，主に北米先住民の民族誌および民族誌より得られた考古学的理論にもとづいて，縄文時代後・晩期の考古資料を分析するというものである。次章で詳しく述べるが，本研究に用いる理論では，工芸品製作および饗宴の発展が社会的複雑化の進展と相関するとされている。そこで，民族誌で報告される狩猟採集民の複雑化が，縄文社会にどの程度認められるかについて検討する。

　工芸品に関わる製作工程や工芸品の質・量からは，製作工程全体が管理されているかどうか，またどのように労働力が組織されていたのかを知ることができる。通年的に製作されたのか，または季節的な作業であったのかなども検討すべき点である。遺跡においては，工芸品としての遺物，未製品や屑がどのような状態で検出されるかによって，製作の過程が復元される。工程を管理し製作された工芸品を交易することで，エリートやリーダーとよばれる人物やグループが出現し，社会的複雑化を発展・維持させることができると考えられており，この意味で工芸品製作の発達は社会的複雑度の判断基準となっている。具体的にはカリフォルニアのチューマッシュ（Chumash）族の研究が参考になろう。工芸品製作の研究によって，縄文時代後・晩期社会においてエリートが保有した権力や社会的複雑性の程度が推察されるのである。

　工芸品製作と製品の管理をエリートがおこなう場合には，これを円滑に進める社会的システムが整っていることが通常である。特に社会内部に注目する場合，労働力の対価として儀礼的な形で食料が直接支払われたり，饗宴を通じて間接的に分配されることが多い。もちろん，労働力の動員だけが饗宴の機能ではないが，工芸品製作と合わせて饗宴の視点から研究を進めることは社

会構造を明らかにするうえで効果的であると考えられる。饗宴については，主に北米大陸の民族誌に依存しながら縄文時代の資料との比較を試みる。饗宴とは複数の人数で特別な機会に食事を共有することと定義され，様々な地域で報告される行為である（Hayden 1995）。北米大陸北西海岸におけるポトラッチにも饗宴がともなっており（Hayden 1995），大規模な物品の消費がおこなわれることで知られている。ポトラッチ自体もそうであるが，饗宴そのものが目的という例は少なく，ほとんどの場合何らかの儀礼にともなう形で饗宴が催される。しかし，饗宴の規模・機会・頻度・様式は社会的規範によって規制されており，個人の意志で自由におこなうことはできない。北米北西海岸諸部族のように階層的社会の場合には，エリートたちは平民よりも大規模なポトラッチを，より多くの機会に催すことができる。これはエリートたちの特権ともいえるが，特定の機会にポトラッチをすることは社会的義務であり，エリートたちはリスクを負いながらポトラッチの準備をしなければならない。平民よりも大規模な投資をおこなう機会をもつエリートは，饗宴を通じて余剰を投資することによって富や名声を得やすい立場にあると考えられている。ポトラッチ以外にも饗宴をともなう儀礼は各地にみられ，例えば，儀礼の象徴的な意味だけがとりあげられることが多いアイヌ民族のクマ送りでも饗宴が開催されている。これらの饗宴に関する情報は各地域から得ることができるが（Birket-Smith 1967），環境や生業の点で縄文社会と類似する北米北西海岸諸部族など北米太平洋岸を中心とする民族誌を本研究では比較資料として用いることとする。

　本研究の対象時期は，縄文時代の中でも特に後・晩期とする。後期以降，祭祀遺物が増加することは広く認識されているが，その社会的背景については具体的な議論がおこなわれてこなかった。後・晩期社会に対する「呪術的な社会」，「呪術に支配された社会」のような記述は漠然としたイメージを提供するものの，祭祀や儀礼のもつ社会的な機能から縄文社会が検討されてきたわけではない。縄文社会においておこなわれた儀礼の意味を明らかにすることは難しいとしても，儀礼が増加する理由について考察を加えることは可能であろう。したがって，本研究は儀礼を直接扱うのではなく，様々な儀礼にともなって催される饗宴を分析対象とする。饗宴は社会的複雑性の程度を示すと考えられており，縄文社会への援用を試みる。饗宴には日常的消費以上の食料が必要であるため，もし饗宴がおこなわれていたのならば，食料生産・加工の痕跡が残されていると考えられる。縄文時代後・晩期における饗宴の痕跡の候補となるのは，主に東日本で発見例が増加している水場遺構，関東地方下総台地に顕著な土器塚，関東地方の環状盛土遺構などである（Kawashima 2010，川島 2007；2008；2009）。水場遺構のような食料の生産・加工に関わる遺構は構築技術などの視点からは研究がおこなわれてきたが（佐々木 2007a），用途・機能に関してはまだ研究の余地がある。水場遺構は生産の場としての性格が指摘されているが，なぜ縄文時代後期以降に増加するのかについては十分に説明されていない。後期以降の集落人口の増加を示す考古学的証拠は存在せず，単純に生産量の増加のためという解釈を支持する根拠はない。饗宴という視点から食料の生産から消費までを分析することで，食料加工施設の出現の理由に言及することができるだろう。

食料加工だけでなく工芸品製作など生産活動の活発化の背景にはエリートが存在し，同時に饗宴によって労働力の動員やエリートの地位の確立が促されるという相互補完的な構図が予測される。社会的複雑性の程度をはかるには客観的な基準が必要となるため，工芸品製作についてはコスティン（Costin 2001），饗宴に関してはヘイデン（Hayden 2001a）の研究を考古資料の解釈の際の基礎的な理論として援用する。ただし，これらの理論は工芸品製作と饗宴がどのように社会的複雑性と相関するかを示したものであるが，考古資料を直接当てはめることはできないという問題も当然ながら含んでいる。発展の方向性のみを示し，具体的な社会段階への適用基準が述べられていないためである。このため，民族誌の記述を比較し参照しながら，考古資料のもつ意味を縄文社会の歴史的文脈に則しながら判断する必要がある。それぞれの社会によって発達する特徴が異なると考えられるので，ひとつの特徴をとりあげるだけでは社会的複雑性との相関を的確に評価することはできないかもしれない。本研究で採用する複眼的な方法によって，墓制のみからでは明らかにできない縄文時代の社会的複雑性を分析することができ，縄文時代における社会の変容が明瞭に示しうると考えられる。

# 第2章　狩猟採集民社会の複雑化

## 第1節　狩猟採集民社会の複雑化

　近年注目を集めているのは，狩猟採集民が時に高人口密度，定住，戦争，奴隷制をともなう階層的社会を形成しているということである（Fitzhugh 2003:2, Price and Brown 1985）。従来は社会的複雑性と生業は密接な関係にあるととらえられ，狩猟採集民は素朴な社会を，農耕民は複雑な社会を構築すると大まかには考えられてきた。かつての狩猟採集民のイメージは，小集団で食料を求めて移動を繰り返す遊動的な生活であった。しかし，オーストラリア・アボリジニの研究や（McCarthy and McArthur 1960），カラハリ砂漠における研究によって（Lee and DeVore 1968），狩猟採集民が常に食料を求めて移動しているわけではなく，生業以外の活動に費やす時間が多いことが明らかとなった。「豊かな狩猟採集民」という概念もあらわれ（Sahlins 1972），古典的な狩猟採集民像は変化しつつあった。北米先住民の中には北米北西海岸諸部族のように狩猟採集を生業としつつも階層制をもつ社会を構築する事例が知られており，狩猟採集民社会における階層制などの社会的複雑性の出現に関心が寄せられるようになった。北米では先住民と先史社会に文化的連続性があるととらえられており，北米北西海岸やカリフォルニアにおける社会的複雑性の起源について議論が進められてきた（Arnold 2001;2004, Fitzhugh 2003, Prentiss and Kuijt 2004）。

　複雑な狩猟採集民社会が研究されるようになったことで，狩猟採集民という生業を中心とした枠組みの中で社会的複雑性を評価することが難しくなっている。例えば，初期農耕民よりも複雑な社会を構築する狩猟採集民も存在するため，生業と社会的複雑性の程度を単純に対応させることはできない。生業による社会段階の区分は社会的複雑性の研究にとって以前のような重要性を有していないのである。縄文階層化社会論における否定的意見には，縄文時代の狩猟採集という生業による旧来の歴史観が少なからず影響していると考えられる。すでに述べてきたように，縄文階層化社会論では世襲的階層制が議論の対象となってきたと考えられるが，世襲的階層制に至る過程にも社会的複雑化が存在しており，平等社会か世襲的階層制かという選択肢では縄文時代の社会的複雑化を理解することはできない。北米を中心とした社会的複雑性の研究には縄文社会をとりあげたものもあり，先史時代における社会的複雑性をもつ狩猟採集民の例として注目されている（Arnold 1993, Habu 2004, Fitzhugh 2003, Hayden 1995, Pearson 2007, Sassaman 2004）。しかしながら，社会的複雑性の定義については新しい課題であり，日本における縄文研究の中では議論がなされてこなかった。後述するように，社会的複雑性の定義は研究者によって異なっており，本論で縄文社会の考察をおこなうにあたって再定義することが必要である。ここでは，はじめに狩猟採集民社会の複雑性に関する研究における問題点や課題を明らかにする。

## (1) 複雑化狩猟採集民

　古典的な狩猟採集民像と異なり，階層制をもつ狩猟採集民が注目されるようになると，両者を区別してとらえるための概念が求められるようになった。現在，狩猟採集民は simple hunter-gatherer（または generalized hunter-gatherers）と complex hunter-gatherer に大別されることが多い（Arnold 1993;1996 など）。前者は主に移動生活をし，定住や大規模な備蓄などをおこなわない狩猟採集民であり，彼らの社会では社会的地位が比較的平等であるとされる。後者は定住性が高く，大規模な備蓄をおこなう狩猟採集民である。complex hunter-gatherer は，社会的複雑化が進化して階層制が存在し，時に首長制社会段階に相当するとされている（Arnold 1993;1996）。これらの研究においては社会的な複雑性に対して complex や complexity という語が用いられているが，日本語の文献では訳語として「複合」（高橋 2001;2004）や「複雑な」（坂口 2007）などがあてられている。ただ，複合化狩猟採集民，複合狩猟採集民などは複数の社会を内包する社会ともみえ，「複合社会」という社会学の用語も存在する。したがって本書では，混乱を避けるために基本的に「複雑」の語を用いることとし，complex hunter-gatherer は複雑化狩猟採集民と表現する。これに対し，simple hunter-gatherer は素朴的狩猟採集民と訳しておく。

　では，complex とは何を意味するのであろうか。どの程度から complex と分類されるのであろうか。実際には，複雑性（complexity）という語は相対的な文脈で用いられる傾向にあり（Cohen 1985, Price and Brown 1985），厳密な区分は各研究者によって異なっている。ここではまず，複雑化狩猟採集民とされる集団の定義に関して先行研究を検討してみる。

　複雑な狩猟採集民の定義は，主に社会組織の視点と，経済的活動の視点からおこなわれてきた。研究の初期には厳密な区分はされておらず，ある程度の領域に継続的に比較的大規模な人口があれば，複雑とみなされるとも考えられていた（Brown 1985）。また，長距離交易や集団埋葬が複雑性を示すという指摘もなされた。素朴的狩猟採集民と複雑化狩猟採集民との区分は相対的なものであり（Brown 1985, Fitzhugh 2003），両者を明確に区分する基準について議論がおこなわれてきた。コーエン（Cohen 1985:104-105）は，制度化された階層制，地域間同盟の発達，儀式を通じた社会関係の規制，投資のための労働力動員，余剰を富に変換する経済的システムの発達によって複雑化狩猟採集民を定義した。ただ，これらは政治的また経済的な活動のほぼ全体に及んでいるため，ただ複雑化狩猟採集民社会にみられる特徴を羅列するだけでは分類基準になりえないという批判がなされた（Arnold 1996）。平等社会の中でもこれらのいくつかに当てはまる特徴をもつ可能性があるからである。近年では，これらの活動の中で社会的複雑性に強く関連する個別的活動をとり上げ，その発展の程度と社会組織との連動に焦点を当てる研究が多くなっている。

　ヘイデン（Hayden 1995;1998;2001a;2001b）は，饗宴・競争・労働管理の分析を通じて社会的複雑性の発達をとらえようとする。彼は「野心的リーダー」という行為者を設定し，「野心的リーダー」が自らの利益のために饗宴などの儀礼に関してリーダーシップを発揮することで政治的権力を高めていくというモデルを提示した。このモデルについては次節で詳述する。

　アーノルド（Arnold 1993）は労働組織に着目し，非親族労働に対する特定の人物による制度化

された管理を複雑化社会の基準とした[1]。社会的複雑性はまた，世襲的不平等と世襲的リーダーシップも意味するとして，社会的階層制を複雑化狩猟採集民の前提条件としている。また，特に墓が階層制を示し，生産と居住，また場合によっては墓制から労働の管理形態を知ることができるという（Arnold 1996:94）。アーノルドの研究対象は北米カリフォルニアのチューマッシュ族であり，ヨーロッパ人との接触以前の社会的複雑性について考古資料と民族誌に依拠した考察をおこなった（Arnold 2001;2004）。彼女の一連の研究では複雑化狩猟採集民の簡潔な定義と考古資料とが非常に強い相関性を示しているため，複雑化狩猟採集民の定義に関する考古学の研究にしばしば引用されている。

　アーノルドほど簡潔ではないにしても，研究者の多くは「制度化された不平等」を複雑化狩猟採集民の定義ととらえているようである（Price and Feinman 1995, Sassaman 2004）。例えば，フィッツヒュー（Fitzhugh 2003:3）は，制度化された不平等と複数家族単位をより大きな政治的編成へ統合する組織的構造をともない，基本的に遊動的な生産様式に従事する社会的集団を複雑化狩猟採集民の定義として提示している。複雑性という概念が相対的な基準であるという観点から，彼の定義はアーノルドよりも流動的である。北米アラスカのコディアック（Kodiak）島を研究対象とするフィッツヒューは，当該地域における社会的複雑性の出現と発達を説明することに主眼を置いているためであろう。この意味では，アーノルドの研究目的と共通しており，結果として類似した研究手法となっている。

　複雑化狩猟採集民に関する議論は，当然のことながら社会的地位や階層的組織の発達に焦点が当てられている。ただし，社会的複雑性を考察する際に重要なのは，社会内部の差異が水平方向か垂直方向かについて検討することである（Price 1995:143）。階層制についての議論では，垂直方向のみに焦点を当てる傾向があるので，この点には留意すべきであろう。水平的差異による社会的区分は，クラン・半族・家族・世帯・年齢階梯制・秘密結社などが挙げられ，社会内部の垂直的差異はランクや階層的組織に関わる（Fitzhugh 2003:3）。社会的複雑性の研究において，水平的差異を示す社会的区分間の関連性を説明するために，ヘテラルキーという概念が用いられることもある（Crumley 1995:3, Sassaman 2004:232）。たしかに，水平的差異も社会的複雑性の発達と関連していると考えられ，垂直方向ではない社会の変化をとらえるために水平方向の視点を用いることも必要であろう（Sassaman 2004:232）。弥生時代以降と比べ，縄文時代の社会的複雑性には垂直よりも水平方向の社会組織が展開していった可能性がある。

　社会内部の水平的差異の発達に関する議論が十分におこなわれていない現在の状況からすると，複雑化狩猟採集民を定義する共通要素は制度化された社会的不平等であるといえるだろう。アーノルドは世襲的階層制を定義として用いているが，実際には狩猟採集民社会において世襲制を示す考古資料を提示することは困難であると考えられる。アーノルドの見解のようにカリフォルニア先史時代における複雑化狩猟採集民社会が首長制に相当するならば，複雑化狩猟採集民社会は非常に限定されると考えられ，大多数の狩猟採集民はバンド社会や部族社会のような段階に相当するとみなされるだろう。世襲的階層制を民族誌から確認できる狩猟採集民の事例は非常に

限定されており，カリフォルニアや北米北西海岸など一部の地域以外においてアーノルドの定義を用いることは難しい。特に先史時代の狩猟採集民を研究対象とする場合には，歴史的連続性の認められる民族誌が存在しない場合が多いため，アーノルドのような手法を用いることはできない。本研究の目的は縄文社会を複雑化狩猟採集民として区分することにはなく，社会的複雑化の過程を明らかにし複雑化の程度を考察することにある。そのため，研究者の多くが述べるように，本書では「制度化された不平等の存在」を複雑化狩猟採集民の定義としてとらえておく。

狩猟採集民社会の区分に関する議論を通じて，社会的複雑性を有する狩猟採集民についての理解が深まったことはたしかであろう。また，複雑化狩猟採集民とみなされる事例も北米以外の各地から報告されるようになった。ただし，これらの研究は狩猟採集民という生業に限定された範囲内での議論であり，同程度の社会的複雑性を有するとみなされる園耕民などは含まれていない。次節では狩猟採集民に限定されない社会的複雑性に関する研究について述べていく。

(2) トランスイガリタリアン社会（Transegalitarian society）

先述したように狩猟採集民は素朴と複雑とに大別され，狩猟採集民社会の複雑性の発生・発達の過程について研究がおこなわれてきた。これらの研究は社会進化の中でも狩猟採集民社会のみに焦点を当てており，狩猟採集民社会にも素朴な段階から世襲的階層制を有する段階まで，幅広い種類の社会が存在することが明らかとなった。狩猟採集民の一部が首長制社会段階にも分類されるならば，狩猟採集民という分類においていくつかの段階が設定されうるかもしれない。古典的な狩猟採集民像である一般狩猟採集民と複雑化狩猟採集民は，社会組織の面で大きく異なるからである。

ヘイデン（Hayden 1995）は部族制社会と首長制社会との中間的な社会としてトランスイガリタリアン社会を再定義し，中間的な社会を3段階に区分してとらえようとする。平等な社会である一般的狩猟採集民社会がどのように不平等な社会へ変化するかについて，「野心的リーダー」という存在をキーワードに説明していることが特徴である。「野心的リーダー」を設定することで，社会の変化の過程についてより動態的に説明できるという長所をもつと考えられる。

トランスイガリタリアン社会には狩猟採集民だけでなく園耕民も含まれているため，社会進化の枠組みの一部分としてとらえることも可能である。この仮説では経済的側面が重視され，余剰生産とその運用方法に焦点が当てられている。ニューギニア高地と北米北西海岸の事例がヘイデンの考察の基礎となっている。トランスイガリタリアン社会では，潜在的な余剰生産量が増大するにつれて不平等も増大するとされ，暴君社会，返礼社会，起業社会という連続する3段階が想定されている。暴君社会はゴドリエなどのグレート・マンに，返礼社会はヘッド・マンに，起業社会はビッグ・マンにほぼ相当するとされる（Hayden 1995:25）。以下，トランスイガリタリアン社会について検討してみよう。まず，トランスイガリタリアン社会の前段階にあたる平等社会には，人口密度の低い狩猟採集民社会や園耕民社会があてられている。余剰が少なく，同時に投資など余剰の運用がおこなわれない社会と考えられる。また，饗宴が開催されたり戦争がおこ

ることはあるものの，散発的で規模・頻度は少ないとされる。トランスイガリタリアン社会ではこれらの活動の規模が大きく，頻度も高くなる。ヘイデンの仮説についてはすでに高橋（2001b）に詳しいが，重要な点だけここで整理しておく。

### 暴君社会（Despot communities）

暴君社会は東部ニューギニアほか世界各地に認められる。競争的祭祀はほとんどおこなわれない。戦争や軍事的同盟のために互酬的交換，負傷や死に対して補償がおこなわれる。特にニューギニア東高地では戦争が高い頻度でおこることが特徴とされる。戦争，同盟，補償のための交渉は，共同体のリーダーの役割である。戦争は野心的リーダーが共同体の資源を自身の利益になるように操作する最初の手段となる。生業に関する協同作業は地域によって様々であり，ニューギニアでは各家族単位で食料を自給し協同作業はおこなわれないが，北米北西海岸では協同労働が重要であった。いずれにしても，リーダーは戦争に使う余剰を集める必要がある。野心的リーダーが自己の共同体において余剰生産を促進させ統制するための手段は祭祀であるとヘイデンは述べる。ただ，暴君社会では祭祀において個人の貢献は明示されず，むしろ共同体の団結を示す側面が強くあらわれる。祭祀に用いられる食料は共同体内部で生産され消費される。

暴君社会を考古資料から確認するための指標としては，小規模の共同体，頻繁な戦争，未発達な威信システム，地方間交易，小規模の祭祀，住居や副葬品の平等性，が挙げられている。この段階では祭祀に用いられる食料は少量である。中石器時代または初期新石器時代で，顕著な戦争の痕跡をもち，威信財が未発達であればこの社会段階の候補とされる。ヌビア中石器時代のシャハバ（Sahaba）遺跡，カリフォルニアの中期チューマッシュ文化前半，北米北西海岸の前期から中期，線帯文土器文化，ヨーロッパの中期新石器文化が事例として挙げられ，防御・城砦化・暴力死・限定的な威信財などが特徴とされる。

### 返礼社会（Reciprocator communities）

返礼社会におけるリーダーは，ヘッド・マンとほぼ同様の機能をもつとされる。暴君社会におけるリーダーの社会的機能との差異はほとんどなく，権力を発生させるための余剰を集める手段は同様であるという。ただ，婚資，交換投資，多様でより精巧な祭祀，子供の養育費補償（child growth payment）などの新しい手段が用いられるようになる。また，一夫多妻制もみられ，社会的ネットワークと支持者が増加する。返礼社会にみられる新たな手段のひとつである婚資には，ニューギニアではブタが用いられるなど，一般的に余剰の量は大きい。子供の養育費補償は北米北西海岸でもニューギニアでも確認され，通過儀礼の際の費用の蓄積（誕生，初潮，割礼，刺青，特別な役割のための訓練など）と考えられる。北米北西海岸のトリンギット（Tlingit）族では成人儀礼や各種ポトラッチが相当し，さらに妻が亡くなったときに妻のクランは養育費用を請求する事例もあるため，成人までというよりも死亡するまでの期間が子供の養育費補償が発生する範囲としてとらえられる。ヘイデンはリーダーのとる手段を投資としてとらえ，富の蓄積や流通量の増大

に注目する。ただ，後述するニューギニアの起業社会では利子の発生で利益が発生するが，返礼社会では利子は強制的でないとされるため，返礼社会において純粋に経済的に投資によって利益を得ることは難しいだろう。リーダーは投資と村落間のネットワークを利用する。死の補償，婚姻・葬式の支払い，家屋建設などに関し，共同体間の投資交換がなされるという。リーダーとはいえ権力は決定的なものではなく，合同集団[2]の構成員からの支援が不可欠である。投資や交換をおこなう際に媒介となるのが祭祀である。物資や食料が浪費的に用いられ，主催者の非支援集団にも食料が振舞われる。リーダーの支援者たちは食料を提供する代わりに，リーダーからの援助を受けるといった利益も享受する。返礼社会では余剰と競争が増大するものの，リーダーが戦争に代わって交換によって権力を得るようになるのは起業社会からであるとされる。ただ，余剰の生産は認められ，貸し手が利子を期待して祭祀の主催者に投資をする状況が想定されている。返礼社会における祭祀の規模や頻度は暴君社会よりも一般的に増大すると予測されるので，余剰や消費に関わる考古資料からその発生を確認できる可能性は高くなる。例えば，返礼社会では祭祀に用いられる特殊な建物が構築されるという。北米北西海岸の共同体では合同集団用の大型建物が祭祀用施設となっている。北米北西海岸では大型建物の中で集約的労働による威信財の製作がおこなわれ，広範な地方的交換のネットワークに供給されたとされる。交換範囲の拡大によって，威信財の獲得，威信財の大規模な生産と循環がおこなわれる。社会経済的な階層化が進み，住居の規模に差異がみられるようになる。子供の墓への厚葬はトランスイガリタリアン社会でもすでにおこるとされ，ヘイデンは返礼社会の特徴に含めている。返礼社会に相当する先史社会として，ナトゥーフ文化，北米チューマッシュ後期，先史イロコイ後期，プエブロの初期集落，縄文時代前期・中期社会が挙げられている。

### 起業社会（Entrepreneur communities）

まず，高人口密度が起業社会の特徴のひとつであり，狩猟採集民の場合およそ10人/km$^2$，園耕民で100人/km$^2$以上とされる（Hayden 1995）。返礼社会では余剰の経済的な運用のみから権力を得ることはないが，起業社会では投資による金利が期待できるため，戦争に代わって交換によって権力を得るようになる。これにともない戦争の重要性も変化し，頻度が減少する。競争的祭祀の典型例として，北米北西海岸のポトラッチが挙げられているが，浪費的な贈与をおこなうのは返礼とともに利子が期待できるためである。暴君社会では10〜20頭のブタが祭祀に供されるのに対し，起業社会では数千頭ものブタが用いられる。リーダーだけでも100〜150頭を拠出するという。起業社会では死の補償，競争的祭祀だけでなく，婚資もより重要となる。リーダーは経済的・政治的・軍事的・儀礼的に重要な役割を掌握しようとする。エリートと非エリートの区別が顕著になり，家系による富の偏在やエリートの世襲に向けた社会的基盤が整備される段階ととらえられている。

先史時代における起業社会の事例として，具体的な内容は示されないものの縄文時代後・晩期が挙げられており，ほかにバルカン半島の初期新石器時代，西欧の初期巨石文化，中国の良渚文

化,チューマッシュ後期社会,チャヨヌ (Çayönü) など中近東の新石器時代,中米チャパス (Chiapas) 海岸のバッラ (Barra) 期,原史ヒューロン (Huron) 族社会,北米北西海岸マーポール (Marpole) 期,初期的な起業社会段階には,キートリー・クリーク遺跡などブリティッシュ・コロンビア高原のリルエット (Lillooet) 期における大規模な先史時代集落が挙げられている。さらに,トナカイの飼育と資源にもとづく合同集団の形成があった,ヨーロッパにおける後期旧石器時代の一部の共同体も起業社会に含まれるかもしれないとヘイデンは推測している。

　ヘイデンは社会経済的な不平等の発展を豊富な食料資源とこれにもとづく余剰生産に結びつける。これはテスタール (1995) なども指摘していることであるが,ヘイデンの説で新しい要素は「野心的リーダー」の存在を想定していることである(高橋 2001b)。「野心的リーダー」は自らの地位・権威を確立するために,余剰生産を増大させ,積極的な運用をおこなうとされる。この意味で,ヘイデンの説は従来指摘されてきた資源の欠乏や人口圧を主たる原因とする諸説とは異なっている(高橋 2001b)。彼の民族調査によれば,窮乏の際にリーダーが他の構成員を救済するという直接的な行動が観察されなかったことから,共同体の利益のためにリーダーが出現するという構造は期待できないと述べている(Hayden 2001b)。リーダーはあくまでも自己利益を追求する存在であり,リーダーの行為の種類・規模・頻度から社会段階が規定されるのである。例えば,彼は豊富な資源にもとづいて余剰がいくら生産されても,余剰を運用する人物が存在しなければ社会的複雑化はおこらないととらえ,余剰生産は欠乏の危機においてではなく実際には社会的欲求の結果おこなわれると考える。出現したリーダーが権力を増加させるには集団の労働に対する統制,生計経済に対する統制,交易に対する統制などを用いる。ヘイデンのモデルでは,リーダーが権力を強化する際に祭祀が媒介的行為として存在することに着目し,同時に祭祀の規模・頻度が余剰の量に比例すると仮定されている。

　トランスイガリタリアン社会におけるリーダーの共通の機能は戦争と儀式に関するものであり,社会組織が発達するにつれ,祭祀・交易・同盟関係の交渉などの機能も含まれるようになる。このうちのどの機能がリーダーによって重視されたかは,各社会によって異なることもある。例えば,北米北西海岸では戦争の痕跡が顕著であるが,旧石器時代から新石器時代のレヴァントや縄文時代前・中期では戦争の痕跡はほとんどみられない。ただ,威信財など社会的不平等の証拠は確認されている。したがって単一な定義を用いず,複数の組み合わせによって社会的段階を定義したほうがよいとヘイデンは述べている。

　また,社会的階層化・奴隷制の発達・威信制度の発達・奢侈品交換などの発達の程度によって戦争への依存度が異なるとされる。共同体の性格は,ニューギニアのような独立家族生計組織と北米北西海岸のような資源保有集団の共同体のような生業形態の差異や,合同集団が余剰を基盤とするか資源を基盤とするかどうか,また,地域伝統・歴史・文化的または個人の思考体系全体によっても異なるという。これらは共同体の進化論的な性格の基本的な部分に影響するものの,共同体組織の根本的性格は余剰生産の量と比例的な関係にあるとヘイデンはとらえる。ただし,

彼自身が述べるように，資源の絶対量の少ないニューギニアにおいて余剰資源が多いのに対し，社会的階層制の発達度は北米北西海岸よりも低い点には注意が必要だろう。この違いには，北米北西海岸において魚類が余剰資源の中心でありニューギニアではブタやイモ類が中心となっているという資源の差異も影響しているかもしれない。魚類の大量捕獲には特殊な施設を要し，また保存のためにも労働力が必要である。単純に余剰生産の量という観点から，社会組織の統合度を比較することは難しいであろう。ただし，異なる地域間での比較ではなく，同一地域内での通時的な変遷をとらえる場合には有効な観点であると考えられる。

　トランスイガリタリアン社会には3段階の社会が想定されているため，従来よりも細かく考古資料に対応させることができることがヘイデン説の特徴である。また，チェックリストのように複雑化社会にみられる特徴を羅列するのではなく，例えば，リーダーの用いる手段やその規模にもとづいて社会段階を設定している点などはヘイデン説が多くの研究者に注目される理由のひとつであろう。ヘイデンの述べるトランスイガリタリアン社会内の各段階が進化論的に発達するという仮定は未検証であるものの，彼が描く中間的な社会像が考古学にもたらす影響は大きいと考えられる。しかしながら，彼のモデルが特定の地域の資料をもとに構築されていること，富の操作など経済的な活動のみに注目していること，社会進化論的なモデルである点には注意を払わなければならない。

　ヘイデン（Hayden 1995）によれば，複雑化狩猟採集民もトランスイガリタリアン社会に含まれる。これにしたがえば，縄文時代階層化論はトランスイガリタリアン社会の中の議論として考えることができるだろう。ヘイデンは縄文時代前・中期をトランスイガリタリアン社会のうち返礼社会に，縄文時代後・晩期を起業社会にそれぞれ位置づけているが，具体的な分析がおこなわれたわけではない。彼が述べるように，狩猟採集民社会の複雑化過程には様々な要素が含まれることは明らかであり，ひとつの要素によってすべての社会の複雑性をはかることは困難であろうと考えられる。したがって，モデルを援用しつつも，縄文時代の考古資料を詳細に分析することが縄文社会の複雑性を評価するために不可欠である。本研究では，生産と饗宴の通時的な変化から縄文時代後・晩期社会の特徴を明らかにすることで，社会的複雑性の程度についての考察を試みる。次節では，本論の基盤となる生産と饗宴に関するモデルについて述べ，縄文社会への適用方法について検討していく。

## 第2節　狩猟採集民社会における複雑化過程のモデル

### （1）生産と労働動員

　生産は交易と異なり限定された範囲内で活動の痕跡を確認できるため，考古学的な研究対象とされることが多い（Costin 1991:1）。生産にも様々な形態があると考えられ，これまでにいくつかの分類方法が提唱されてきた（Flad and Hruby 2007）。ここでは，特に専業化（specialization）に関する研究に注目する。基本的には単純で小規模な生産形態から複雑で大規模な形態という軸にも

### 第2.1.表　専業形態の分類

#### コスティンによる工芸専業の分類

**独立専業**

| | |
|---|---|
| 個人専業（Individual Specialization） | 独立した個人ないし一家が在地で消費する分を生産 |
| 分散工房（Dispersed Workshop） | やや大きい工房が在地で消費する分を生産 |
| 集団専業（Community Specialization） | 独立した個人ないし世帯単位の生産者が共同で、地域レベルで消費する分を生産 |
| 集中工房（Necleated Workshop） | やや大きい工房が共同で、地域レベルで消費する分を生産 |

**従属専業**

| | |
|---|---|
| 分散労役（Dispersed Corvée） | 非常勤の工人が家族ないし在地社会レベルでエリートないし政権に供給する分を生産 |
| 専属工人（Indivisual Retainers） | エリートないし政権をパトロンとする常勤の個人が生産 |
| 集中労役（Nucleated Corvée） | 政権に非常勤で雇用された個人がエリートないし政権の専用工房で生産 |
| 専属工房（Retainer Workshop） | エリートないし政権をパトロンとする常勤の個人が、隔離された専門工房で大規模に生産 |

#### クラークらによる工芸専業の分類

**独立専業**

| | |
|---|---|
| 給付（Prestation） | 製品を贈り物として手渡す |
| 物々交換（Barter） | 製品を他の品物と交換する |
| 通商（Commerce） | 製品を一定の取り決めにしたがって交換 |
| 小売（Small Shop） | 世帯規模の小さな工房兼小売店 |
| 工場（Factory） | アダム・スミスのいう pin factory |

**従属専業**

| | |
|---|---|
| 個人後援（Patronized） | 個人がパトロンとなって生産に関与し、工人の作業中の生活を保証する |
| 機関後援（Presinct） | 宗教的あるいは国家の機関がパトロンとなるもの |
| 国家後援（State-sponsored） | 国家がパトロンとなるもの |
| 経営（Putting Out） | 産業革命以前にあった cottage industry に類し、スポンサーが原料・道具を提供する |
| 貢納（Tributary） | 十分な報酬を得ないまま、一般工人が原料・道具ともに自ら調達しおこなうもの |
| 奴隷（Servile） | 奴隷や召使いにおこなわせるもの |
| 強制労役（Corvée） | 原料・道具は国家が提供するが、工人は無償で労働力を提供する |

とづいた分類が多いが、アール（Earle 1981）は工人が所属する組織に注目し、独立専業（independent specialization）と従属専業（attached specialization）という基礎的な区分を示した。生産の規模や労働形態（フルタイム、パートタイム）という分類基準も加えられ、生産形態は次第に細分されてきた（Peacock 1982）。ピーコックの分類では、地理的に限定された労働形態やエリート層がスポンサ

一になる場合も考慮されている。さらに，空間的・社会的な労働力の分配や生産がおこなわれる場所の規模によって，生産組織が異なるという指摘もある（Tosi 1984）。世帯内，集落内，集落間というレベルのほかに集落間の分業や分業の統合のされ方によって主な6つの生産形態が提示された（前掲:23）。ブラムフィールとアール（Brumfiel and Earle 1987）は独立専業を一般マーケットの需要に対する生産活動とし，従属専業を一部エリートの管理統制化にあるお抱えないしお雇い工芸であると定義した（西秋 2000）。コスティン（1991）も同様の見解を示しているが，西秋（2000:3）はコスティンとクラークら（Clark 1995, Clark and Perry 1990）の専業に関する定義の差を指摘している。コスティンが専業を「分業による規則的かつ恒常的な，そして組織化されることもある生産システムで」あり，「生産者は生計の少なくとも一部を世帯構成員外との交易関係に依存し，一方で消費者は自ら生産しない物品の入手を彼らに依存している」という関係性によって定義するのに対し（Costin 1991:4），クラークらは「工芸の専業化とは譲渡可能な恒久財を非被扶養者（nondependent）の消費のために生産すること」と定義する（Clark and Perry 1990:297, 西秋 2000）。両者の差異は，クラークが生産者と消費者の相互依存関係を定義から排除し，規則的・恒常的・組織的でない生産体系をも含めている点にあらわれている（西秋 2000）。実際に両者の専業の分類を比較してみると（第2.1.表），コスティンの分類が生産における労働組織のみを基準とするのに対し，クラークらの分類は生産物の交換方法や特殊な労働形態を考慮していることが特徴的である。コスティン（2001）はさらに消費による流通全体を含めて，生産活動を理解しようとしている。クラークらの分類は特殊で具体的な例をも考慮したために，汎用性にかけるのではないかという点が懸念される。理論の汎用性に関しては，先行研究の多くはひとつの地域や社会といった限られた資料から提案されたものであるという批判もあり（Costin 1991:8），理論的研究の援用には注意を要する。生産者と消費者の相互依存関係を定義に含めるべきではないというクラーク（Clark 1995）の批判は，生産者と消費者が同一の場合を考慮することで解決できると考えられる。コスティンの分類はたしかにあいまいな点を残してはいるが，それゆえ特殊な事例にも対応できる柔軟性を有しており，幅広い社会に対してこの分類を用いることができると考えられる。本論では狩猟採集民社会の複雑化と生産活動の専業化との相関に焦点を当てるので，ここでは労働形態に注目するコスティンの分類が有効であろう。

　コスティン（Costin 1991:8-18）は先行研究をふまえ，4つのパラメーターを設定し，生産形態を8細分した（第2.2.表）。これら4つのパラメーターとは，コンテクスト（context），集中度（concentration），規模（scale），集約度（intensity）であり，各パラメーターの程度や組み合わせによって生産形態の分類がおこなわれている。コンテクスト（context）は階層など社会的・政治的な要素と関わっており，具体的にはリーダーやエリートがスポンサーとなっているかどうかが重要な基準となっている。集中度（concentration）は生産者が散在するか集中するかを示すパラメーターである。生産の効率性，原材の産地・入手方法や消費地までの搬出の方法などによっても異なるが，政治的・社会的条件によっても生産者の分布が変わると考えられる。規模（scale）は，ただ単純な規模だけでなく，生産者がどのような単位で生産に従事しているかにも関連する。世

第 2.2. 表　コスティンの分類

|  | コンテクスト | | 集中度 | | 規模 | | 集約度 | |
|---|---|---|---|---|---|---|---|---|
|  | 従属 | 独立 | 集中 | 分散 | 労働 | 親族 | パートタイム | フルタイム |
| 個人専業 |  | ○ |  | ○ |  | ○ | (○) | (○) |
| 分散工房 |  | ○ |  | ○ | ○ |  |  | ○ |
| 集団専業 |  | ○ | ○ |  |  | ○ | (○) | (○) |
| 集中工房 |  | ○ | ○ |  | ○ |  |  | ○ |
| 分散労役 | ○ |  |  | ○ | (○) | (○) | ○ |  |
| 専属工人 | ○ |  | (○) |  |  | (○) | ○ |  |
| 集中労役 | ○ |  | ○ |  | ○ |  | ○ |  |
| 専属工房 | ○ |  | ○ |  | ○ |  |  | ○ |

帯単位の労働なのか，または非親族の労働力を用いているのかという差があらわれてくる。集約度（intensity）は，労働にたずさわる時間と必要とされる人数を反映する。

　コスティンの分類が相対的で理論的であることは間違いなく，これを考古資料に直接対応させることは困難だろう。そのため先に述べた4つのパラメーターにしたがって，専業化に関わる直接的な考古学的証拠を検討できるとコスティンは説明する。また，このほかにも考古資料からの解釈をおこなうための指標が指摘されており，規格性（standardization），効率性（efficiency），技術（skill），地域的多様性（regional variation and falloff curves）は，考古資料から間接的にうかがうことのできる要素とされる（Costin 1991:33-43）。生産が組織的になれば製品の規格化が進むことが予測される。生産の効率化，生産技術の高度化も，専業化と相関して発達する要素であると考えられる。また，生産の中心地が偏在するようになれば，製品にも地域的な差異が生じるであろう。コスティンの研究は生産活動における専業化をいくつかの段階に分類することに主眼が置かれているため，各段階が社会的複雑性とどのように相関するのかについては記述されていない。そのため，生産と社会的複雑性の相関については，考古資料を用いた研究を参考に検討しておくことが必要である。前節ですでに述べたように，アーノルドは複雑化狩猟採集民の定義に世襲的階層制と非親族を動員する労働形態を採用している（Arnold 1993;1996）。アーノルドは北米カリフォルニアのチャネル（Channel）諸島および周辺の大陸側に居住したチューマッシュ族を研究対象として（第2.1.図），貝製ビーズ生産に関わる労働形態が社会的複雑化と相関して発達することを考古資料と民族誌を用いて示した（Arnold 2001;2004）。

　チューマッシュ族に関する記述は16世紀半ばから残されているものの，スペイン人を主とするヨーロッパとの接触によって感染症や宗教などの影響を受けているため，先史時代と民族誌との直接的な連続性が確実ではない部分もある（Kennett 2005:72-73）。18世紀の記録によれば，チューマッシュ族の人口は8,000人から25,000人と推定されており，アーノルドが対象とする島嶼部の先史時代における人口は約3,000人と考えられている（前掲:73-75）。生業は，海産資源，堅果類，シカなど大型獣を中心とする狩猟採集であり，内陸部では海産物への依存度が低い。ただ，

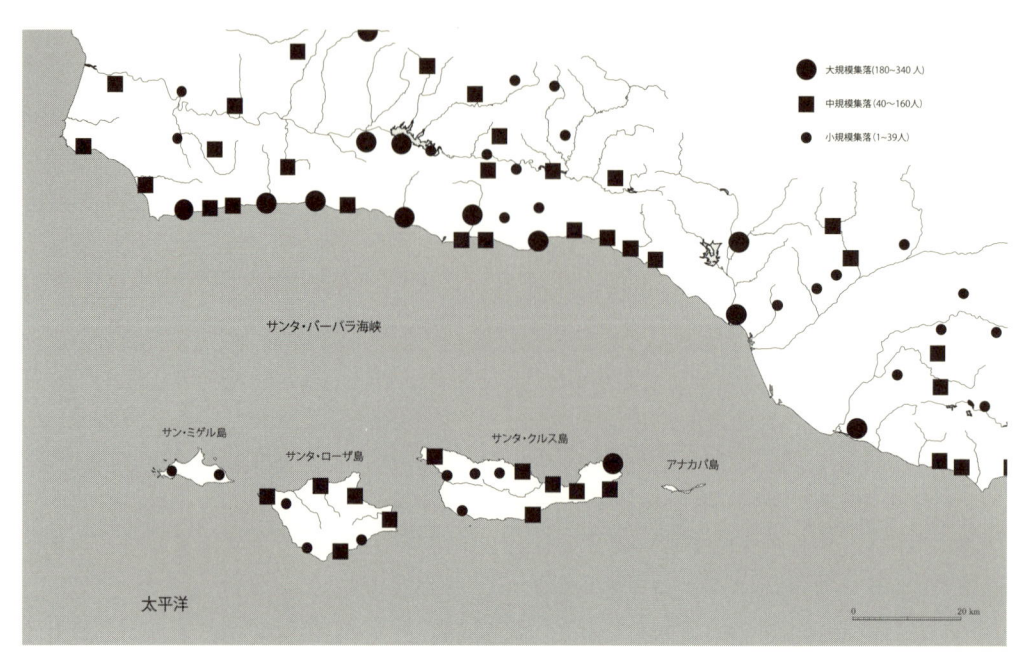

第2.1.図 ヨーロッパとの接触期におけるチューマッシュ集落の分布

内陸部の人々が海産物を求めて交換することもあり、基本的に海産物は重要な食料資源となっていたようである。大陸側沿岸部に居住した集団の事例をみてみよう（Campbell 1978:516-517）。一年を通じて用いられた食料はライブ・オークを主とする堅果類であり、秋に収穫し貯蔵がおこなわれていた。マツの実やガマの実も食用とされ、ガマの根からはデンプンが採取された。狩猟には弓矢が使用され、シカ、コヨーテ、キツネなどが捕獲されたが、小動物には落とし穴や罠猟が用いられた。アザラシ、ラッコ、クジラ、イルカなどの海獣類も狩猟の対象であり、カヌーと銛を用いて捕獲されていた。同様にカヌーを用いた漁撈として、メカジキ漁もおこなわれていた。メカジキはチューマッシュ族の信仰に関連して重要な位置を占めており、漁にはトモル（tomol）またはプランク・カヌーとよばれるエリート層のみが製作・所有できる特別なカヌーを用い、漁自体もエリート層にのみ許されている（Arnold 1995, Davenport et al. 1993）。このカヌーは後述のように、エリートが主導する交換活動の際にも用いられる。メカジキ漁以外の通常の漁撈には網、釣針、毒が使用された（Campbell 1978: 517）。島嶼部では海産資源への依存度が高く、大陸側と植生が異なるため、交換によって堅果類を主とするデンプン質食料を入手していた（前掲: 517）。これらの交換に用いられたのが貝製ビーズであり、特に島嶼部で盛んに製作されたとされる（Arnold 2001;2004）。

　堅果類のような炭水化物を多く含む食料も交換されていたことが考古資料の分析から明らかとなっており（Martin and Popper 2001）、民族誌の記述と合致している。植物質食料を加工したと考えられる石皿はチューマッシュ中期を通じて出土量がほとんど変化せず、後期以降では相対的には減少傾向にあるものの継続的に用いられている（Delaney-Rivera 2001）。後期における他の食

料をみると，海産資源利用の増加も発掘資料の分析によって確認されている（Colten 2001, Pletka 2001b）。海産物利用の増加は交換のためであると考えられ，交換の活発化にともなって果皮の除去などある程度加工された植物質食料が大陸からもたらされた結果であろうという指摘は興味深い（Kennett 2005:202）。

　大陸側との交換において，島嶼部から搬出された物資の中で最も重要なのは貝製ビーズであろう。島嶼部での生産活動はほかのチューマッシュ族とほぼ同様であるが，ビーズと製作用の石錐は例外的に多数出土している（Arnold and Munns 1994, Kennett 2005）。このビーズは北チャネル諸島のすべての島で生産されていたが，生産した集落は限定されており，また集落間における生産量の差も大きい（第2.2.図）。特にサンタ・クルス島西部でのビーズ生産が知られているが，サンタ・ローザ島東部にも大規模な製作跡が残されている（Kennett 2005）。サンタ・ローザ島南東海岸のビーズ生産集落付近は砂底であり，ビーズの材料となるエヒメボタル（*Olivella biplicata*）の生息域として適しているとされ，ほかにサンタ・クルス島の南西海岸も採集地点の候補とされる（Arnold 1992）。サンタ・クルス島西部とサンタ・ローザ島東部という隣接する地域でビーズ生産がおこ

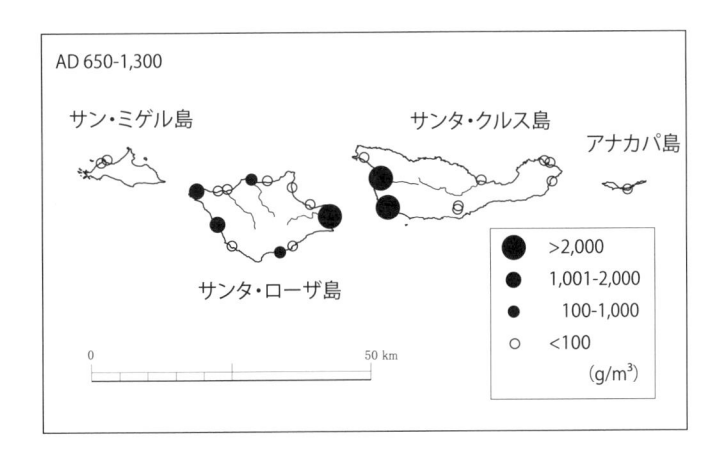

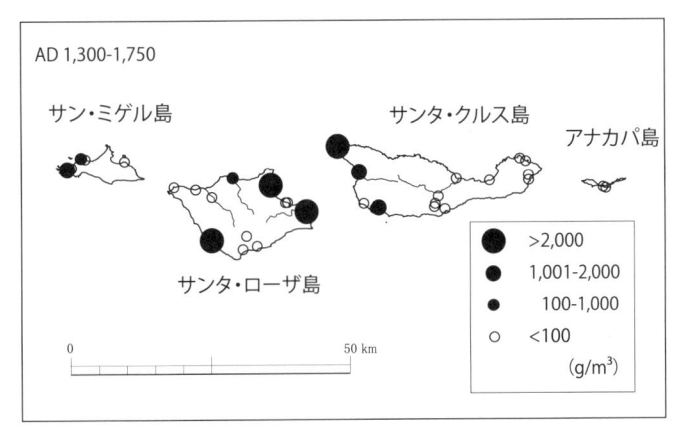

第2.2.図　ビーズ製作痕跡の分布

なわれたのは，材料となる貝の生息域と関連があると考えてよいだろう。貝の採集に関して別の集団の関与は言及されていないので，ビーズ生産集団が採集したと考えられている。

アーノルドはサンタ・クルス島での考古学的調査から，製作の集約化がチューマッシュ中期から後期にかけておこったことを明らかにした。サンタ・クルス島のSCRI-191遺跡はチューマッシュ中期から後期まで継続的に利用されており，ビーズ生産における通時的変遷を追うことができる。ビーズ生産は中期と後期との移行期（AD1,150-1,300）に大きな変化を示す（Pletka 2004）。特に，ビーズに用いられる貝種と利用される貝殻の部材に大きな変化があらわれる点が注目される。中期にはいくつかの貝が使用されていたが，移行期にエヒメボタルの比率が増加する傾向を示し，この貝が後期に主体となる。また，エヒメボタルの利用部分は移行期において体層（wall）であったのに対し，後期には内唇(callus)へと変化することが確認された。メキシコハマグリ（*Tivela stultorum*）製のビーズは中期から後期まで少量しか製作されておらず変化が少ないことと比較すると，内唇ビーズの増加は大きな変化であるといえる。後期におけるエヒメボタルの内唇製ビーズは主に交換用に製作されたと考えられている（Pletka 2004）。

さらに，製品と未製品の比率からも交換活動の活発化をうかがうことができるという（Pletka 2004:79）。サンタ・クルス島では，ビーズ生産が盛んになるとビーズの未製品に対する比率が減少する。ビーズと未製品の比率が中期と後期で異なることから，製品の比率が低下する後期には搬出される製品が増加したものと考えられる。使用する部材の変化が廃棄物の量に影響を与えている可能性もあるが，移行期以降のビーズと石錐の出土数の増加から実際のビーズ生産数が増えていることは明らかである。部材や石錐の統一は製品の規格化と関連すると考えられ，製作技術も共通する手法が用いられるようになったであろう。ビーズ生産は通年的におこなわれており，ビーズ生産集落は数百年間利用されていたと推定されている（Arnold 1992）。

ビーズの材料だけでなくビーズ生産用の工具にも変化があらわれている。ビーズ生産が活発化しはじめるAD650ころから，サンタ・クルス島東部産の石材を用いた細石器（microlith）生産が開始されている（Kennett 2005:206）。黒曜石などいくつかの石材は島嶼部に搬入されていたが，チャートはサンタ・クルス島の東部で産出しており，AD800以降，細石刃（microblade）や小型の両面加工石器（biface）も製作されている（Kennett 2005:200）。AD1,350以降，小型の石鏃の大部分はこの地元の石材で製作されているというが（Pletka 2001a），出土数の少ない大陸産の石材を用いた尖頭器や石鏃は貴重な品として扱われていたと推測されている（前掲:148）。サンタ・クルス島産のチャートの利用がAD1,350以降に増加することから，交換用物資の生産と流通に関してエリート層が関与しはじめるなどの重要な変化があったという指摘がなされている（Arnold 2001, Pletka 2001a）。

サンタ・クルス島東部産の石錐は，ビーズ穿孔用の工具としてビーズ生産遺跡において多く出土している。この石錐はビーズ生産と異なる集落で製作されていたため，ビーズと石錐は異なる集団によって製作されたと推定されている（Pletka 2004:80）。基本的に断面形が台形のものと三角形の石錐にわけられるが，断面三角形の石錐はリタッチの有無で細分される。リタッチのあ

る断面三角形の石錐は移行期以降に多く，リタッチのない断面三角形の石錐は少数で，中期に増加する断面台形の石錐とともに出土する（Arnold and Graesch 2001, Pletka 2004）。この変化の中で，移行期を中心に石錐の幅と厚さの規格化が進行するとされており，ビーズの部材の変化と同時期である点が注目される（Arnold 2001）。石錐の形態だけでなく，石材の産地や石器の生産形態にも変化が生じている。北チャネル諸島の中で最大のチャート産地であるサンタ・クルス島東部におけるAD850以降の変化は顕著である（Kennett 2005:206-207）（第2.3.図）。露頭での石材の採集ができる地域は限定されており，露頭に近い場所において断面台形の石錐が小規模に生産されていた。移行期から増加する断面三角形の石錐の生産は，中期における石錐生産とは異なり，内陸部の路頭付近ではほとんど生産されていない。おそらく石材は採取されていたものの，石器製作は集落付近でおこなわれたと考えられる（Kennett 2005:207）。これに加えてピット状の掘り込みによる石材の採掘も開始され，海岸部の集落に近い場所で採掘されている。断面台形の石錐の石核は他の島でも出土するのに対し，断面三角形の石錐の石核は出土しないことから，ビーズ生産

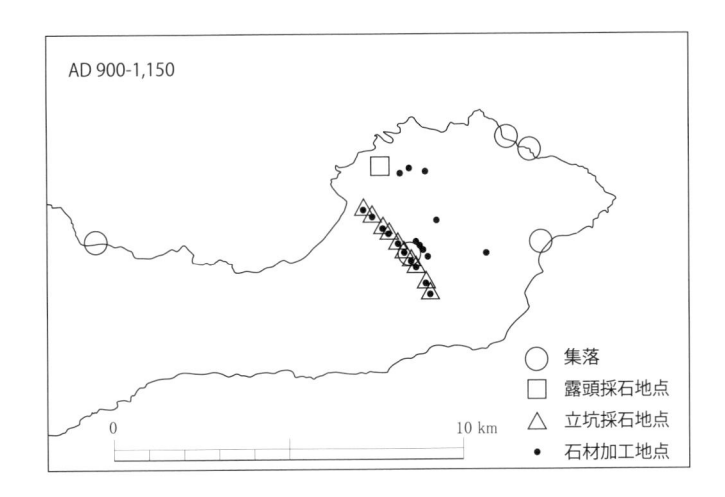

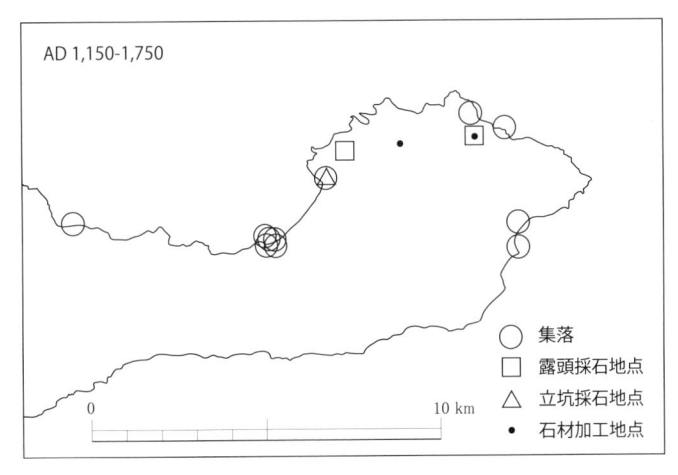

第2.3.図 石器製作地の変遷

用の断面三角形石錐はサンタ・クルス島東部においてほぼすべてが製作されたと推定され，石器製作における専業化の様子がうかがえる (Kennett 2005:209)。

　後期のチャネル諸島において，ビーズ生産の各工程が管理されていた可能性も指摘されている。ビーズ生産集落とは異なる集落での石錐製作のほかに，たとえば，SCRI-191遺跡ではメキシコハマグリ (*Tivela stultorum*) が用いられたのに対し，SCRI-192遺跡ではエヒメボタルのほかにはわずかにアカアワビ (*Haliotis rufescens*) が加工されたのみである (Pletka 2004)。ビーズ生産が一元的に管理されていたというわけではなく，実際には多様な生産形態が並存していたのであろう。後期以降のビーズのほとんどは交換に利用されたと考えられているが，交換を主導したのはプランク・カヌーをもつエリート層であることから，交換とビーズ生産は相関して発達したと考えられる (Arnold and Munns 1994)。この点で，特に島嶼部におけるチューマッシュ族のビーズ生産は従属的専業化の可能性を有しているが，ビーズ生産者が日常的にエリートの管理下におかれたかどうかについては明らかにされていない。したがって，従属か独立かという分類について結論は出されていないが，アーノルドの定義における世襲的階層制と非親族労働動員という基準は，チューマッシュ後期以降の社会に想定されていると考えてよいだろう。チューマッシュ後期の社会は複雑化狩猟採集民としてとらえられているのである。

　チャネル諸島の場合，民族誌に記述されている村落のほとんどはチューマッシュ後期との連続性が指摘されているが，チューマッシュ後期の時点では集落規模の差はあまりみられないという (Kennett 2005:211)。また，エリートの住居は通常よりも大型であると想定されるが，チャネル諸島において後期の住居に大きな差がみられないことから (Arnold 2001:290)，少なくとも工芸品生産と交換の活発化は集落や住居の規模の差異に先んじて生じることが考えられる。ただ，民族誌にあるサンタ・クルス島のカハス (Kaxas) 村に比定される遺跡では，住居の規模に差はないものの，建材の質や出土遺物における格差は認められているので (Arnold 2001, Arnold and Graesch 2001)，世帯間の社会的・経済的な差は考古資料にも多少はあらわれている。これらの民族誌や考古資料からの結果から，アーノルド (Arnold 1993;1996) の提唱する複雑化狩猟採集民の定義が導き出されており，チューマッシュ後期以降の社会は複雑化狩猟採集民社会とされている。クープランド (Coupland 2004:180) はカリフォルニアと北米北西海岸とを対比させ，カリフォルニアではビーズ生産に代表される工芸品製作が，北米北西海岸では限定された生業への特化が社会政治的な複雑性を促したと指摘する。たしかに，カリフォルニアにおけるチューマッシュ族の事例は極端な例であるかもしれないが，北米北西海岸においても木工品のように交換に用いられる工芸品製作はおこなわれており，工芸品製作による社会的複雑化がチューマッシュ族だけに特徴的であるとはいえない。

　チューマッシュの事例をコスティンの分類に当てはめると，どのタイプに相当するだろうか。先述のようにコスティンの分類は相対的なものであるため，島嶼部におけるチューマッシュ中期，移行期，後期という連続する社会を用いて検討してみよう。コンテクスト (context) は後期においても従属工人の存在が確実とはいえないので (Arnold and Munns 1994)，中期から後期まで独立

専業が当てはまるであろう。集中度（concentration）に関しては，ビーズ製作に用いられる石器の製作過程を参考とするのがよいだろう。中期における細石器製作では，内陸の露頭から石材を採取し，この露頭の近くで石器に加工していたことがわかっている。これに対し，移行期以降の剥片の分布をみると露頭付近ではなく，海岸部での石器製作へと変化しており，また石材も集落周辺で獲得されている。チューマッシュ後期に集中度が増加したことが推定され，生産の規模（scale）も同様に増加したであろう。また，移行期以降のビーズおよび石器出土数の増加と石器製作遺跡の現象から集約度（intensity）も高まったことが考えられよう。チューマッシュ中期から後期のビーズ生産は明確に従属専業であるとは確認されていないことを考慮すると，コスティンの分類では個人専業，分散工房，集団専業，集中工房が候補として挙げられる。まず，チューマッシュ後期のビーズ生産は通年でおこなわれたと考えられており，非親族の労働力も動員されたと推定されているため，集中工房に比定してよいだろう。チューマッシュ中期では後期ほど集中的なビーズ生産がおこなわれておらず，分散工房または集団専業に相当すると考えられる。消費量に注目すると，中期では分散工房に，移行期では集団専業という生産形態であることが考えられる。

　コスティンの分類に特定の時期の社会を当てはめることは困難な作業である。生産活動における労働組織は多様であると推測されるが，基本的な類型を抽出することは可能である。この点において，文化的・時期的に連続する社会を比較するためにコスティンの分類は有効であると考えられる。また，第4章で検討するように，異なる文化間における生産活動の比較をする際の基準としても適していると考えられる。

(2) 饗宴
1) 複雑化社会における饗宴
　第2章第1節でヘイデン（Hayden 1995）のトランスイガリタリアン社会について述べ，彼が祭祀やこれにともなう饗宴に注目していることに言及した。「野心的リーダー」が余剰生産を積極的に運用し，権力を強化する際の手段として祭祀や饗宴が用いられているとされている。饗宴は基本的に，社会の複雑化とともに饗宴の種類の増加と規模の増大が認められるという。ただし，饗宴そのものだけがおこなわれることはなく，饗宴は祭祀や儀礼にともなって催される。例えば，婚姻，葬送儀礼，通過儀礼，宗教的儀礼，交換などが饗宴の機会として挙げられる。浪費的な贈与儀礼として知られている北米北西海岸のポトラッチにも饗宴が付随する（Kan 1989:43）。ポトラッチという語は本来「与えること」を意味するとされるが，招かれた客への財の贈与，主催者の特権・権威の提示，富の破壊，競合関係の表現などがポトラッチの特徴とされる（益子 1994;1999;2002）。ポトラッチは葬式，称号の継承，トーテムポールの建築など様々な機会におこなわれるが，基本的に高位の人物が主催者となる。北米北西洋岸の32の諸部族の検討によると，ポトラッチの特徴には，異なる氏族に対するポトラッチの開催，返礼の義務，競合，富の破壊，面子の保持，秘密結社への加入，家ないしトーテムポールの建築，新しい名前，人生の危機，死者祭宴という10の要素のうち，すべての部族に共通するのは死者祭宴のみであった（Birket-Smith

1967)。なぜ死者祭宴という性格が強調されるかについては，北米北西海岸諸部族に特有の階層的社会組織が影響しているとされる。世襲的な地位や特権を継承する際に，公共の場における主張および証明を必要とするからである（Birket-Smith 1967，益子 2002）。カンはキリスト教の影響が少ない19世紀におけるトリンギット族の葬送儀礼にともなうポトラッチの研究をおこなった（Kan 1989）。19世紀末のポトラッチの観察によれば，村外からの客は首長や首長の親族の家に宿泊する。ポトラッチ自体がはじまる前に，4日間の饗宴があり，多量の食料が供され，歌・舞踏などが披露される。他の儀礼と異なり，ポトラッチは1〜2日間おこなわれ，これが狭義の葬送儀礼に相当する。その後再び饗宴が催され，食料を食べるだけでなく火に投げ入れるなどの浪費が観察されている。最後に，品物の贈与・分配が実行される。ヨーロッパとの接触以前には，毛皮・なめし革・奴隷・銅などが用いられていたが，19世紀後半には毛布・衣服・現金が利用されるようになった。この贈与・分配の前に，主催者への称号の継承がおこなわれる。贈与・分配に際して，品物のいくつかは火の中に投じられる。この事例からは品物の浪費だけでなく，総体としてのポトラッチにおいて饗宴が重要な役割を担っていることがわかる。北米北西海岸でおこなわれる儀礼はポトラッチとよばれるが，ポトラッチに類似した儀礼にともなう饗宴は各地で観察されている（Birket-Smith 1967, Dietler and Hayden 2001）。

　社会的複雑化に関する研究では政治的・経済的な側面を重視する研究が主流であったが，最近では小規模社会における様々な儀礼が経済的活動を刺激するという指摘がなされている（Spielmann 2002）。彼女は，小規模社会の事例としてビッグ・マン社会も含めており，数百人から数千人の規模を想定している。小規模社会においては儀礼を催行する義務が存在することに注目し，この義務が祭祀具や個人的所有物などの様々な製品の需要を喚起し，工芸品の生産を活発化させるという。また，社会の変革期において祭祀が強化されることが民族誌から確認できるため，祭祀は社会の安定性に貢献するだけでなく，階層化など社会的不平等のような変化も促進させるという（Aldenderfer 1993）。彼は，ヨーロッパとの接触以降，ボツワナのバサルワ（Basarwa）および北米五大湖周辺のオジブワ（Ojibwa,またはチッペワ Chippewa）の儀礼における変化を分析し，特定の個人が儀礼の変化を誘導していると指摘している。儀礼の過程中にはリミナリティとよばれる，通常の状況から分離し再統合されるまでの過渡期という境界的な状況が含まれるとされる（ファン・ヘネップ 1977，ターナー 1974）。リミナリティの状況下においては，聖・俗や性別など制度化された社会的秩序の一時的な価値の逆転現象がおこるとされる。儀礼の社会的機能のひとつには社会秩序の安定化が挙げられ，一時的な価値の逆転現象が社会秩序の正常化に関わっていると考えられている。これは，アルデンダーファー（Aldenderfer 1993）が指摘した社会的変革期における儀礼の増加にも通じる。儀礼は社会の紐帯を強化し，また社会的なゆがみを矯正する機能も有していると考えられる。ポトラッチにみられるように儀礼の一部として催される饗宴は，特に儀礼の前段階として催されている場合には，リミナリティを作り出す補助的役割を担っているといえよう。また，社会的機能からみた儀礼とは別に，ヘイデンやアルデンダーファーが述べるようにエリートが自己利益のために儀礼や饗宴を利用するという考え方もある。余剰が存在する

など饗宴をおこないうる社会に限定されるだろうが，儀礼や饗宴が社会的複雑化に及ぼす影響を考える上でエリートの行為は重要であろう。ここでは，饗宴に関する研究について整理し，考古資料から縄文時代の社会的複雑性を考察するためにどのように援用されうるのか検討しておく。

饗宴とは，「特別な目的または機会において，(日常的ではない)特別な食料を複数の人員で食すること」と定義される (Hayden 2001a:28)。饗宴は様々な場面においておこなわれる行為であるため，定義はかなり広くなるだろう。複数の人員だけでなく，広義には神との共食も饗宴の範疇に入れてよいと考えられる。饗宴を構成する条件を詳しくみてみると，以下のとおりである (Wiessner 2001:116-117)。

1) 人々の集合。
2) 共食・食料分配をともなう。どちらの行為でも余剰の集積によって一時的な不均衡が生じ，富の偏在へとつながる。食料分配に関する考古学的証拠の検出は難しいであろうが，共食の痕跡は遺跡内において確認できるだろう。
3) ほとんどの事例が特別な機会に催されている。
4) 通常，食料，モノ，個人やグループなどの誇示をともなう。
5) 量的な豊富が求められる。必要以上の食料，飲料が用意される。
6) 大量の食料を消費するため，その分の余剰生産が要求される。

これらの条件を満たすと，饗宴において参加者に与える印象が深くなるとされる。饗宴によって演出される雰囲気は参加者にとって重要であるが，饗宴と社会的複雑化の相関についての研究では機能的な側面に着目した分類がおこなわれている。ヘイデン (Hayden 1995) は饗宴の目的・機能によって饗宴を8分類し，ペロディ (Perodie 2001:191) はこれに通過儀礼 (Child-growth) を加えた。すなわち，紐帯，互助，懇請，宣伝，競争，政治的支持，政治的地位の獲得，労働および通過儀礼である。

ペロディは饗宴においてみられる返礼の慣習に注目し，返礼の多寡によって饗宴を3分類している。北米北西海岸南半に分布するクワクワカワクゥ族，ヌートカ族，コースト・セーリッシュ族，トゥワナ族のポトラッチおよび饗宴の事例が分類に用いられている。返礼が義務付けられていない無返礼饗宴 (no-return feast) には，紐帯・労働・懇請のタイプが含まれる。同等返礼饗宴 (equal-return feast) には宣伝・通過儀礼・互助・政治的支持・政治的地位の確立に関わる饗宴が挙げられる。高返礼饗宴 (greater-return feast) には競争的な饗宴のみが相当する。投資したよりも多量の返礼が期待され，最も利益や負債を生じさせやすい饗宴の形態ととらえられている。ただ，ヘイデンやペロディも述べているようにひとつの目的または機能のみを饗宴に認めることはできないので，競争的饗宴がほかの機能をも有していると考えられる。トランスイガリタリアン社会のように複雑化の過程にある社会において，ポトラッチに代表される競争的饗宴によって考古学的証拠が残される可能性は高い。競争的饗宴が最も食料，物品の消費量が多いと予測されるからである。実際におこなわれた饗宴が競争的饗宴かどうかについてはそれほど重要ではないが，社会における負債や余剰の運用による利益の発生の有無を時期的な変化から相対的に推測す

ることができると考えられる。

　饗宴は多様であり純粋な機能を有するものはほとんどなく，通常はいくつもの目的・機能がともなっているため（Perodie 2001:190・210），考古学的に饗宴の種類を特定することは困難である。考古学者にとって先史社会における饗宴の種類を特定するために，饗宴を催す契機，社会的機能，規模，饗宴の目的，参加者の社会的単位，考古資料による分類，という6項目を考慮すべきであるとされている（Hayden 2001a:36-41）。しかし，そのときの文脈によって饗宴の機能は変化してしまうので，個々の饗宴の目的をひとつに限定することは難しい。ヘイデンは饗宴の種類と社会的複雑化に相関性があると考えており，先史社会においておこなわれた饗宴の種類を特定できるとしているが，民族誌からの類推をおこなえない先史社会では饗宴の種類の特定は困難であると考えられる。また，個々の饗宴の痕跡を検出することは現実的に不可能であろうし，実際に遺跡から確認できるのは複数の饗宴の痕跡の総体であろうと考えられる。したがって，先史社会において催された饗宴の目的を特定することよりも，むしろ饗宴の規模や頻度により変化すると考えられる痕跡の総体から，対象となる社会の複雑性をはかることができるだろう。

　社会的段階によって饗宴の種類が限定されることから，ヘイデンが提唱した饗宴の4段階は各社会においてどの程度の規模・頻度で饗宴がおこなわれるかを推定するための基準として用いうる。考古資料のみから饗宴の種類を判断することは困難であるものの，饗宴の規模・頻度を推定する際の目安となるためである。4段階のうち饗宴の規模が最も小さいのは最小饗宴段階である。ほとんどの素朴的狩猟採集民の饗宴はこの段階に属し，遺物は最小限であるためほとんど考古資料からは認識できないとされる。団結，親交，勧誘（おそらく刑罰も），社会的紐帯，労働に関する饗宴が含まれる。次に，共同体饗宴段階である。系譜の継承がこの段階における饗宴の主な性格を占めるようになり，結婚，葬式，先祖崇拝，住居構築，昇進，他集団との区別，投資，労働に関する饗宴がおこなわれる。大規模な食料加工施設，様々な儀礼用供献具，儀礼用個人的所有物があらわれ，負債という概念もこの段階から発生するという。投資による利子もこの段階で出現するととらえてよいだろう。さらに，競争的饗宴段階に至ると負債や利子が増大するという。物質的な要素は共同体饗宴段階とほぼ同様であるが，より精巧な祭祀具などが用いられるようになり，数量的にも増加する。饗宴の種類には変化はないが，より大規模で競争的な性格を帯びてくる。最後に，貢納饗宴段階が設定され，神の崇拝のためにより恒久的な建物や空間が出現する。恒久的な建物について具体的な言及はなされていないが，いわゆる神殿に類する建築物と考えてよいだろう。貢納には奢侈品が用いられるなど，工芸品製作の点でも発展した段階ととらえられ，構築物のための労働力を動員しうる段階と考えられる。

　これらの4段階は平等社会から首長制社会までにおおよそ対応すると考えられる。トランスイガリタリアン社会の説明を考慮すると，平等社会および饗宴の規模が未発達な暴君社会の饗宴は最小認識饗宴段階に相当するだろう。返礼社会では饗宴に競争的な性格が認められるようになり，起業社会においてより競争的性格を増すことから，返礼社会の饗宴は昇進・同盟饗宴段階に，起業社会の饗宴は競争的饗宴段階に対応すると考えられる。貢納饗宴段階では，前段階よりも恒

久的な建築物があらわれることから，首長制社会以降の社会における饗宴と対応するだろう。

　饗宴の主催者は上記のような目的をもっていると考えられるが，各種の饗宴によってそれらの目的が達成される（Perodie 2001:210）。主催者は富裕なエリートであり，同等返礼饗宴，高返礼饗宴の主要な受け取り手は同様に権力をもつ人物であり，彼らは交換のパートナー，政治的支持者，同盟者などとなる。こうした饗宴には契約的な負債が基本的にともなうとされる。このことから，エリートは饗宴という機会を利用して，自己の利益・権力を維持・強化しているとみえる。ヘイデンのモデルではエリートたちは資本主義経済における投資家であるかのようにとらえられているが，エリートたちが実際に利益を意識しているといえるのだろうか。エリートたちが投資の結果までを見通して競争的な饗宴をおこなっているかについては研究者によって見解がわかれるだろう。これまで，平民層の利益を確保するためにエリートに権力が委託されるという見解も提出されてきたが（Netting 1972, Wright 1977），近年では利己的に余剰を操作するエリート像が強調されている（Hayden 1995）。ヘイデン（Hayden 2001b）はフィールドワークによって，平民が困窮状態のときに必ずしもエリートが彼らを助けるとは限らないと理解したという。これは，エリートの権力が平民との共存のために認められているという彼の予測とは異なるものであった。この観察はすでにエリートの権力が確立している社会においてなされており，エリートの権力が発生する初期の段階においても同様であるかどうかについては検討の余地があるだろう。

　少なくとも北米北西海岸ではエリートたちが自己の利益のために余剰を操作していることが確認され，かつてサトルズ（Suttles 1960）が述べたように再分配がポトラッチの主要な機能であるとは考えにくい。饗宴がエリートたちにとって有益な手段であることは説明されているが，平民層にとって利益はないのだろうか。ヘイデンはエリートが平民層に援助する姿が観察されなかったと述べているが，饗宴の機能には集団内の協力的関係の構築が含まれており，階層間の互助はなくとも同階層内での協力関係は維持・構築されるだろう。同階層内での関係を，ヘイデンも援用するヘテラルキーという概念に当てはめれば，水平的社会関係における社会的複雑化に相当すると考えられ，垂直方向の階層化の動きと連動する要素となるかもしれない。この意味で，水平的社会関係は社会的複雑性の出現および社会的複雑化の過程を考察する際に注意すべき視点といえるだろう（Hayden 2001b, Sassaman 2004）。本研究で対象とするのは階層制が成立しておらず，流動的な段階であると予測されるので，水平的社会関係の発展が社会内部の緊張などの動向を引き起こす可能性について十分に考慮すべきであろう。

　エリートが饗宴を催すことによって得られる利益は以下のように示されている（Hayden 2001a:29-30）。これによると，饗宴の機能のほぼすべてが重要な社会関係の構築・維持と関連している。

　　　1）労働力の動員
　　　2）集団内における協力的関係の構築，または，敵対集団の排除
　　　3）集団間における支持・協力関係の構築
　　　4）余剰の投資

5）集団の繁栄の誇示
6）相互的負債を通じた政治的権力の発生
7）エリートによる余剰の搾取
8）人気取り
9）罪の補償

　前節において述べた生産に関係する饗宴の機能としては，労働力の動員が挙げられるだろう。トランスイガリタリアン社会においては，例えば賦役のような強制的な労働力の動員をなしうる権力機構が存在しないため，何らかの媒介が必要となる。儀礼の有する社会的機能がはたらく際に，祭祀にともなって催される饗宴が媒介のひとつとなっていると考えられる。ディートラーとハービック（Dietler and Herbich 2001:241）は生産に関わる労働力の動員について，奴隷制を除いてはほとんど研究されていないと指摘し，饗宴による労働力動員について考察をおこなった。彼らはケニアのサミア（Samia）族が植民地時代以前におこなった鉄器生産を例に挙げ，農耕・家禽・土器生産・工芸品生産による余剰が，労働饗宴によって鉄鍬・妻・家畜という財産へと変化しうると述べている。同様に，饗宴においてゲストに対する印象を強めるため，食料・飲料・供膳具・威信財・祭祀具を準備することが，文化的・技術的な変化をもたらす主要因となるという指摘もある（Hayden 1998）。

　饗宴の中では通常は婚姻か葬送にともなう饗宴が最も規模が大きくなると考えられているので（Hayden 1995），考古資料から饗宴を認識しようとする場合，婚姻か葬送の際の饗宴を主に確認できると予測される。集落内であれば，特殊な調理用の遺構が検出されたり，調理用の大型または精巧な土器が残されたりすることが考えられる。しかし，集落内のように日常的な空間において饗宴後の状況がそのまま残されることは想定しにくく，良好な残存状況を示すのは後述のような集落から外れた非日常的空間においてであろう。

　これまで述べてきたように，饗宴の機能は集落内のみで有効であるだけでなく，集落間の関係にも及んでいる。例えば，戦争などにおける同盟関係の維持・構築，戦争の補償，交換といった儀礼的な場に饗宴がともなっている。婚姻や葬送のような機会に集落外からのゲストも参加するのであれば，饗宴の規模は大きくなる。饗宴が比較的小規模であれば，最大でも集落内のような規模でおこなわれていたことを推定することができる。もし，縄文時代において饗宴の痕跡が急激に増加するのであれば，儀礼や饗宴の規模の増大とともに集落間の関係が強化されたと解釈できるだろう。チューマッシュ族のビーズ生産で述べたように，交換のために工芸品が生産される事例もあり，専門的な生産と交換の活発化とともに饗宴の機会が増加していくと予測される。

　社会的複雑化とともに饗宴の種類や規模が変化することは，民族誌をもとに検証されてきた。これらの研究の目的は主に理論構築にあり，民族誌や文字記録のない社会の饗宴を検証してきたわけではない。縄文社会の饗宴を分析する前に，先史社会における饗宴をどのようにとらえるかについて考察した先行研究をみておこう。

## 2）ブリティッシュ・コロンビア高原における饗宴の事例

　ここでは，饗宴の痕跡が考古資料から認識できることを示す事例として，キートリー・クリーク（Keatley Creek）遺跡をとりあげる（第2.4.図）。キートリー・クリーク遺跡はカナダのブリティッシュ・コロンビア州の太平洋岸から約300km内陸部に位置し，フレーザー川沿いのモレーン・テラス上に立地する。地表面の観察によれば，120基ほどの遺構群により構成される集落跡である。遺構の時期は650BC～AD950およびAD1,650～AD1,750とされる。饗宴の場と推定されたのは，集落の中心地から谷を隔てて，あるいはより標高の高い方向へ約200m離れた特殊な建物跡を中心とする2つの遺構群である（Hayden and Adams 2004）。ここには集石遺構（roasting pit）や竪穴住居跡が存在し，それぞれ大規模な食料調理と饗宴の場であったと解釈された。集石遺構自体が集落中心部のものよりも大型であるのに加え，住居跡内には厚い灰の堆積や祭祀に用いられたと考えられる遺物が多数出土した。特殊な遺物が出土する建物と大型の集石遺構が近接して分布する例はほかにもいくつかみられる。さらに，何軒かの住居跡は故意に焼かれたような状況で検出されるなど，集落中心部とは異なる様相を呈している。

　ヘイデンらは先史社会や民族誌の事例から一般的にみられる特徴を抽出しキートリー・クリーク遺跡における祭祀的な遺構の解釈をおこなっている（Hayden and Adams 2004）。特別な貯蔵区・貯蔵施設は様々な地域において祭祀遺構と近接して設けられており，貯蔵された食料が単純に祭祀のみに用いられたとは考えられないものの，両者とも日常的空間とは異なる場所に配置される傾向にあるという。火は祭祀の中で中心的な役割をもつことが多く，祭祀の場の中央におかれる。儀礼の炉は日常用よりも精巧につくられている。祭祀遺構は原則として集会場の性格をもち，ベンチ，特別な床材，敷物，装飾付屋根材，特別な屋根などが観察される。祭祀と日常的活動は規模や内容においてかなり異なるので，遺構自体の残り方も異なってくる。遺構のプランも特殊であり，方形なら祭壇，円形なら中央部というように，特定の場所を目立たせるような構造をもっている。祭祀用建築物の意図的な破壊も広く認められる特徴である。マヤ社会の祭祀用建物は，破壊と再構築が繰り返されることが特徴となっている。人間や動物の供犠も祭祀の一部としておこなわれ，動物の供犠や貯蔵と関連する饗宴が祭祀の重要な部分を占める。大量の特別な食料，残骸，大規模な調理施設，特別な貯蔵施設，特別な廃棄場所を確認することによって饗宴の存在を予想することができるという（Hayden 2001a, Hayden and Adams 2004）。

　さらに，ヘイデンはラオスにおけるフィールドワークの成果から，集落における居住の中央部ではなく，周縁部などやや離れた場所に祭祀用建物が設けられていることに注目した。特に秘密結社のように会員が限定されている場合にはこの傾向が強いと指摘した。複雑な社会のほとんどの秘密結社の祭祀は，秘密保持のため隔離された場所でおこなわれる。前節で検討したチューマッシュ族の事例では，秘密結社の祭祀用建物は丘の上など離れた場所に設置されている。キートリー・クリーク遺跡では中心的居住域から200m離れた場所に特殊な建物跡が検出されており，ヘイデンらはこれらの建物跡を秘密結社と関連付けて解釈しようとした。ヘイデンらが祭祀遺構とした建物跡を，特に饗宴の痕跡に注目して確認しておこう。遺構の特徴や出土遺物は第

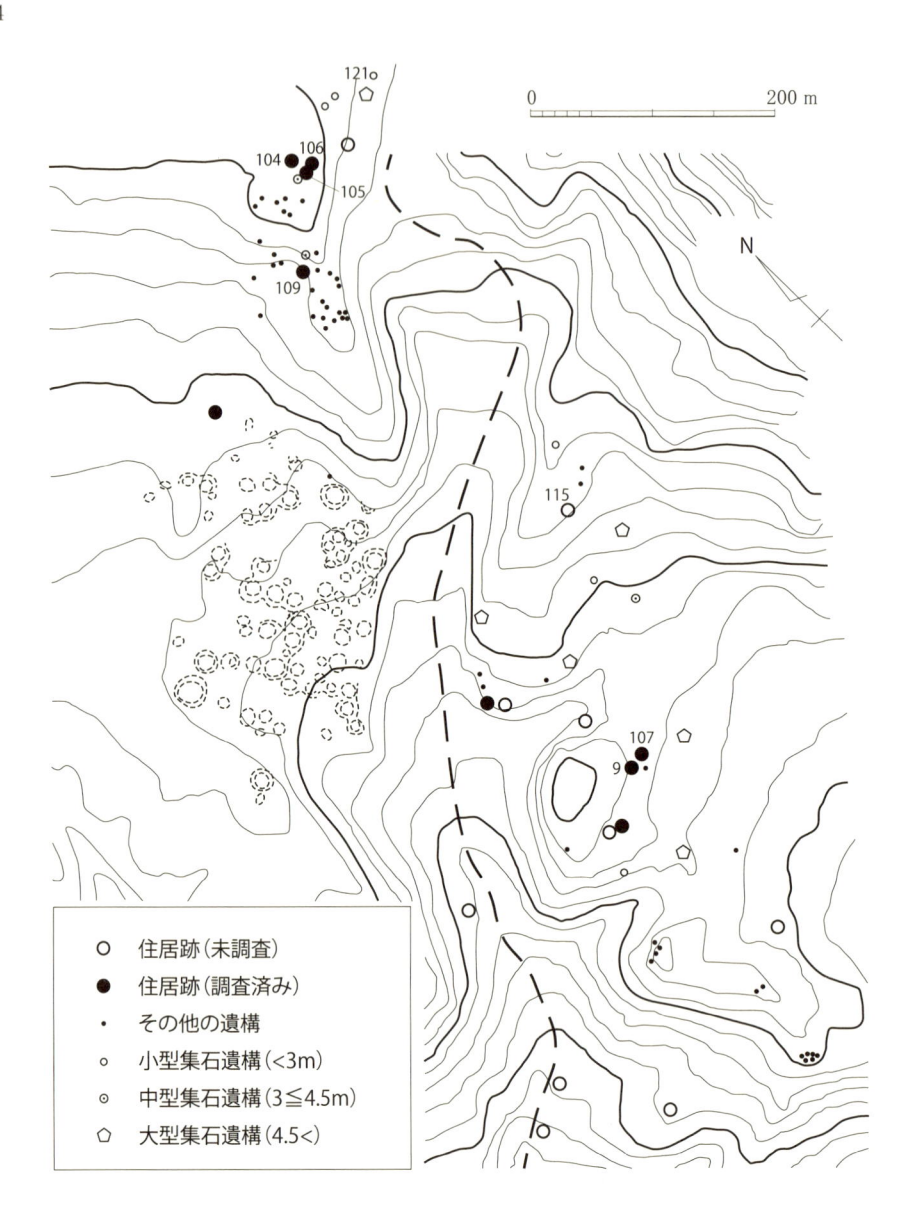

| | |
|---|---|
| ○ | 住居跡（未調査） |
| ● | 住居跡（調査済み） |
| ・ | その他の遺構 |
| ○ | 小型集石遺構（<3m） |
| ⊙ | 中型集石遺構（3≦4.5m） |
| ⬠ | 大型集石遺構（4.5<） |

第2.4.図　キートリー・クリーク遺跡

2.3.表に示してある。

　まず，プロトヒストリック（Protohistoric）期（AD1,650～AD1,750）の2基の建物跡である。第104号遺構の時期はAD1,700±60とされ，直径7mの円形プランをとる。貼り床が施されている。柱の配置が通常の住居跡とは異なっており，煙突を入り口にしたためと推察された。さらに，この遺跡ではほとんどの遺構で上部構造を焼く前に柱を抜きとっているが，5本の柱は原位置で焼け残っていた。故意ではなく事故の可能性もあろうが，住居を焼くという行為は祭祀においてしばしば観察されているので，注目すべき事例である。第104号遺構中央の炉は廃棄後に

第 2.3. 表　キートリー・クリーク遺跡における祭祀遺構と出土遺物

| 遺構 | 推定年代 | 遺構の特徴 | 出土遺物 |
|---|---|---|---|
| 104 | AD1,700±60 | 直径7mの円形プラン，貼り床，煙突兼用出入り口，柱が残存 | 「X」字状の陰刻された骨，ラハル・ボーン，シカ・サケなどの骨，螺旋状バスケット |
| 106 | AD1,730±70 | 11×9mの方形プラン，柱が残存，扇形炉，縦割材の柱，板材の屋根 | 垂直に埋められた鹿角，カモ骨製ストロー（民族誌では祭祀具），シカ科の歯製ビーズ，打製石斧，動物遺存体 |
| 9 | プラトー・ホライズン期（450BC〜AD750） | 直径7.8mの円形プラン，ローム貼り床，石囲い炉 | ツノガイ，アビの骨，ビーバーの切歯，貝製ビーズ，イガイ，パイプの破片，軟玉，手斧，特にヒレ・頭などの魚骨，鹿角製掘具，ヘラジカ・シカ角の破片，石器 |
| 107 | プラトー・ホライズン期（450BC〜AD750） | 直径8mの円形プラン，丸石の囲い（直径90cm），炭化物を多量に含む層 | 遺物量少 |
| 105 | AD1,680±60　220±60BC | 10×9mの円形プラン | 72個の骨製ボタン，多量のサケ骨，垂直に埋められたシカ骨 |
| 109 | AD1,730±50　シュスワップ・ホライズン期（1,550〜450BC） | 直径9mの円形プラン，深い掘り込み（約180cm） | モミの葉に厚く覆われたイヌ骨・サケ骨（上の床面直下），カバの樹皮に覆われたイヌ骨（炉直下） |

も再使用されたようだ。深さ130cmと40cmの貯蔵穴があり，それぞれ「X」字状の陰刻された骨とゲーム用のラハル・ボーンが出土しているため，これらのピットは祭祀用具の保存に用いられたと推測されている。出土石器の中では，剥片石器は比較的少なく，砂岩が豊富に出土した。シカ・サケなど骨の出土量は多く，骨のサイズはほかの住居跡よりも大きい。カナダ高原と北米北西海岸において初の事例となる螺旋状バスケットが出土している。

　第106号遺構は第104号遺構から南に6mに位置する。11×9mの方形プランとなる。当遺構も焼かれており，柱材は焼け残っていた。木材からはAD1,730±70という年代が得られた。被熱して赤化した厚い堆積物が確認されている。貼り床がなされ，中央部で扇形の炉穴が検出された。縦割材の柱や板材の屋根という構造はこれ以前の時期にはないので，この遺構が特別な用途のために特別な技術でつくられたと考えられている。日常的な遺物は少ないものの，祭祀遺物は出土している。垂直に埋めた鹿角は当遺跡ではほかに第105号遺構にのみみられる。第106号遺構には大きな石でふさがれたピットが南壁付近にある。このピットの最下部にはほかのピット覆土とは異なるやわらかい腐植土があり，祭祀との関係が想定されている。

　プラトー・ホライズン（Plateau Horizon）期（450BC〜AD750）には当遺跡において遺構数が最

大となる。9号遺構と第107号遺構はこの時期に属し，中心的居住域から南に200m離れた南側のテラス上にある。第9号遺構は直径7.8mとやや規模が小さい。床から出土する遺物の組成はテラス2でみられるものと似ている。アビの骨は祭祀具であり，民族誌によるとシャーマンが身につけるとされている。2つの重複した中央の炉（ひとつは石囲い）と魚骨を多量に含む通常より大きい貯蔵穴が設けられている。石囲い炉は，当遺跡の中では近接している第107号遺構のみにみられる。本遺構にはローム貼り床が施される。第107号遺構は直径8mの円形プランである。第106号遺構と同様に遺物量が少ない。遺構サイズの割には大きな貯蔵穴があり，底に丸石が堆積している。丸石の囲い（直径90cm）が遺構のほぼ中央に配置されるが，火の痕跡や灰の堆積はない。この石囲いの下に木炭を多量に含む層がある。第106号遺構と同様に，石器屑はほとんど押圧剥離や両面加工に関わる剥片が占める。第107号遺構では動物遺存体の出土数は少ない。

このほか，プロトヒストリック期とプラトー・ホライズン期の遺構がとりあげられている。これらは遺跡東側のテラスにあり，第104号・106号遺構に近接する。

第105号遺構は9×10mの円形プランとなる。初期の使用はプラトー・ホライズン期で，出土した木炭の分析では220±60BCであった。貯蔵穴からは72個の骨製ボタンが出土した。ボタンは集中していたので衣装などに付いたまま残された可能性がある。炉の特徴から後のプロトヒストリック期にもこの遺構が使用されたと考えられており，焼けていない木材からAD1,680±60という年代が推定されている。第104号遺構と同様に多量のサケの骨が出土し，頭とヒレが多いのが特徴となっている。第106号遺構と同様に，長いシカ骨が床に対して垂直に深く刺さったまま検出された。

第109号遺構は直径9mの円形プランをとる。2枚の床があり上の床はAD1,730±50，下の床はシュスワップ・ホライズン（Shuswap Horizon）期（1,550〜450BC）または初期のプラトー・ホライズン期とされている。上の床から深さ80cmの貯蔵穴が設けられる。第109号遺構の特徴は約180cmという深い掘り込みである。このうち床から80cm分は構築直後に埋められている。当遺構ではイヌの骨が出土しており，モミの葉に厚く覆われたイヌ骨とサケ骨は上の床の下から出土した。また，カバの樹皮に覆われたイヌ骨は炉の下から出土した。イヌは食料として消費されたと考えられている。

前述した祭祀用建物の一般的な特徴と照らし合わせてみると，祭祀用建物は集落の中央だけでなく集落外にも認められることから，キートリー・クリーク遺跡において集落中心部から離れて位置する建物跡は祭祀用であったと想定されている。祭祀用とされる遺構は同時期に属する2つの遺構が対になるような形で配置されている。プロトヒストリック期の第104号遺構と第106号遺構，プラトー・ホライズン期の第9号遺構第107号遺構，やや離れているがシュスワップ・ホライズン期の第105号遺構と第109号遺構である。遺構分布図によると単独で孤立する遺構もみられるが，2つが近接する事例はほかにも確認することができる。例えば，第108号遺構と第116号遺構，第110号遺構と第113号遺構である。出土遺物には祭祀遺物，動物骨，

魚骨などが含まれている。骨製ボタン（第105号遺構），ツノガイ・アビの骨（第9号遺構），ラハル・ボーン（lahal bone）と螺旋状バスケット（第104号遺構）は民族誌によって祭祀具とされる遺物である。第9号遺構と第104号遺構には動物遺存体が多く，それぞれの対となる第107号遺構と第106号遺構には少ない。第106号では骨製ストロー，歯製ビーズ，垂直に土中に差し込まれたシカの角，トマホークなど特殊な遺物が出土した。第106号遺構と関連する肉用集石遺構における多量の三日月形両面加工石器は儀礼と関連するとみられる祭祀的遺物である。時期的に隔たりのあるプラトー・ホライズン期とプロトヒストリック期に共通の特徴がみられるので，第106号遺構のように遺構再使用の結果としての混入がないかどうかについて注意が必要である。

　第9・104・105・107・109号遺構はすべて貯蔵穴をもつ。「X」字状の刻みをもつ骨（104号），骨製ボタン（105号）が出土するピットは，儀礼用具の貯蔵穴の可能性が考えられている。古い時期には住居内貯蔵穴が多いようだが，のちには外部に貯蔵施設が設けられる。キートリー・クリークでは祭祀にかかわる外部貯蔵施設は群をなす傾向がある。

　第9・104・106・107号遺構の炉は祭祀に関わるような性格を有するとされる。第106号の炉には厚く灰が堆積しており，炉が中央に位置することと，炉を囲む階段状の床は当遺構の特徴的な構造である。焼石と焼骨が残されていることから，調理だけのために火が使用されたわけではなく，長期の日常的な使用は認められない。ほかの住居には中心部に炉が設けられていない。

　第9・104・106・107・109号遺構の貼り床は通常の住居とは異なる特徴であり，祭祀の際のダンスなどのために設けられたと考えられている。モミの葉（第104・106号遺構）や厚い草の堆積（104号）は通常の住居跡には認められず，プランだけでなく上屋構造にも差異があったのだろう。第104号遺構の煙突と壁に近い柱の配列は類例が少ない構造であり，特殊な入り口を必要としたためと考えられている。煙突と兼用となる入口は北米南西部のキヴァス（kivas）や，北カリフォルニアのワントゥー（Wantu）族におけるシャーマンのイニシエーションや男性の集会小屋にも同様の構造がみられると指摘される。第109号遺構の深い掘り込みや第107号遺構の厚い屋根は，通常の住居跡と異なっている。第104・106号遺構が意図的に焼かれ，第109号遺構が故意に埋められたことは，祭祀用建築物に対する行為と相関するだろう。意図的な遺構の破壊はたしかに多くの民族誌において認められているが，真に意図的かどうかについて確認することは難しい。

　集落から離れたこれらの遺構は祭祀と関連すると推察されており，さらに，饗宴も祭祀の一部分を担ったことが指摘されている。この事例では，特に集石遺構と建物跡における祭祀遺物や灰・炭化物などの堆積物が饗宴の証拠になるだろう。第106号遺構の脇に掘られていた集石遺構は第105号遺構と同時期である。シカの四肢骨をはじめとする多量の偶蹄目の骨，様々な石器は特に饗宴のコンテクストに位置づけられる。大型の肉用集石遺構が第105号遺構のすぐ西側でも検出されている。テラス2では第105または106号遺構に関連する肉用集石遺構がほかに2基検出された。第106号遺構では焼石，焼骨が出土している。直径8mのピットを含むプラトー・ホライズン期の根菜用集石遺構より小型の2つのプロトヒストリック期のものは，テラス2

の少し上流にある。大型の集石遺構は特に饗宴用であったと推定されている。大型の根菜用集石遺構は南側のテラスにも分布する。

住居跡からの動物遺存体の出土は第109号遺構のイヌをはじめ，第9・104・109号遺構で顕著である。饗宴のコンテクストではより多くの食料残滓が残る傾向がある。104号の中央炉にあった骨は生贄と推測されている。上述したカリフォルニアのチューマッシュ族にも動物供犠の習慣が報告されており，同様の儀礼は広くおこなわれていた可能性がある。

建物跡が対で儀礼活動に用いられていたことについて，3つの役割が可能性として挙げられている。（1）祭祀用建物としてのみ用いられた，（2）儀礼と饗宴のために一時的に利用された，（3）シャーマンのような儀礼の専門家の住居であった，という想定である。第3の場合，第9・104号遺構が相当しそうである。床上に散らばるサケ骨からは一時的な利用が想定できる。第106・107号遺構や初期の第109号遺構は秘密結社の会合に用いられたかもしれない。対となる建物跡が同時に使用されていたのならば，儀礼の場と管理人の住居という組み合わせも考えられ，第9・107号のペアはこのモデルに適合する。107号は儀礼用，9号は管理人かシャーマンが使用したと考えられている。小型の遺構なので，使用する人々も限定されていただろう。テラス2にあるプロトヒストリック期の第104・106号遺構は，プラトー・ホライズン期と同様の特徴を有する。第104・106号遺構の立地は儀礼の場に適する。第105号遺構出土のボタン，第105号遺構に関連する大型集石遺構，第106号遺構に切られた肉用集石遺構，遺構の少ないテラス2では例外的に大きい根菜用集石遺構は，少なくともAD450以降，この場所が祭祀に用いられたことを示唆しているとされる。動物骨，魚骨，特殊な石器などの出土遺物は，男性性を示す遺物であるとされる。

キートリー・クリーク遺跡では13基の根菜用集石遺構，3基の肉用集石遺構が確認された（Hayden and Cousins 2004:146）。これらの集石遺構は集落中心部から離れて，北東側の標高の高い部分および谷の対岸に分布している。このほか，集落の中心部にも集石遺構が存在するとされる。試掘した15基の遺構のうち，8基が典型的な根菜用集石遺構の特徴を有していた（前掲:147-148）。これらの規模は直径1mから8mとばらつきはあるが，すべて平面形が不整円形となる。断面形は皿状となっており，地表面で15～40cm，遺構の深さは30～70cmである。ピットからは灰・木炭・黒色土・焼石が出土するが，石器・動物遺存体はほとんど出土しない。針葉樹の葉，炭化木材，炭化した植物遺存体などが検出されている。石の大きさは5～20cmであり，ピットの中に層は認められず，表層まで石で埋まっている。

民族誌には集石遺構の記述がほとんどなく，わずかな記述からは集石遺構が根菜類の収穫時期においてキャンプ地に設けられたとされるが，発掘調査によればフレイザー川流域のいくつかの遺跡において集落内に集石遺構が存在したことがわかる（Hayden and Cousins 2004:148）。ベル遺跡とファウンテン遺跡における集石遺構3基の年代はAD445，AD460，AD700となっており，キートリー・クリーク遺跡の集石遺構のAD450前後という年代と重なる（前掲:151）。キートリー・クリーク遺跡において年代の判明した集石遺構のうち，550BC～AD950に属するものが58％

であり，AD450前後に構築された集石遺構が最も多いことから，ヘイデンらはこの時期に社会的複雑化とともに饗宴の需要が増加したととらえている（前掲:151）。

キートリー・クリーク遺跡では確実な根菜用集石遺構は13基のみであり，収穫期のキャンプ地とは異なった様相を示している。遺跡付近にも野生タマネギくらいしか主要な根菜類は認められないため，食料の確保を交換に依存した可能性が指摘されている（前掲:153）。特に肉用集石遺構は祭祀用建物と近接し，祭祀的な石器も出土している。当遺跡における集石遺構の規模や頻繁に構築されていることは規則的な一年毎の利用とは異なっており，日常的な利用や保存のための食料加工に用いられたとは考えにくい。集石遺構数が最大となるAD450前後には70軒以上の住居が並存していたと推定されているが，集石遺構の数はこれよりもかなり少ないため，各世帯の所有物ではないことは明らかである。遺跡周辺には野生タマネギ以外に主要な食料が分布していないが，野生タマネギは大型の集石遺構で調理する必要性はない。したがって，大型の集石遺構の用途に公共的なものが含まれていると考えられる。

当遺跡においてプラトー・ホライズン期の居住域はあるが，プロトヒストリック期のものは確認されていない。集落中心部から離れた遺構が祭祀に用いられたとするヘイデンらの解釈(Hayden and Adams 2004)が正しいとすれば，プロトヒストリック期の居住域はどこに存在するのであろうか。この問題には2つの可能性が考えられており，ひとつは近隣のムラから集まってきたという考え方，もうひとつは，一時的なキャンプとして利用された可能性である。キートリー・クリーク遺跡で秘密結社の饗宴の場とされた遺構は，少なくともプロトヒストリック期に関しては，根菜類の収穫時期におけるキャンプ地として利用された可能性が高いだろう。プラトー・ホライズン期には居住域が明瞭にとらえられており，居住域から孤立して立地する遺構は祭祀用として考えることができるだろう。ただ，秘密結社に関する民族誌とプラトー・ホライズン期には1,000年ほどの時間的隔たりがあるため，このモデルを証明するには時期的に連続性のある遺跡を事例とする検証が必要であると考えられる。プラトー・ホライズン期における周辺遺跡からは集石遺構が検出されているため，キートリー・クリーク遺跡でも当該時期に集石遺構が用いられたことは間違いないであろう。キートリー・クリーク遺跡では祭祀用建物とこれに近接して位置する集石遺構における饗宴の発達と社会的複雑性の相関が想定されているが (Hayden and Adams 2004)，秘密結社を有する社会がある程度複雑化していたことは考えられるとしても，時期ごとの変化をこの事例から読み取ることはできない。ヘイデンらの論考はキートリー・クリーク遺跡の事例研究であり，饗宴の一形態を復元したことは評価されるが，周辺地域における類例との比較や通時的な祭祀・饗宴の変遷については検討されていない点が課題として残る。

この問題は縄文時代の社会的複雑性を考察する際にも注意されるべきであろう。ただ，縄文時代後・晩期の集落遺跡では後期から晩期までの遺物が継続的に出土しており，各時期の様相を連続的にとらえることができると考えられる。地域単位での集落遺跡の検討をおこなうことも可能である。葬送や婚姻にともなう饗宴のように集落内でおこなわれる場合には多数の参加者が期待され，食料やモノの消費量も大きくなると予測される。キートリー・クリーク遺跡の事例では，

祭祀用建物が集落中心部から離れ孤立した状態であったことで，祭祀の場として特定することができた。祭祀の痕跡が集落中心部に残される場合には，発掘調査の範囲内にある可能性は高くなる一方で，キートリー・クリーク遺跡の事例よりも用途の推定が困難となろう。こうした制約はあるものの，饗宴の痕跡が累積した状況をもとに，饗宴の規模・頻度の増大を確認することで，縄文社会においても社会的複雑化の過程を明らかにできると考えられる。

註

1) アーノルドは，より具体的に，非核家族成員の動員とも述べている（Arnold 1993）。アーノルドの定義はチューマッシュ族の民族誌における労働形態にもとづいているが，実際には親族の範囲はあいまいであり，さらに複数事例での検証を要すると考えられる。

2) 合同集団は，資源または財産の所有において共同の権利と責任を持続的に保有し，他の集団または個人との社会政治的関係の維持をする協力的な集団と定義されている（Perodie 2001:211）。

# 第3章　環状盛土遺構からみた縄文時代後・晩期の集落

## 第1節　関東地方縄文後・晩期集落と縄文階層化社会論

　近年，関東地方縄文時代後・晩期集落に関する議論が活発におこなわれている。これは環状盛土遺構を有する遺跡という視点から出発したものであるが，当該遺構を有する遺跡は集落跡であるという点では結論が得られているようである（江原 1999a;1999b;2005, 阿部 2006;2007b, 古谷 2006）。しかしながら，遺跡の高まり部分の形成過程についてはまだ議論がおこなわれている。「遺丘集落」説を提唱する阿部は，壁立ちの住居が継続的に建て替えられたことを想定し，住居の構築物の堆積によって高まりが形成されたと主張する（阿部 1996;2005;2006;2007b）。この説には印旛沼周辺地域の遺跡がデータとして用いられている。印旛沼周辺地域とともに環状盛土遺構の集中的分布地域である大宮台地の資料からは，集落内の空間構成や高まりの堆積順序に着目した論考が提出されている（鈴木 2007）。これまで環状盛土遺構の集成がいくつかおこなわれてきたが（江原 1999a, 沖松 2005），霞ヶ浦周辺地域における類例は報告されていないなど地域差が想定されてきた（第3.1.図）。江原が述べるように，関東地方縄文時代後・晩期の集落形態として環状盛土遺構がどの程度普遍的・一般的であるのか，また環状盛土遺構の形態をとらない遺跡との比較検討はいまだに課題として残されている（江原 1999a:47）。

　縄文階層化社会論においては，北海道や東北北部の後・晩期の事例を用いることが多く（安斎 2002, 河野 1955, 後藤 1953, 駒井 1959, 藤本 1971, 渡辺 1990），関東地方が研究対象となることはまれである。しかしながら後・晩期の関東地方においても，遺跡が多数分布しており遺物の量も豊富である。なおかつ，調査された遺跡数が多いため資料が蓄積されている。環状盛土遺構論は縄文階層化社会論と結び付けて論じられたことはないが，同時期であることから関東地方の後・晩期集落も縄文階層化社会論の対象に含まれるだろう。縄文時代後期に出現する環状盛土遺構は集落構造の変化を示していると考えられ，社会組織の変化とも関連する可能性がある。後期集落における大型住居跡や集葬墓（高橋 2001b;2004），土器塚（阿部 2000）は中期まで検出されていない遺構であり，何らかの社会の変化を予測させる。第3章では環状盛土遺構の問題を通じて，関東地方における縄文時代後・晩期集落の特徴について考察を試みる。

## 第2節　関東地方の縄文時代後・晩期集落

　環状盛土遺構とは，寺野東遺跡（栃木県小山市）（第3.1.図1）においてはじめて認識された遺構であり，中央の窪地を囲むような環状の盛土状の形態を呈する（第3.2.図）。盛土状の高まりはいくつかのブロックをなし，寺野東遺跡では遺跡西半が消滅しているものの，推定で直径約165mとなる。盛土部分および窪地の形成過程が主な議論の対象となっているが，環状盛土遺構が認識

第3.1.図　第3章で扱う遺跡（遺跡番号は文中のものと対応）

されてからの他遺跡の調査例が少なく，環状盛土遺構形成の過程・原因は明らかにされていない。環状盛土遺構を有すると考えられる遺跡の集成では主に下総台地と大宮台地に当該遺構の分布が認められており（江原 1999a，沖松 2005），寺野東遺跡はむしろ分布の集中域からは外れている。また，環状盛土遺構集中域と同一の土器型式圏となる霞ヶ浦周辺地域[1]においては，環状盛土遺構を有する遺跡の確認がなされていない。霞ヶ浦周辺地域に位置する平三坊貝塚において筆者らがおこなった調査でも，遺跡の表面形態は環状盛土遺構と類似するものの，明らかな盛土遺構は検出できていない（川島 2007，川島ほか 2008）。ここでは環状盛土遺構を有すると考えられる遺跡の形状から各遺跡の共通点を抽出し，盛土の形成過程と堆積土の内容について考察をおこなってみたい。遺跡の形状では特に高まり部分および窪地部分に注目する。環状盛土遺構の分布集中域と考えられる下総台地と大宮台地の遺跡に加え，周辺域である霞ヶ浦沿岸の遺跡も分析の対象とし比較検討をおこなう。

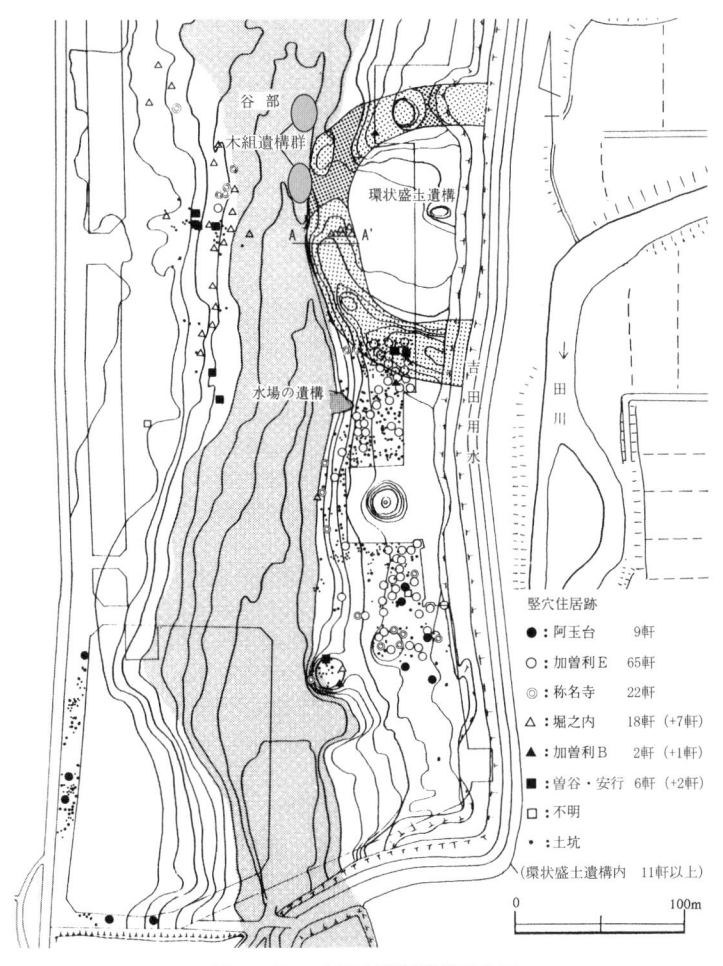

第 3.2. 図　寺野東遺跡遺構分布図

## 大宮台地

### 2. 後谷遺跡（埼玉県桶川市）（第 3.3. 図）

　標高約 12m の台地の末端に位置している。明瞭な盛土は確認されていないが，遺跡中央部に窪地が認められる（村田ほか 2007，吉川ほか 1979）。台地南西部の低地部（Ⅲ区）からは木道状遺構と木組遺構が検出されている。窪地の規模は長軸約 100m×短軸約 65m の楕円形を呈しており，縄文時代晩期中葉の遺物が主体となる。Ⅱ区においては窪地の周辺にピット，土坑，および住居跡が分布し，高まり状の地形となっている。高まりと窪地の比高差は 1.5～2m である。

### 3. 高井東遺跡（埼玉県桶川市）（第 3.4. 図）

　遺跡中央の窪地は径約 50m で，窪地を囲むように遺構が分布している（市川ほか 1974）。縄文時代後期末の安行 2 式期や晩期初頭の安行 3a 式期の住居跡は窪地からの斜面で検出されているのに対し，後期中葉加曽利 B 式期の住居跡はより高い地点に分布している（江原 1999a）。窪地と

第 3.3. 図　後谷遺跡

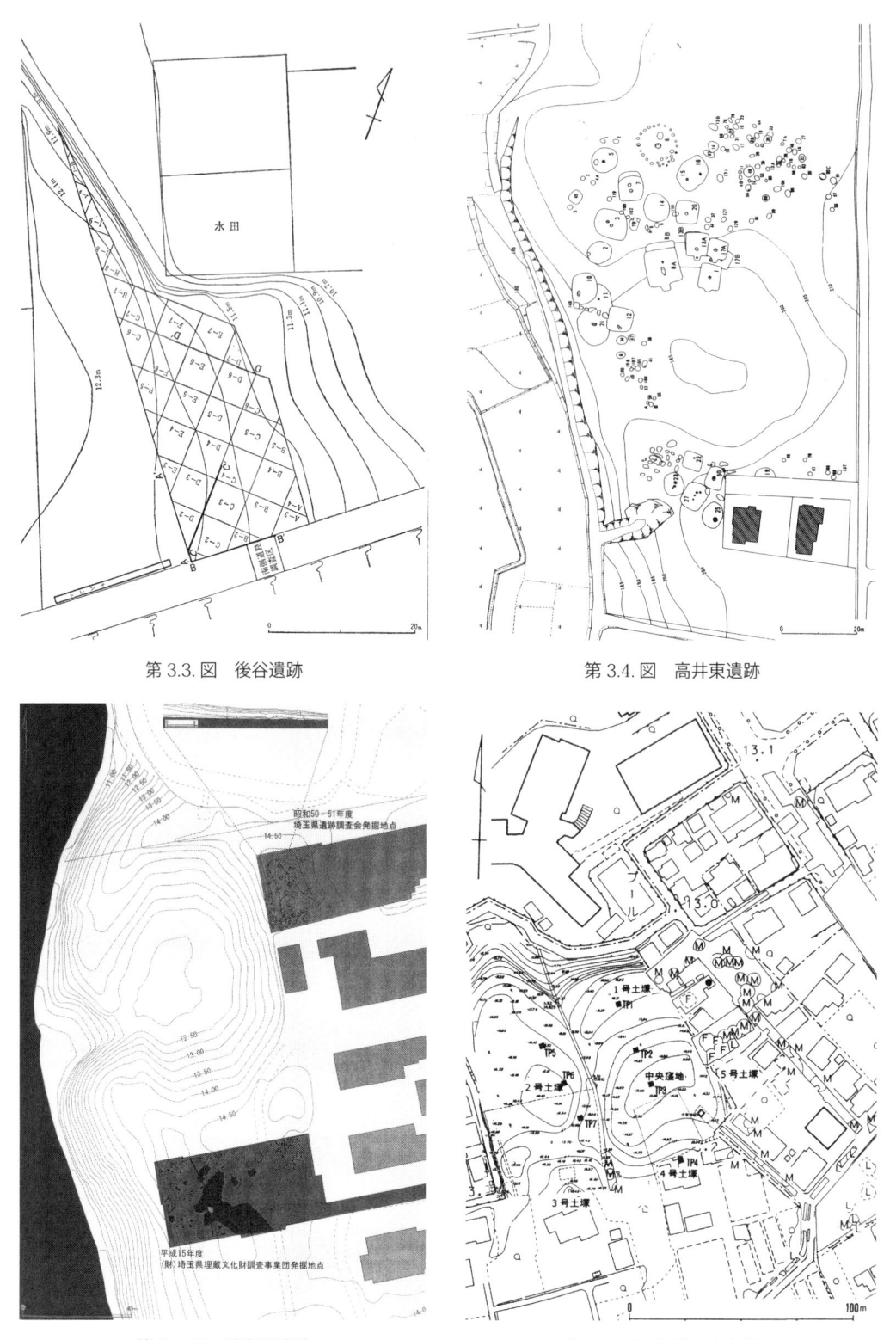

第 3.4. 図　高井東遺跡

第 3.5. 図　雅楽谷遺跡

第 3.6. 図　馬場小室山遺跡

周囲の地形の比高差は約 1m である。

### 4. 雅楽谷遺跡（埼玉県蓮田市）（第 3.5. 図）

標高約 14m の台地上に立地し，標高約 14.5～15.0m の高まり部分が 2 ヶ所確認できる（橋本ほか 1990）。窪地も存在し，標高 12.5m で径約 40m を呈する。窪地と高まりとの比高差は最大で 3m ほどになる。高まりは盛土であると考えられ，縄文時代後期中葉には形成がはじまり，晩期中葉まで継続していたとされる（上野・渡辺 2005）。窪地部分の調査はおこなわれていないが，盛土上部の黄褐色土層から安行 3c 式土器が顕著に出土することから，窪地の掘削がおこなわれた可能性はある。土層断面図からは，高まり部分においてソフトローム上面の標高が周囲と同じであり，遺物包含層の堆積のみが厚いことがわかる。高まり部分の土層はほぼ水平方向の堆積となっており，寺野東遺跡での堆積とは異なっているようである。

### 5. 馬場小室山遺跡（埼玉県さいたま市）（第 3.6. 図）

標高約 15m の台地上に立地する。窪地とその周囲のブロック状の高まりが 5 ヶ所確認されている（「馬場小室山遺跡に学ぶ市民フォーラム」実行委員会 2007）。窪地の規模は径約 60m で，周囲との比高差は約 2m である。

### 6. 赤城遺跡（埼玉県鴻巣市）（第 3.7. 図）

大宮台地北の埋没ローム台地上に立地する。径約 70m の窪地の周囲に居住域が存在する。窪地において住居跡は確認されておらず，祭祀遺物集中地点，完形土器，集中地点，柱穴列のほかに，水場遺構の一部と考えられる遺構が検出された（新屋ほか 1988）。窪地と居住域との比高差は約 2.5m である。

### 7. 小深作遺跡（埼玉県さいたま市）（第 3.8. 図）

標高約 13m の台地上に立地し，低地との比高差は約 1m である。遺跡北側に谷状の地形がみられ，発掘調査によってローム面が落ち込んでいく様子がとらえられた（大宮市教育委員会社会教育課 1971）。遺跡北西部において階段状の「テラス状遺構」が検出され，縄文時代晩期前葉の完形土器が集中して出土した。遺跡北端では晩期前葉の竪穴住居跡が検出されており，晩期において低地付近での活動の痕跡が顕著である。

### 8. 黒谷田端前遺跡（埼玉県さいたま市）（第 3.9. 図）

標高約 11m の台地上に立地する。報告書では「谷」と表現されているが，遺跡内においてローム面の低い地点が存在する（宮崎ほか 1976）。B 地点の東側にあたる「谷」では縄文時代晩期の包含層が確認され，完形土器の集中地点も検出されている。B 地点の東西端のローム面で比較すると約 1.2m の高低差がある。「谷」の底面付近からも晩期の土器が出土しているため，「谷」の

第 3.7. 図　赤城遺跡

第 3.8. 図　小深作遺跡

第 3.9. 図　黒谷田端前遺跡

第 3.10. 図　石神貝塚

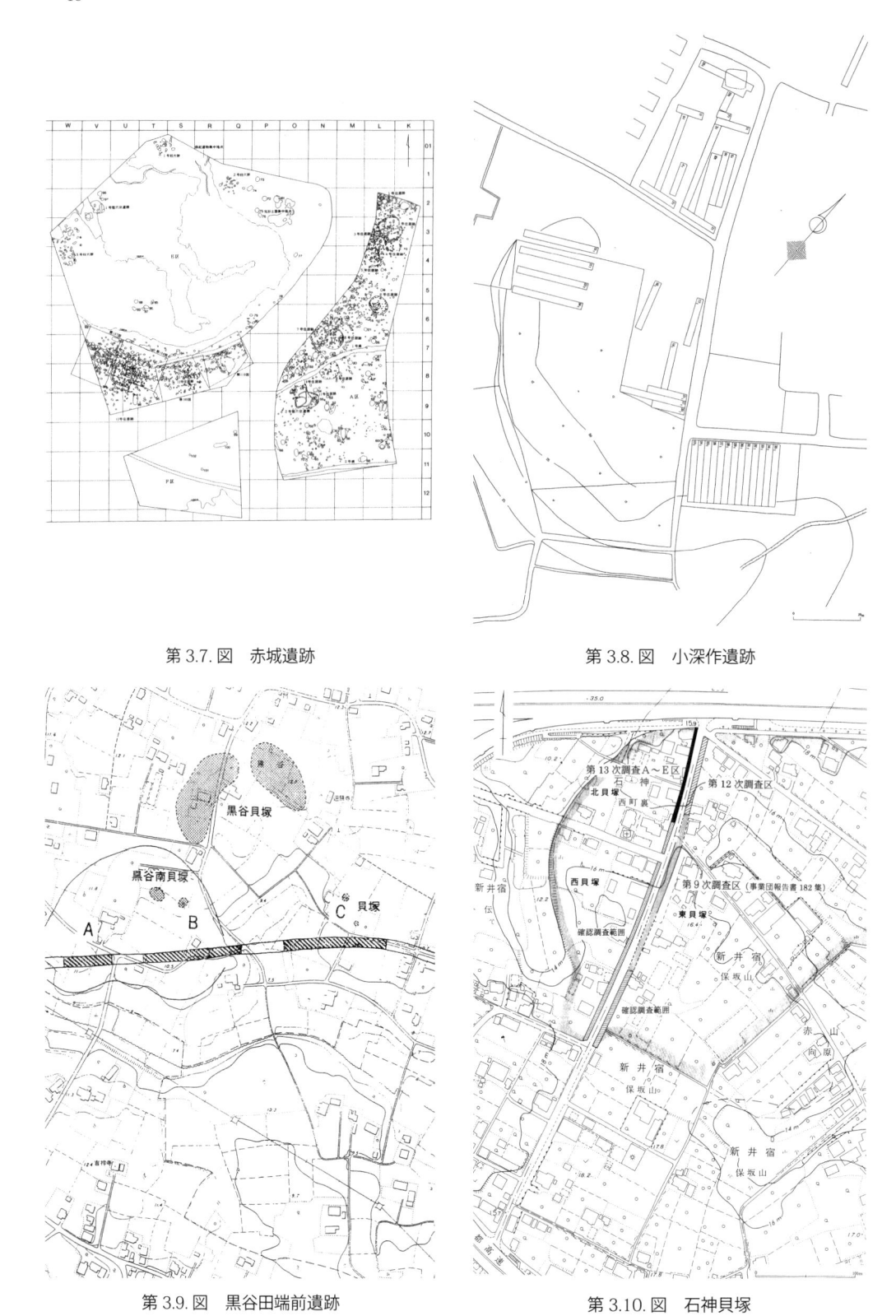

底面は晩期においてローム面が露出していたと考えられる。

### 9. 石神貝塚（埼玉県川口市）（第3.10.図）

標高約16mの台地上に立地する。近年の調査において盛土が確認されており，加曽利B2式期以降に盛土の形成がなされたとされる（新屋・元井ほか1997）。東貝塚で標高約17～18mと最も標高が高くなっており，窪地部分との比高差は約2.5mである。東貝塚では後期の住居跡が3軒のほか，焼骨を多量にともなう焼土遺構が検出されており，寺野東遺跡における同様の遺構との共通点として挙げられている。遺跡の窪地よりの地点では縄文時代晩期の住居跡が3軒検出され，これらの窪地側に後・晩期の遺物包含層が確認された（新屋2000）。

### 下総台地

### 10. 吉見台遺跡（千葉県佐倉市）（第3.11.図）

標高約27mの台地上に立地し，直径150m以上の馬蹄形を呈する高まりを形成している（近森ほか1983）。遺跡中央の窪地は径約80mであり，周囲との比高差は地表面で1.3m，ローム上面で約2mである。この窪地は遺跡北側の谷津からの延長と考えられる。縄文時代の住居跡は8軒検出されており，すべて後期から晩期に属し，このうち3軒が大型住居である（林田ほか2000）。

### 11. 井野長割遺跡（千葉県佐倉市）（第3.12.図）

標高約27mの台地上に立地する。7つの盛土ブロックが確認され，これらの中心に窪地が存在する（戸谷ほか2004）。遺構は盛土下部と盛土の周囲で確認されたものが多く，窪地中央部では遺構がほとんど検出されていない。縄文時代中期末から安定的に遺物が出土するようになり，晩期の前浦式期までの遺物が確認されている。盛土ブロックの間には窪地から遺跡の外側へと通じる道状遺構が存在することから，盛土ブロックの窪地側が居住域として認識されていたと考えられる。遺跡周囲の斜面部にも包含層が形成されるが，晩期の遺物が多く含まれる。窪地の掘削との関連でローム質土が注目されているが，当遺跡におけるローム質土中には晩期の遺物が含まれていることから，後期末から晩期にかけて窪地の掘削がおこなわれたと推定されている。

### 12. 曲輪ノ内貝塚（千葉県佐倉市）（第3.13.図）

標高約27mの台地上に立地する。遺跡西側が開口部となる高まりを有しており，規模は直径約120mとなる（阿部ほか2004）。窪地は直径約50mで，高まりとの比高差は約1.5mである。6ヶ所の地点貝塚が認められ，遺跡北側では土器塚の存在が指摘されている。高まり部分および窪地部分では表土の色調が暗～黒褐色を呈し，高まりの外側では明～黄褐色を呈することが報告されている。また，表面採集遺物の時期的傾向では，高まりの外側では縄文時代中期末，高まりでは後期，窪地では晩期の遺物が主体であったとされる。

第 3.11. 図　吉見台遺跡

第 3.12. 図　井野長割遺跡

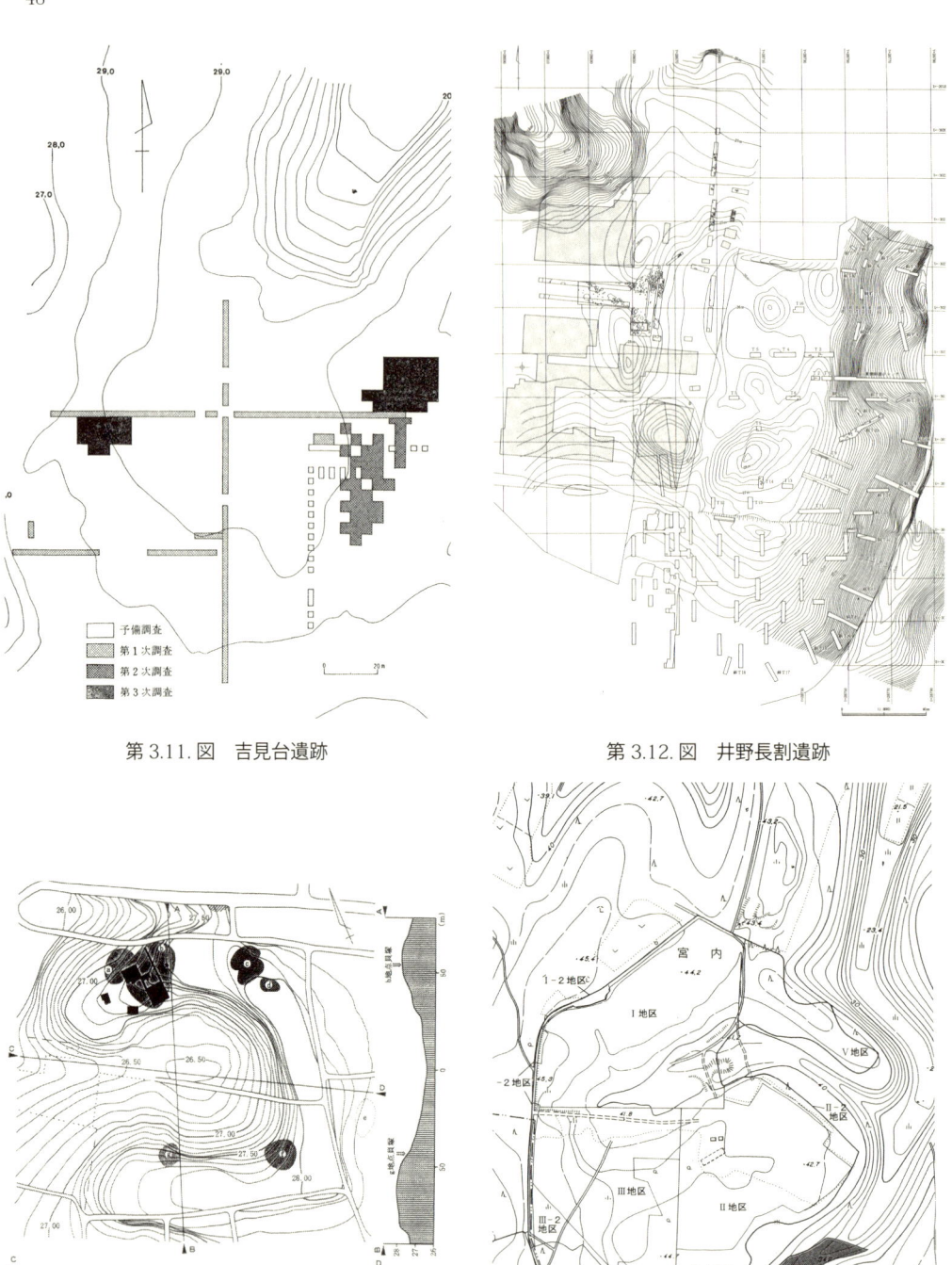

第 3.13. 図　曲輪ノ内貝塚

第 3.14. 図　宮内井戸作遺跡

## 13. 宮内井戸作遺跡（千葉県佐倉市）（第 3.14. 図）

印旛沼に流れ込む鹿島川の上流域，標高約 40m の台地上に立地する（小倉 2003）。縄文時代中期からの遺物が出土し，後期堀之内式期から遺構数が増加する。地形図からは遺跡西側から浅い谷が入り込み，これの周囲に遺構の分布が多い。加曽利 B 式期からあらわれる大型住居跡は遺跡東側の特定の場所に継続して建て替えられている。晩期の遺構数は少ないものの，浅い谷の奥部にあたる II 地区中央や，遺跡西側斜面部の VI 地区に晩期の遺構が存在する。VI 地区では晩期前半の包含層が確認されており，井野長割遺跡・三輪野山貝塚（同県流山市）で確認された遺跡斜面部の盛土と共通する特徴を備えている。

## 14. 戸ノ内貝塚（千葉県印旛郡印旛村）（第 3.15. 図）

印旛沼北岸に位置し，標高約 28 ～ 29m の狭い尾根状の台地上に立地する（高橋ほか 2004）。測量調査の際に，地点貝塚が 4 ヶ所と土器集中域が確認された。遺物は縄文時代中期後葉から晩期前半が主体となっている（高橋ほか 2005）。地点貝塚の分布からは，遺跡西側の谷に沿うような遺跡の形成が予測される。遺跡南東の土器集中域では縄文時代晩期と推定される住居跡が検出されており（高橋ほか 2006，高橋ほか 2007），地点貝塚のある遺跡北側と南側には時期差が認められるかもしれない。

## 15. 加曽利南貝塚（千葉県千葉市）（第 3.16. 図）

細長い貝塚にはさまれるような形で窪地が存在し，等高線からは完全に閉じた形状と判断できる（杉原ほか 1976）。貝塚は台地上平坦面よりも 0.5 ～ 1.0m ほど高くなっており，窪地との比高差は最大で約 2.5m である。

## 16. 園生貝塚（千葉県千葉市）（第 3.17. 図）

馬蹄形貝塚の中央が窪地となっており，周囲の台地上平坦面と 1.4 ～ 2.0m 低くなっている（田中 1997）。遺物は縄文時代中期後半から晩期前半までが出土し，貝層は後期に形成されている。窪地では晩期の遺物包含層が確認された。加曽利 E 式期には貝塚西側，堀之内式期には貝塚東側，加曽利 B 式期以降には貝塚外縁部に遺構が分布すると指摘された。井野長割遺跡例や吉見台遺跡例のように，谷部方向へのびる道状遺構が検出されており，水場との関連が想定されている。

## 17. 曽谷貝塚（千葉県市川市）（第 3.18. 図）

東西約 220m，南北約 250m の範囲にわたって馬蹄形状に貝層が分布する（金子 1996）。遺跡は 22 ～ 25m の台地上に立地し，遺跡中央の窪地と貝層の上部との比高差は約 3m となる（堀越 1976）。遺跡北側から浅い谷状地形が入り込んでいる。盛土に該当する地形の記述はないものの，当遺跡の各地点で報告されるローム質土の堆積は窪地の人為的掘削の根拠になりうるため注目さ

第 3.15. 図　戸ノ内貝塚

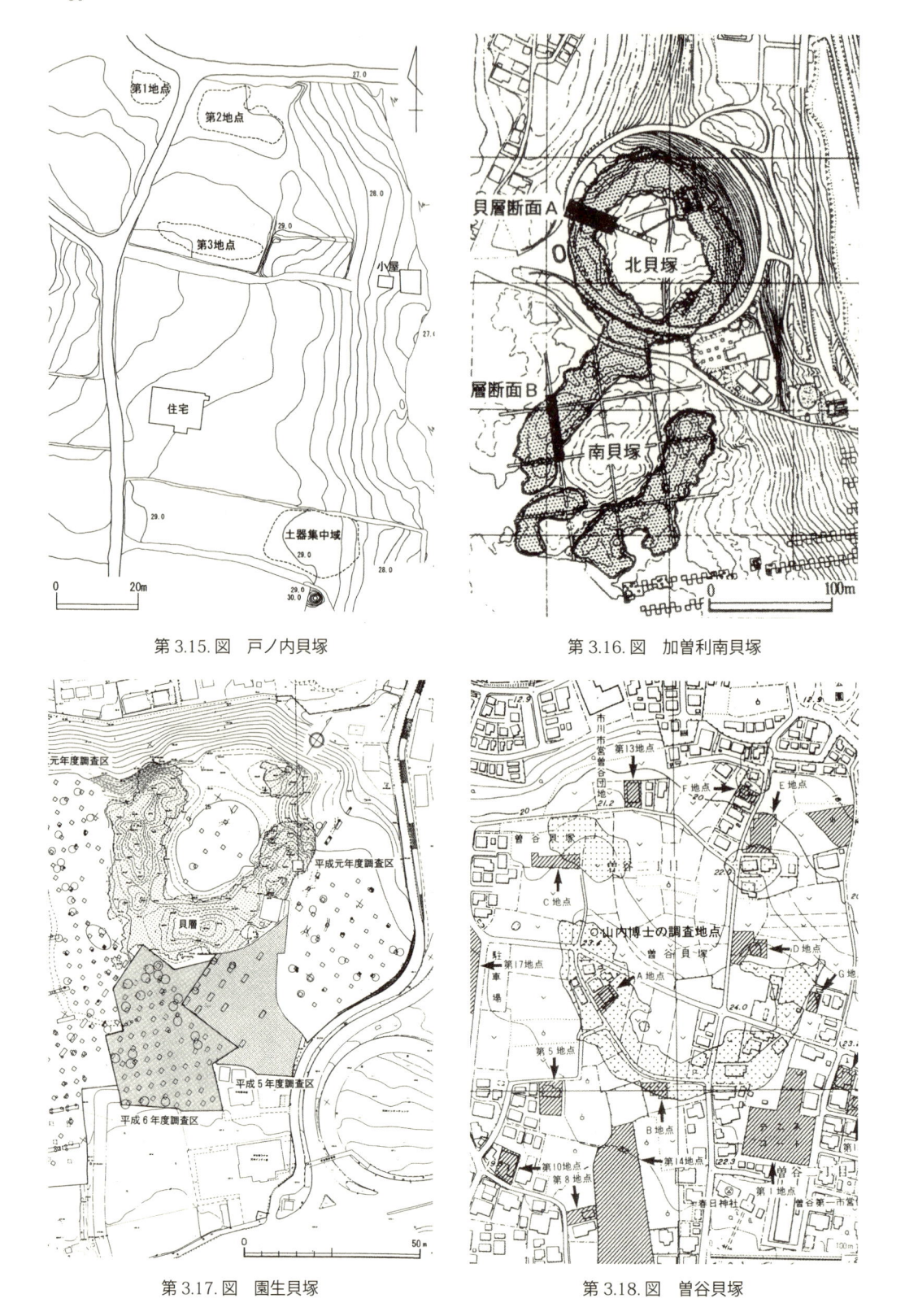

第 3.16. 図　加曽利南貝塚

第 3.17. 図　園生貝塚

第 3.18. 図　曽谷貝塚

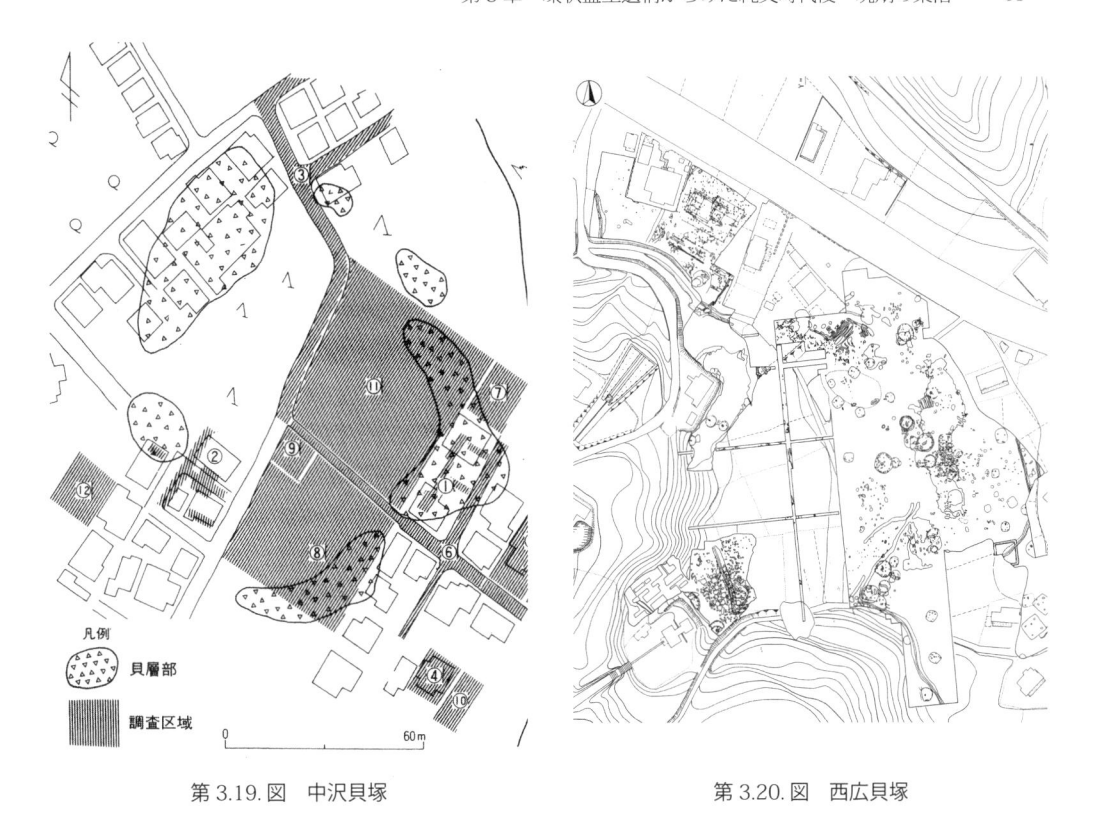

第3.19.図　中沢貝塚　　　　　　　　　　第3.20.図　西広貝塚

れる（江原1999a）。

### 18. 中沢貝塚（千葉県鎌ヶ谷市）（第3.19.図）

窪地を囲むように馬蹄形の「土堤状の高まり」があり、窪地との比高差は最大で約2mある（犬塚1990）。「土堤状の高まり」の基礎部分は標高約28mとなり、高まりには貝層が形成され、窪地には黒褐色土の遺物包含層が堆積している。遺跡東部の貝塚の調査によると、高まり部分に設けられたトレンチでは堀之内式期から後期安行式期までの遺物が出土し、下層では堀之内Ⅰ式土器が出土していることから、高まりの形成開始は縄文時代後期前葉と考えてよいだろう（下谷津ほか1965）。

### 19. 西広貝塚（千葉県市原市）（第3.20.図）

後期前半に形成されたブロック状の貝塚が環状に分布し、その中央が窪地となっている（米田・鷹野ほか1977）。縄文時代中期末から遺跡の形成がはじまり、後期の堀之内式期に遺構数が増加する（安井・鶴岡ほか2005）。遺跡南側から浅い谷状地形が入り込み、これを囲むように遺構が分布する。35軒の住居跡が確認されており、42基検出された土坑は住居跡に近接するか窪地の反対側に多く分布している。時期ごとの住居跡分布をみると、後期には窪地よりやや高い部分に集中するが、晩期の住居はより窪地側に設けられていることがわかる。

第 3.21. 図　祇園原貝塚　　　　　　　　　　第 3.22. 図　貝の花貝塚

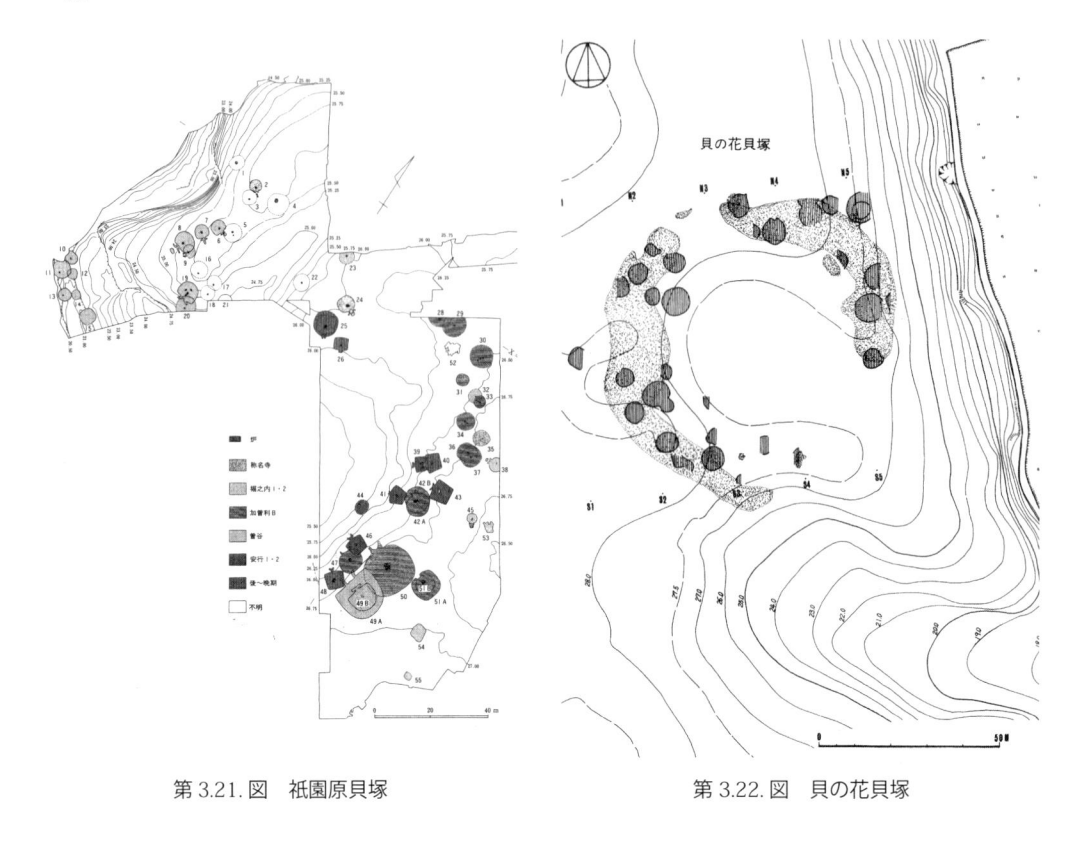

## 20. 祇園原貝塚（千葉県市原市）(第 3.21. 図)

養老川の河口付近の標高約 27m の台地上に立地する。明瞭な高まりはみられないが、遺跡中央部に窪地が存在し周囲との比高差は約 80cm である。窪地の形状は北西方向に細長く、谷津と連結している。貝層が窪地内にみられ、ほかの遺跡と異なる特徴を有している。堀之内式期の遺構数は最も多く、遺跡北西側に集中している。加曽利 B 式期以降は窪地の斜面部に立地する傾向を示す（忍澤ほか 1999）。窪地内にも堀之内式期の住居跡がみられるが、加曽利 B 式期の面的に広がる貝層がその上部で確認されているため、加曽利 B 式期の段階で窪地が埋められていたと推定された（近藤 1992）。

## 21. 貝の花貝塚（千葉県松戸市）(第 3.22. 図)

標高約 28m の台地上に立地する。馬蹄形貝塚の中央部に径約 40m の窪地があり、遺跡南側の谷津とつながっている。窪地の中央部には黒色土が認められ、縄文時代晩期の包含層となっている（八幡ほか 1973）。同様の黒色土は遺構の廃絶後の窪みにも堆積しており、縄文時代後期末から晩期中葉の土器が出土している。また、「貼りローム様遺構」とされた遺構が検出されており、環状盛土遺構の堆積土における再堆積ローム土との関連で注目されている（江原 1999a, 沖松 2005）。

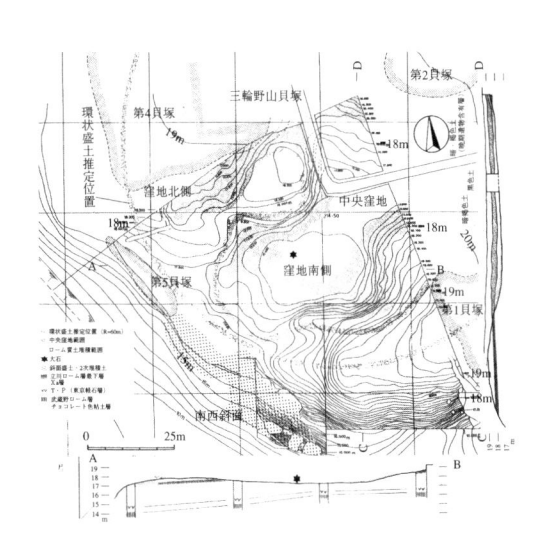

第 3.23. 図　三輪野山貝塚　　　　　　　　　　第 3.24. 図　下ヶ戸宮前遺跡

## 22. 三輪野山貝塚（千葉県流山市）（第 3.23. 図）

　江戸川左岸の標高 19m の台地上に立地する。窪地は北東から南西方向にやや細長く，径約 80m をはかり，窪地底面と台地平坦面との比高差は 1.7m ほどである（小川・小栗 2003）。盛土は遺跡西側の斜面に形成されており，盛土から検出されたローム質土の層は窪地のロームに由来すると考えられている。

## 23. 下ヶ戸宮前遺跡（千葉県我孫子市）（第 3.24. 図）

　標高約 16 〜 17m の台地上に立地し，北側からの谷津の延長となる窪地を囲むように地点貝塚が観察されている（石田 2000）。遺跡の北西部となる舌状台地先端部が調査され，加曽利 B 式期〜安行 3c 式期の住居跡，土坑が検出された。住居跡は窪地を囲むように分布しており，その窪地側に土坑の分布が集中している。当遺跡では「馬の背状の高まり」が報告されており，盛土の可能性もあるだろう。

### 霞ヶ浦周辺地域

## 24. 平三坊貝塚（茨城県かすみがうら市）（第 3.25. 図）

　2006 年におこなった筑波大学考古学研究室の調査結果をもとに，筆者は出島半島南西部に位

第 3.25. 図　平三坊貝塚　　　　　　　　　　　第 3.26. 図　安食平貝塚

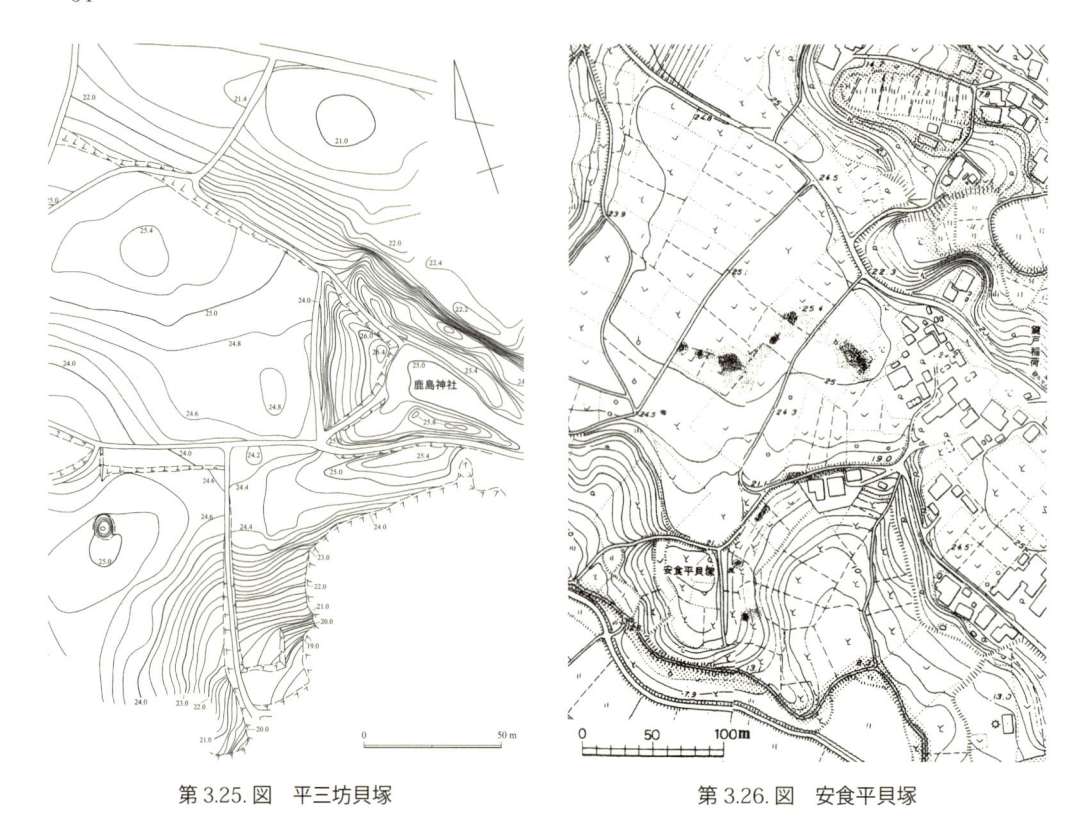

置する平三坊貝塚が環状盛土遺構を有する可能性を検討した（川島 2007）。2007 年にはさらに検討を進めるために同貝塚において小規模な発掘調査をおこない，土層の基本的な堆積状況を確認した（川島ほか 2008）。測量調査によれば，いくつかの高まり状の地形と窪地とみられる地形を検出できた（川島 2007）。また，地表面の土色を観察したところ，高まり部分は暗褐色を呈し，高まりの北西側との差が確認された。しかしながら，2007 年の発掘調査では予測されていた明瞭な「盛土」を確認できなかった。遺跡の中で最も高い地点（A トレンチ）では縄文時代後期から晩期前葉の土器と後期と考えられる土坑を検出した。遺跡南側の高まり部分（C トレンチ）では中世以降の土坑と縄文時代中期の土器・土坑を検出したが，縄文時代の盛土らしき堆積は確認できなかった。中央の窪地では遺物包含層を検出し，晩期中葉の前浦式期までの土器が出土した。窪地におけるローム面までの堆積は高まり部分よりも厚かったが，ソフトロームを確認できたためおそらく人為的掘削はおこなわれなかったか，おこなわれたとしてもソフトロームを掘り下げるほどではなかったと推測できる。窪地部分では後期から晩期の層がソフトローム上部に堆積していると考えられ，晩期の時点では窪地と高まりの高低差が現地表面よりも大きかったようである。この窪地は遺跡南側の谷津からのびる先導谷の延長上にあたる。

## 25. 安食平貝塚（茨城県かすみがうら市）（第 3.26. 図）

　霞ヶ浦に面する台地上，標高約 20〜25m に立地する。大小合わせて 10 の貝塚が確認された（酒

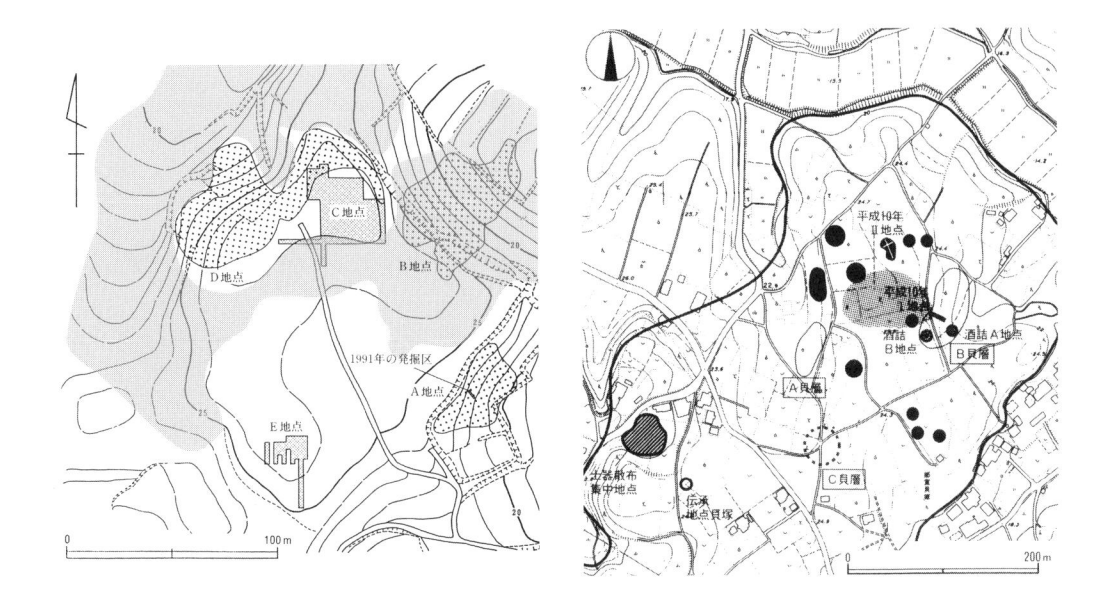

第 3.27. 図　上高津貝塚　　　　　　　　　　第 3.28. 図　部室貝塚

詰・広瀬 1948)。貝層は縄文時代中期前半の阿玉台式期に形成がはじまり，安行 2 式期まで継続したとされる（町田ほか 1957)。遺跡の継続時期は土偶などの表面採集資料から晩期中葉までと考えられる（川島 2004)。台地上はほぼ平坦にみえるが，貝層は弧状を呈し等高線も貝層に沿った形となる。この弧に向かって南東側から谷津が入り込んでいるので，平三坊貝塚においてみられたような浅い窪地状地形の存在を予測できる。

## 26. 上高津貝塚（茨城県土浦市）（第 3.27. 図）

　当貝塚は桜川に面する台地上に立地し，標高は 22〜24m である。C・E 地点を除き，貝塚は斜面に形成されている。各地点によって若干貝層の時期が異なり，A 地点は後期中葉から晩期前葉（佐藤・大内ほか 1994)，B 地点は後期後葉から晩期前葉（Akazawa 1972)とされる。C 地点では中期後半から晩期中葉にかけての住居跡や土坑が検出された（石川ほか 2006)。当貝塚では，遺跡中央の台地上で東西方向に埋没谷が存在することが地中レーダー探査によって判明しており，これを中央窪地として認識できるかもしれない。C 地点の発掘によってもローム層上面の地形が台地中央に向かって下がることが明らかとなった。埋没谷の下層からは晩期中葉と考えられる土偶が出土しているので，晩期中葉の遺物包含層が窪地に存在した可能性がある。また，土層の中にはロームブロックが多量に含まれるものがあり，整地との関連も指摘されている。

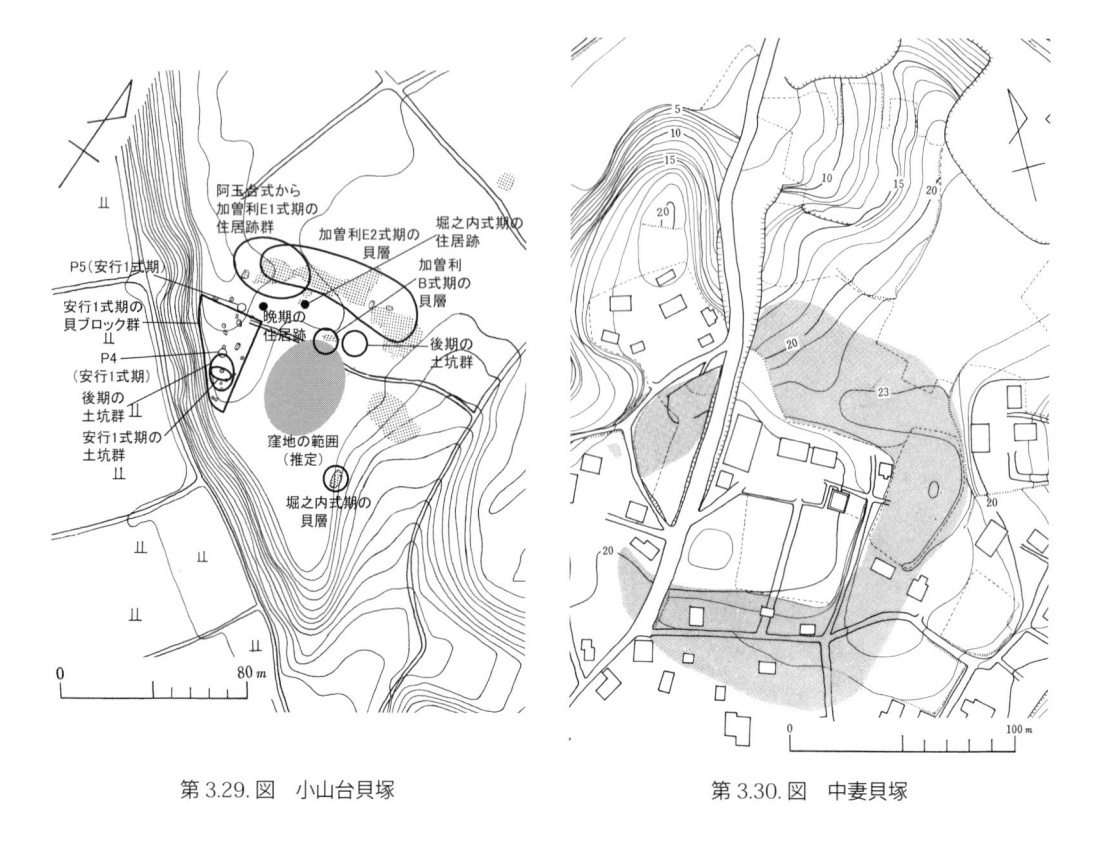

第 3.29. 図　小山台貝塚　　　　　　　　第 3.30. 図　中妻貝塚

### 27. 部室貝塚（茨城県小美玉市）（第 3.28. 図）

　霞ヶ浦北岸の標高 20 〜 25m の台地上に立地する。A 〜 C の斜面貝層と 12 の地点貝塚が台地上で確認されている（宮内ほか 2005）。図中に示されたトーンの部分で，後晩期の土器の散布が濃密であるらしい。紹介された資料は後期中葉から晩期中葉までの土器であり，遺跡の継続期間を示す根拠として重要である。窪地や高まりを確認することはできないが，トーン部をはさむようにふたつの谷津が北側からのびており，これらの谷津の延長上に窪地を想定できるかもしれない。

### 28. 小山台貝塚（茨城県つくば市）（第 3.29. 図）

　標高 19 〜 20m の舌状台地上に立地し，おおよそ馬蹄形状に多数の地点貝塚が分布する。貝層のない遺跡中央は周囲よりも 1.5m ほど低く，漆黒色土層が堆積していた（永松ほか 1976）。窪地の場所は報告書には明記されていないが，範囲は東西 35m，南北 40m とされる。遺跡の継続時期は前浦式期までである。安行 2 式期以降は貝層の形成がおこなわれず，遺物は中央窪地の漆黒色土層から主に出土した。報告書の記述から後期以降の遺構の分布を復元すると，中期には貝層の外側に住居跡が集中するのに対し，後期以降は発掘区中央から南東側に遺構の分布が移るようである。

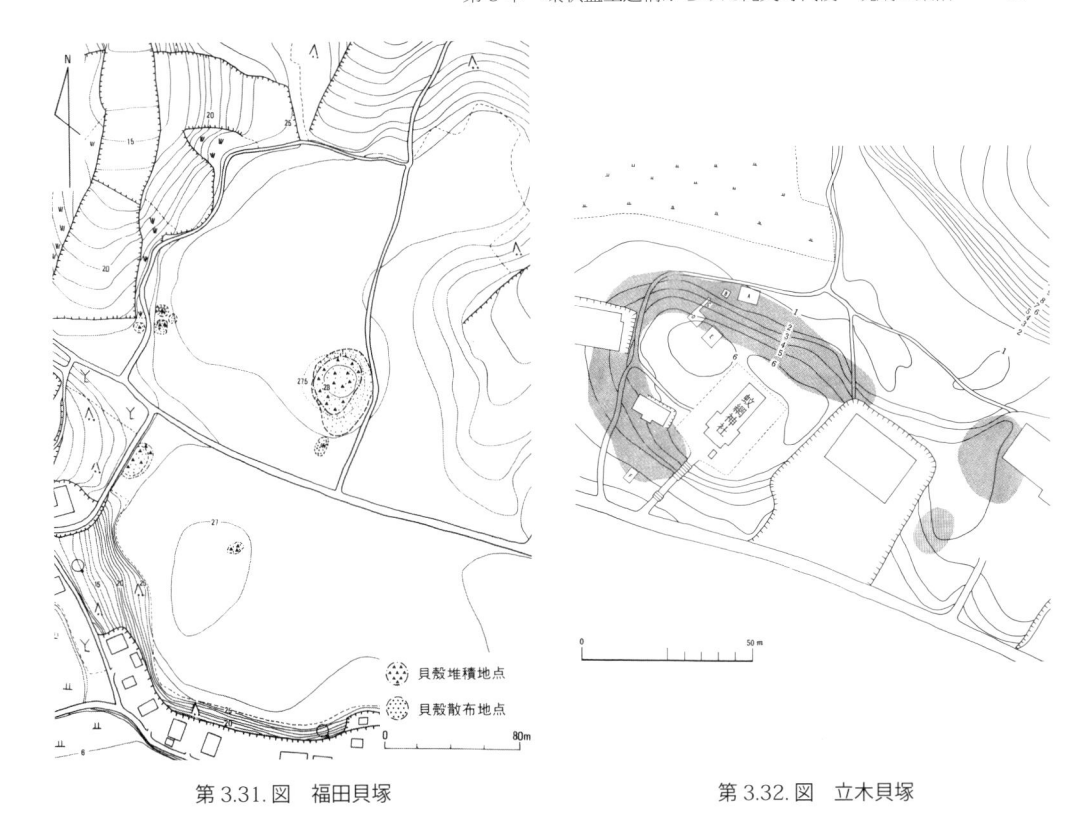

第 3.31. 図　福田貝塚　　　　　　　　　　　第 3.32. 図　立木貝塚

## 29. 中妻貝塚（茨城県取手市）（第 3.30. 図）

　小貝川と利根川の合流点の北西に位置する台地上に立地する。標高は約 16 〜 23m である。遺跡西側が開口する馬蹄形貝塚である。遺跡西側に高まりがみられ，開口部から遺跡中央にかけて低くなっており，窪地状の地形を呈する。遺跡北西から谷津が入り込んでおり，開口部付近から窪地へと浅い谷を形成していると考えられる。近年おこなわれた調査によると，南部の貝層は加曽利 B 式期に形成され，この貝層の下には後期前葉と考えられる遺構が存在することが明らかとなった（宮内・西本 1995）。

## 30. 福田貝塚（茨城県稲敷市）（第 3.31. 図）

　標高約 25 〜 27m の台地上に立地する。台地上にいくつかの地点貝層を有する。図中央の標高が最も高くなる地点（神明前貝塚）の調査では，堀之内式から加曽利 B 式期の貝層が検出された（渡辺ほか 1991）。この調査では中期後半から晩期前葉までの土器が出土した。遺構としては最下層の 6 層から炉跡が検出されたが，付近で住居跡は検出されていない。この調査区とその南西にやや標高が高くなる部分が認められる。調査区の南には平坦にみえる地形が存在し，これは北から侵入する谷津の先端部にあたる。

### 31. 立木貝塚（茨城県北相馬郡利根町）（第3.32.図）

中妻貝塚から東へ6kmほどに位置し，標高10m前後の台地上に立地する（戸沢1979）。低地との比高差は約5mである（杉原・戸沢1965）。貝塚の形状は馬蹄形のようにみえるが，貝層は台地上ではなく斜面に形成される。斜面貝層のほか，台地上に2つの地点貝塚も存在する。神社があるため台地上の地形改変の可能性はあるが，狭いながらも平坦な地形が存在する。台地上のD・E地点において表土直下の黒色砂層から出土した土器は安行2式が主体であり，台地上面と台地縁辺部の緩斜面では主に後期後半の遺物が出土する（杉原・戸沢1965:39）。当貝塚では晩期中葉までの土器が出土している。

### 32. 前田村遺跡（茨城県つくばみらい市）（第3.33.・3.34.図）

小貝川の低地から続く谷津に挟まれた舌状台地のほぼ中央部に位置し，標高は22～23mである。遺跡から出土した縄文土器は安行3b式期までとされる（小林・飯島1999:37）。後期から晩期の住居跡が検出されたのは主にC・D区であるため，C・D区での変化を詳しくみてみよう（第3.34.図）。縄文時代後期以降で時期が特定された住居跡数の変化をみると，後期前葉では20軒（C区11，D区9），後期中葉では3軒（D区），後期後葉では12軒（D区），晩期前葉では5軒（D区）が検出された。また，同じく時期が特定された土坑の分布は，後期前葉では41基（C区21，D区20），後期中葉では4基（D区），後期後葉では17基（D区），晩期前葉では9基（D区）であった。住居跡および土坑の分布をみると，後期前葉と後期中葉以降とでは明瞭な差が生じていることがわかる。後期前葉では台地の全体に分布が広がるのに対し，後期中葉以降はより南側に集中している。後期後葉の住居跡はD区南部の窪地を囲むような配置をとるとされ，晩期の住居跡は窪地の北側と北西部にかけてまとまるようである（横堀1997:299-300）。これに対し，窪地部分には遺構が分布していない。住居の掘り込みに関する記述では，後期前葉ではローム面とほぼ同じレベルまでであり，後期後葉では1軒を除き黒色土が床面となり，晩期には掘り込みがさらに浅くなるとされる（横堀1997:299-300）。報告書には遺構以外の断面図が掲載されておらず，C・D区において「盛土」があったかどうかは不明である。

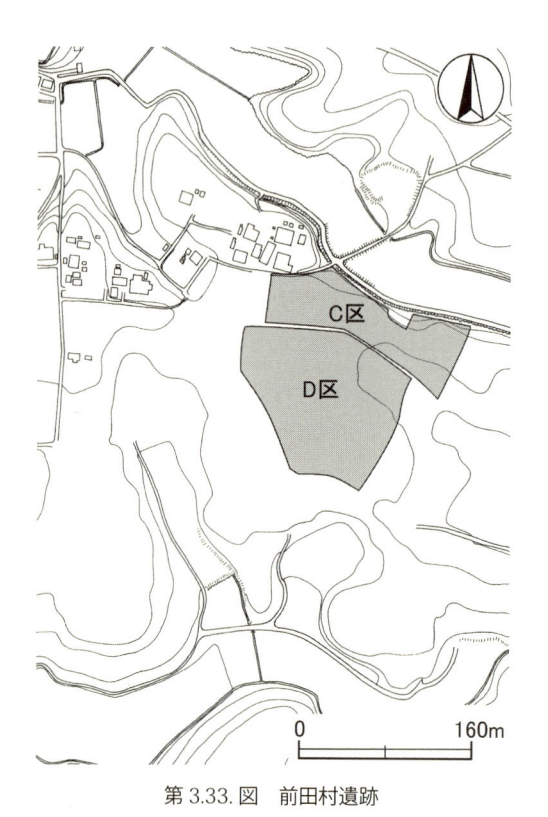

第3.33.図　前田村遺跡

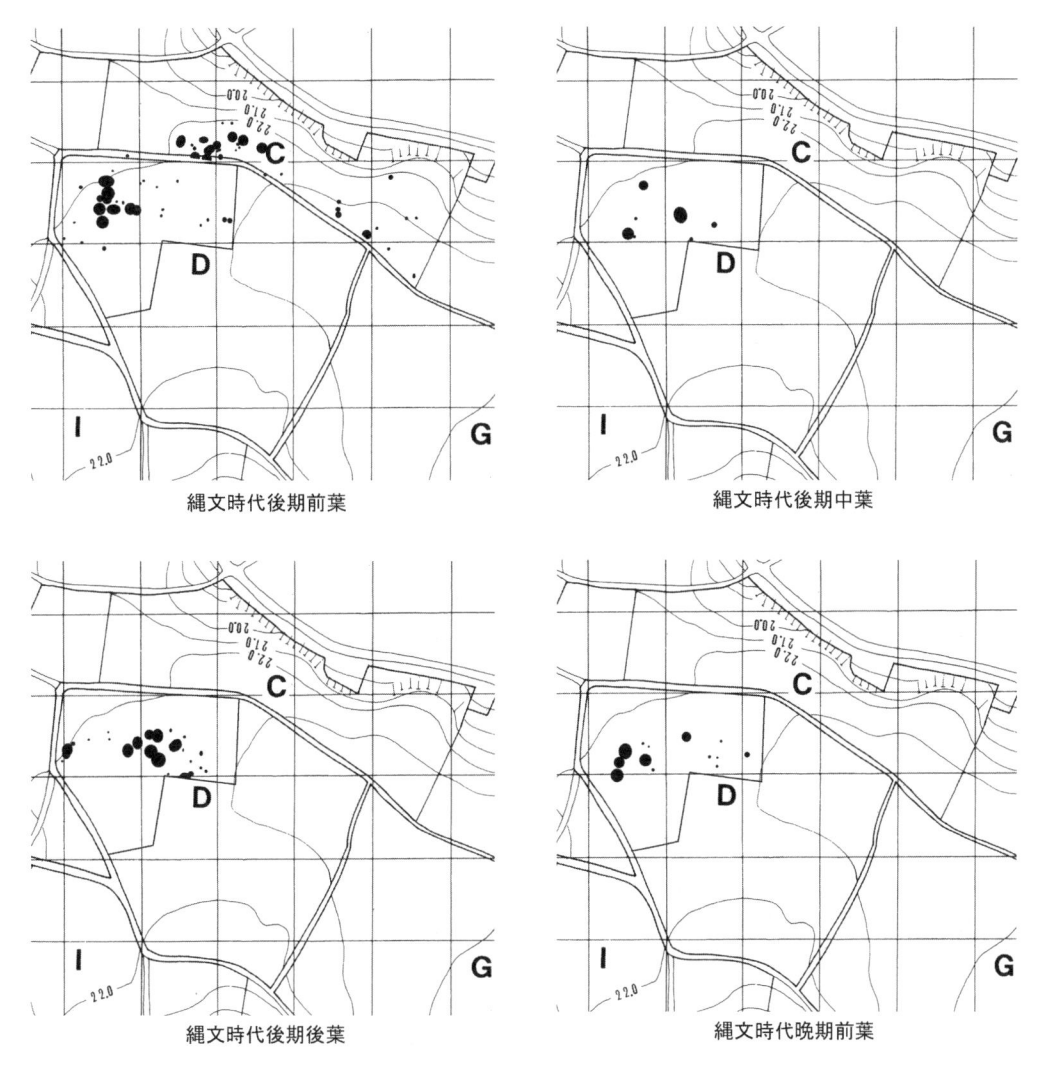

第 3 章　環状盛土遺構からみた縄文時代後・晩期の集落　　59

縄文時代後期前葉　　　　　　　　　　　　縄文時代後期中葉

縄文時代後期後葉　　　　　　　　　　　　縄文時代晩期前葉

第 3.34. 図　前田村遺跡時期別遺構分布

　以上，下総台地・大宮台地・霞ヶ浦周辺地域の縄文時代後・晩期遺跡を概観してきた。環状盛土遺構の存在が確実なのは下総台地の遺跡であり，井野長割遺跡・三輪野山貝塚において明瞭な盛土が確認されている。下総台地の遺跡では概して盛土の残存状況が良好であり，盛土のブロックが現地形からも観察できる遺跡が多い。大宮台地においては馬場小室山遺跡や雅楽谷遺跡で盛土ブロックが明瞭であるが，その他の遺跡では盛土が確認されていない。遺跡の現況は宅地であることが多いため，後世の地形改変の可能性もあるかもしれない。霞ヶ浦周辺地域においても，現在下総台地における遺跡のように典型的な環状盛土遺構を有する遺跡の存在は確実とはいえないだろう。少なくとも明瞭な環状の高まりを地形図から観察することはできない。しかしながら，ほとんどの遺跡からは断片的な情報しか得られないものの，いくつかの共通する特徴を指摘することができる。まず，窪地状の地形がほとんどすべての遺跡において観察された。窪地は遺跡の

中央付近に存在し，その周囲に遺構が分布するというパターンが目立っている。次に，下総台地以外の遺跡でもわずかながらも窪地をとりまく高まりを保有する遺跡がいくつか存在する。大宮台地では雅楽谷遺跡・馬場小室山遺跡・石神貝塚，霞ヶ浦周辺地域では平三坊貝塚・小山台貝塚・中妻貝塚・福田貝塚が該当しよう。また，遺跡の継続期間にも共通性がみられる。縄文時代中期からの遺跡もあるが，多くは後期初頭から継続的に利用され晩期中葉までの遺物が出土する遺跡である。検出される住居跡では堀之内式期が多く，遺物量としては加曽利B式期の遺物が多量に出土するようである。程度の差はあるものの，これらの特徴は印旛沼周辺の環状盛土遺構を有すると考えられている遺跡において観察される特徴と共通している（阿部ほか2001，阿部ほか2004）。縄文時代後・晩期には一般的に遺跡数が減少傾向にあるが，逆に各遺跡の構造には共通性がみられるようになる。これらの地域の後・晩期遺跡を検討すると，むしろ環状盛土遺構のタイプサイトと考えられてきた寺野東遺跡が異質であるようにみえてくる。環状盛土遺構を保有すると推定される遺跡の分布図によれば，寺野東遺跡が分布集中域から外れていることは明らかである（第3.1.図）。また，寺野東遺跡のように明確な盛土が残されている遺跡は少数である。盛土部分においてローム質土の層が確認されることから，窪地部分でローム層が掘削され盛土へ供給されたと予測されているが（江原1999a），盛土が存在しないのであれば窪地が掘削されたという説にも疑問が生じる。

　以下，環状盛土遺構に焦点を当てながら，縄文時代後・晩期集落の形成過程を検討し，社会的複雑化や縄文階層化社会論に関連する課題を明らかにしていく。霞ヶ浦周辺地域の後・晩期集落には環状盛土遺構が存在しないと認識されているが，遺跡形成の過程にどのように差異が生じたのかについて検討することが重要であろう。

## 第3節　縄文時代後・晩期集落の立地

　縄文時代後・晩期集落論において，遺跡中央に存在する窪地も論点のひとつであった。環状盛土遺構が認識される以前の調査報告書の中には窪地に関する記述がなされているものがあり，縄文時代後・晩期遺跡における窪地の存在は認識されていた（鈴木2005，堀越1995）。窪地の成立要因に関する議論は，自然的要因と人為的要因の両者から進められてきた。自然的要因は地理学の研究成果を援用したもので，台地上にも小地形が存在することを示し，窪地周辺を居住に利用したとする（堀越2007）。ただ堀越も，占地後の人為的地形改変を想定しており，遺跡形成において自然的要因と人為的要因の両者が機能したと考えられる。人為的要因の根拠は，窪地部分ではローム直上に晩期中葉の黒色土層が堆積していることや，二次的なローム質土の堆積が遺跡内で観察されることである（江原1999a）。現在では窪地の形成に人為的な改変が加えられたとする解釈が定着しつつあるが，「盛土」中の黄褐色土の由来を森林性土壌に求める説もあり（阿部2005），ロームの掘削がおこなわれたかどうかの課題は残されている。いずれにしても，縄文時代晩期の時点で遺跡の中央に窪地状の地形が現在よりも明瞭に存在していたことはたしかであろ

う。このような遺跡形態は「中央窪地型環状集落」（江原1999a，堀越1995）として下総台地や大宮台地で指摘されてきた。縄文時代後・晩期集落に関して霞ヶ浦周辺地域と他地域との地形的な共通性を求めるならば，谷津につながる「先導谷」を囲む集落が展開することを指摘できるだろう。

前述した霞ヶ浦周辺地域の遺跡をみてみると，平三坊貝塚，上高津貝塚，小山台貝塚，中妻貝塚，前田村遺跡は窪地を有する遺跡と考えられる。特に，発掘調査がおこなわれた前田村遺跡では窪地を囲むような遺構の配置がはっきりと図に示されている。小山台貝塚では遺構分布図が示されていないが，報告書の記述から遺構分布を確認すると，やはり窪地を囲むような配置となっている。ほかの例は発掘調査がおこなわれていないので詳細は不明であるが，地形図から判断すると，谷津から遺跡の方向に「先導谷」の存在を予想できる。窪地が存在すれば，これを取り巻くような遺構の配置が予測される。立木貝塚は非常に狭い台地上に立地しており，窪地を想定するのは難しいかもしれないが，晩期中葉までという遺跡の継続期間はほかの遺跡と同様の傾向を示している。立木貝塚では地形的な制約が強く働いたのかもしれない。

窪地に関するもうひとつの特徴は，窪地内の堆積土が主に晩期の遺物を含んでいることである。平三坊貝塚，小山台貝塚，前田村遺跡はこの特徴を備えていると考えられる。平三坊貝塚では，窪地部分のトレンチから前浦式までの土器が出土した。小山台貝塚では晩期の土器は主に窪地内から出土したとされる。前田村遺跡でははっきりとした記述はないものの，晩期の遺構分布がD区内でも窪地よりになることから，晩期の遺物も窪地側で多く出土したと考えられる。地形だけでなく，窪地内部の遺物包含層にも共通性が認められるであろう。

これまで指摘されてきた縄文時代後・晩期集落形態の特徴である窪地の存在は，霞ヶ浦周辺地域のほとんどの遺跡においても確認できる可能性が高い。他地域との共通性が認められることは霞ヶ浦周辺地域における環状盛土遺構の存在を推測させるが，まず「盛土」自体の形成要因を考察してみることが必要である。「盛土」が特殊な形成過程を経ていれば，地域的な差異が生じることも考えられるからである。

## 第4節 「盛土」の形成と集落景観

先に検討した，前田村遺跡の現地形においてC区とD区はほぼ同じ標高となっているが，D区南には窪地の存在が報告されている。高まりと窪地という対比で考えると，一般的に「盛土」の形成がはじまる後期中葉以降の住居跡と土坑は，前述のように窪地側に移動していることが明瞭にあらわれている（第3.34.図）。上高津貝塚C地点でも明らかな「盛土」は検出されていないが，窪地状の地形は存在する（石川ほか2006）。調査区は限定されているが，窪地中央部分で遺構が検出されていない点は前田村遺跡と類似する。窪地以外では中期後半から後期前葉の遺構も検出されているが，後期末から晩期前葉の遺構が目立つ（第3.35.図）。窪地が立ち上がる部分で後世の撹乱が激しいものの，C地点において後・晩期の遺構が多いことは明らかである。D地点の貝層分布との位置関係からみると，C地点は貝層分布の内側に位置している（第3.27.図）。貝層

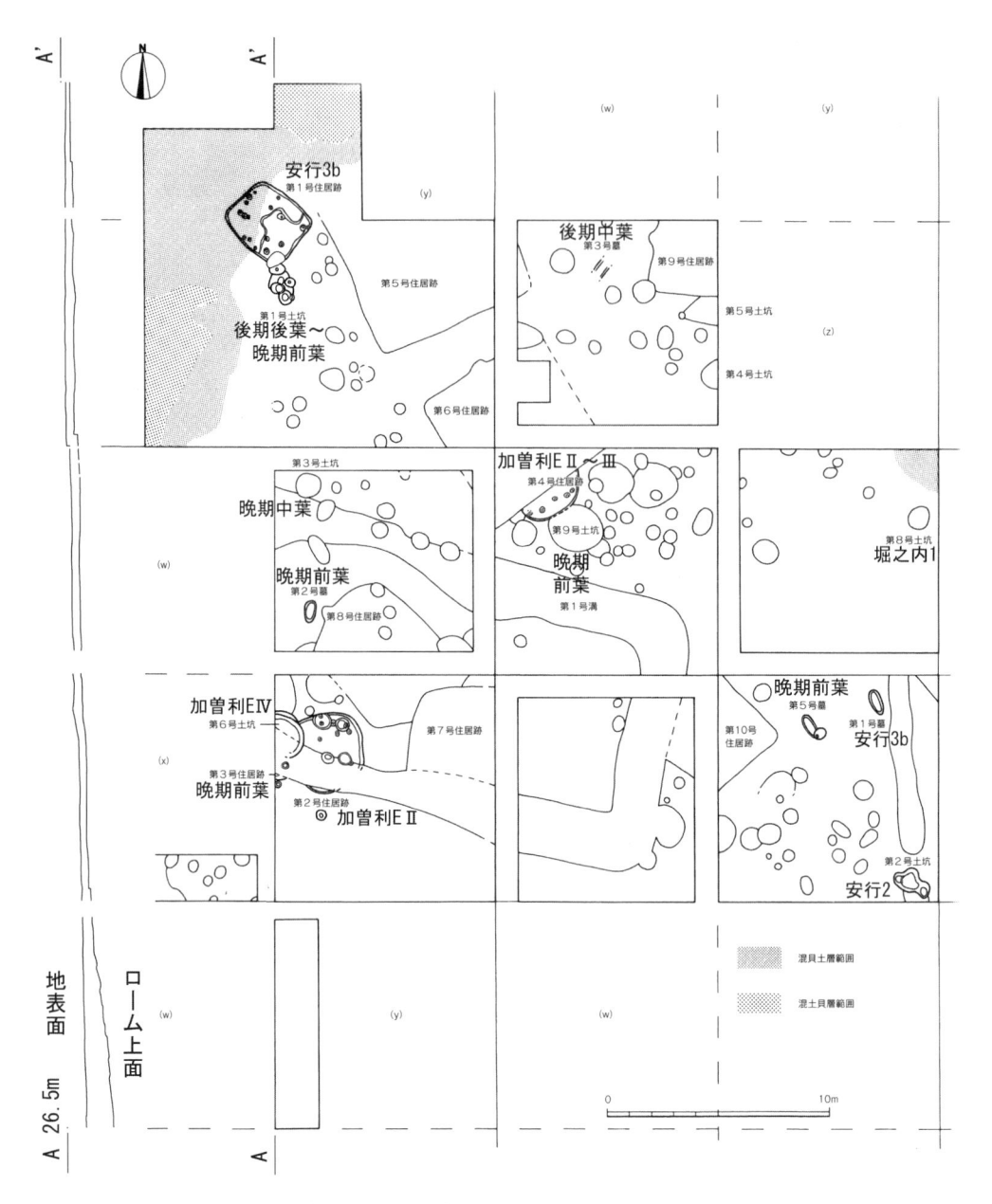

第 3.35. 図　上高津貝塚 C 地点遺構分布図

が高まりとなるわけではないが，中央窪地側に後・晩期の遺構が集中する傾向は前田村遺跡と同様な傾向といえるだろう。類似した現象は大宮台地でも指摘されており，例えば高井東遺跡（埼玉県桶川市）（第 3.4. 図）において後期末以後は集落空間が縮小するとされる（鈴木 2005:7）。

　下総台地でも同様の傾向を示すと考えられる。第 3.1. 表に示された項目の中で「遺構分布状況」が，窪地内の遺構分布をあらわしている（沖松 2005:51）。これによると，窪地内に遺構がほとんどないか，または散在するのが三直貝塚（千葉県君津市）・井野長割遺跡・赤城遺跡，周縁部に多

第3章　環状盛土遺構からみた縄文時代後・晩期の集落　63

第3.1.表　縄文時代後・晩期遺跡の窪地属性表

| 遺跡名 | 上宮田台 | 三直 | 祇園原 | 貝の花 | 三輪野山 | 井野長割 | 寺野東 | 赤城 |
|---|---|---|---|---|---|---|---|---|
| 窪地形態 | 合流 | 開口 | 閉塞 | 閉塞 | 閉塞 | 開口 | 不明 | 開口？ |
| 地山の状況　一部消失 | ○ | ○ |  | (○) | ○ | ○ | ○ |  |
| 地山の状況　遺存 |  |  | ○ |  |  |  |  | ○ |
| 再堆積ローム | 斜面盛土（平坦面盛土） | 環状盛土斜面盛土 | なし | 貼りローム様遺構 | （環状盛土）斜面盛土 | マウンド状盛土斜面盛土 | 環状盛土 | なし |
| 遺物出土状況 | 地山直上 | 地山直上 | 間層介在 | 地山直上 | 地山直上 | 地山直上 | 地山直上 | 間層介在 |
| 遺構分布状況 | ほぼ全面分布 | ほとんどなし | 周縁部に多い | 周縁部 | 周縁部に多い | ほとんどなし | 周縁部に集中 | 散在 |
| 周縁部 | 住居跡多数・土坑群在 | 焼土遺構・ピット | 住居跡やや多い | ピット群・焼土 | 掘立柱建物・墓坑 | 住居跡 | 住居跡・土坑・掘立柱建物・ピット群 | ピット群・土坑・祭祀遺物集中 |
| 中心部 | ピット群・住居跡 | なし | 住居跡・貝層 | 不明 | 大石・ピット群 | なし | 石敷台状遺構 | 竪穴遺構・土坑 |
| 特殊遺構 | （なし） | 焼土遺構 | なし | なし | 大石 | なし | 石敷台状遺構 | 竪穴遺構（水場遺構？）・祭祀遺物集中 |
| 窪地形成の経緯想定 | 人為的削平 | 人為的維持 | 自然地形 | 人為的維持 | 人為的削平 | 人為的削平 | 人為的削平 | 自然地形 |

い，または集中するのが祇園原貝塚・貝の花貝塚・三輪野山貝塚・寺野東遺跡，ほぼ全面に分布するのが上宮田台遺跡（千葉県袖ヶ浦市）となっている。井野長割遺跡では窪地内の調査面積が少ないことも考慮しなければならないが，それにもかかわらず窪地縁辺部において縄文時代晩期中葉の住居跡が検出された（戸谷ほか 2004）。窪地内に遺構がほとんどないとされた三直貝塚においては，後期中葉以降の住居跡は中央窪地を囲むように遺跡南東部に分布しており，遺跡北側にはピット群が存在する（吉野 2003:27）。後期中葉以降の住居跡の分布は後期前葉までと異なっており，窪地側への居住域の移動を示していると考えられる。赤城遺跡の中央窪地を評価するには，低地との標高差が小さいことを考慮しなければならないだろう。窪地北西部の第1号竪穴状遺構は，溝・木製品の出土などから水場遺構の一部として考えられる。この遺構から居住域の間には柱穴群・土坑・完形土器集中地点・祭祀遺物集中地点などが検出されている。これらは窪地の形状に沿った形で分布しており，散在というよりもむしろ窪地を意識したように分布していると判断できる。特殊な遺構が多いので評価が難しいが，窪地中央部に居住空間がないという点では他の後・晩期遺跡との共通性を認めることができよう。

これとは逆に遺構がほぼ全面に分布するとされる上宮田台遺跡でも，A区全体図をみると南東部に縄文時代の遺構が少ないようである。しかも，断面図によると遺構が希薄な部分は標高が低くなり，縄文時代の遺構が中央窪地を取り巻くように分布している。注目されるのは，窪地内部から後期前半の住居跡が検出されているが，窪地内覆土最下層の除去後に確認できるという記述

64

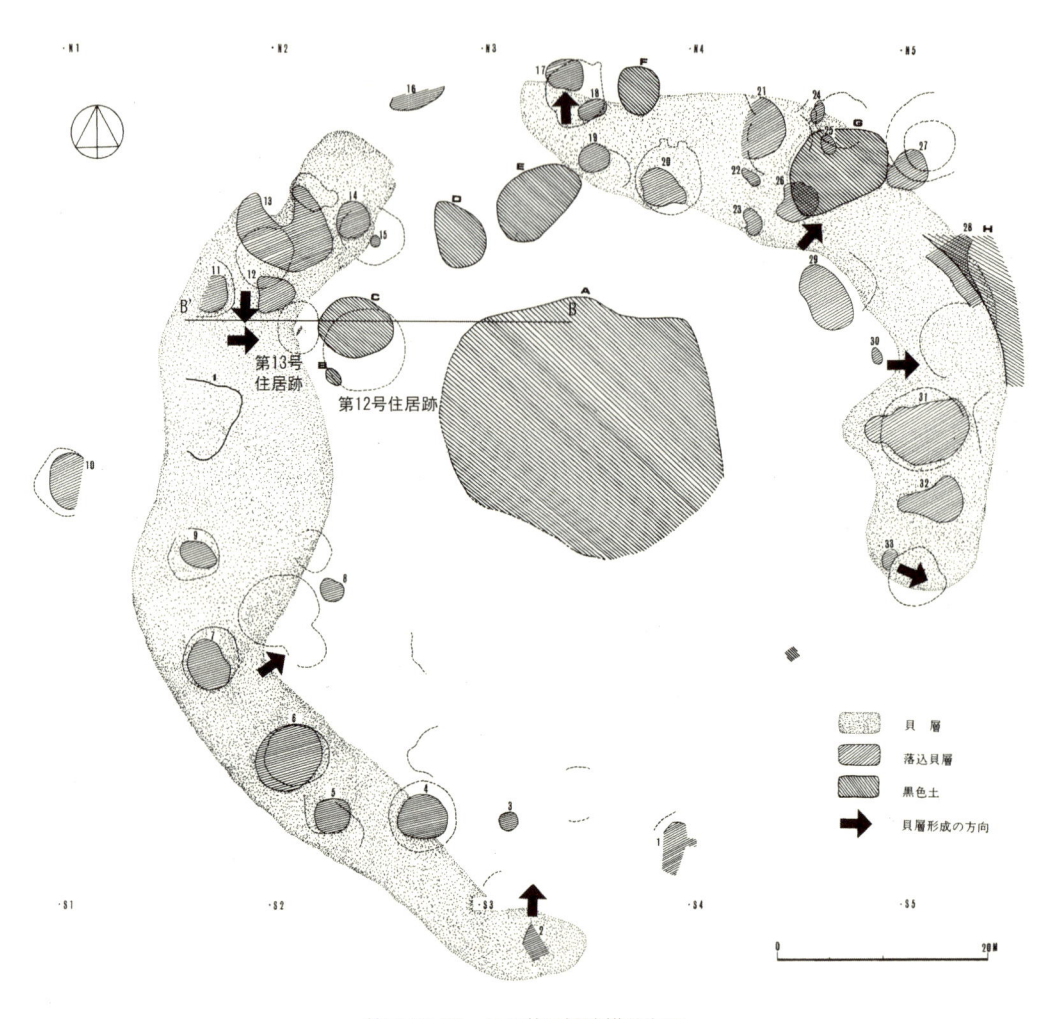

第 3.36. 図　貝の花貝塚遺構分布図

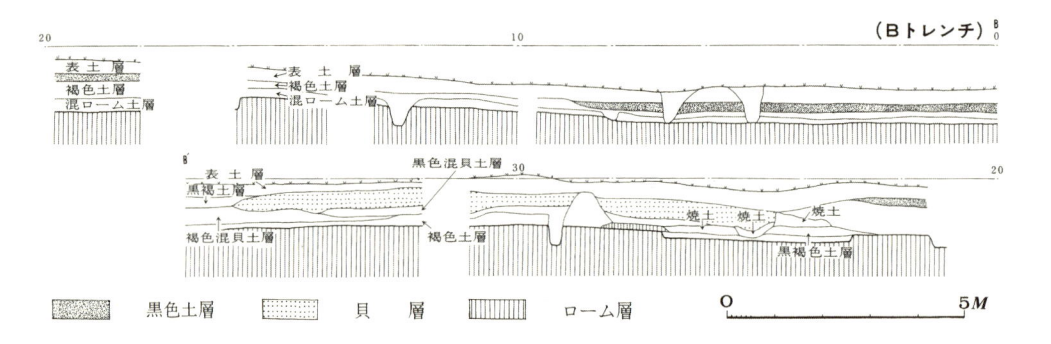

第 3.37. 図　貝の花貝塚 B トレンチ土層断面図

である（沖松 2005:32）。つまり，後期後半以降の当集落において遺構が窪地内全面に分布するとは考えにくい。「盛土」形成開始期以降には，やはり窪地の中央部に構築物が存在しなかったのであろう。

　下総台地や東京湾沿岸の縄文時代後・晩期遺跡では中央窪地の周縁部に遺構が分布する傾向にあることを示したが，遺構が高まり自体の上ではなく窪地側へ移動することを明らかにするには，窪地側の遺構が遺跡内においてより新しい時期に属することも検討する必要がある。下総台地西部に位置する貝の花貝塚を用いて検証してみよう（第3.36.図）。貝の花貝塚で検出された住居跡は2軒を除き中期から後期前葉のものである。1軒のみ晩期中葉と考えられるのが窪地と貝層の間に位置する第12号住居跡であり，ローム層を約30cm掘り込んで構築された（八幡ほか 1973:83）。上部には本住居跡と半分ほど重なるように黒色土層が堆積しており，これも晩期中葉とみられる（第3.37.図）。この西側に位置する第13号住居跡（中期）の上部にあたる貝層の下には加曽利B式期の焼土面が検出された。第12号住居跡の土層はこの焼土面にのっているので，晩期に至って窪地よりに住居を構築したことは明らかである。三輪野山貝塚でも同様の現象が指摘されている。堀之内1式期には貝塚周縁のほぼ全域に住居跡が分布するのに対し，後期中葉以降の住居跡はLoc.4・5以外での検出が少ないとされ，窪地では住居は検出されなかったものの遺構のほとんどが晩期に属し，それらが窪地の斜面に分布する（小川・小栗 2003:23-24）。

　ほとんどの遺跡では窪地の周縁部に住居跡などの遺構が分布することを指摘できる。時期が新しくなるほど窪地よりに住居が構築される傾向にあり，高まり部分の真上に住居が分布する例は少ない。この現象は住居の廃材によって高まりが形成されたことを否定しない一方で，「遺丘集落」という概念は適切ではなくなってしまう。筆者のイメージする「遺丘集落」とは，住居跡の上に新しい住居が構築されていく構造である。断面図から読み取れる住居跡はすべて後期のものであり（阿部2005, 堀越2007），晩期の傾向についてこれまで言及されてこなかった。後期中葉から後葉に限定すれば「遺丘集落」とみなせる可能性はある。しかし，晩期の遺構がより窪地側に分布する傾向から，高まりは「盛土」や「捨て場」という表現により近いと解釈されるのである。

## 第5節　住居構造の変化

　次に，縄文時代後・晩期の集落論において議論されている遺跡内の高まりの形成過程についても，検討をおこなっておこう。現在有力となっているのは遺丘集落説であり，居住域において繰り返される住居の構築にともなう廃材が蓄積し高まりが形成されたとされる（阿部 1996;2005;2006;2007b）。これを裏付けるように，高まり部分の堆積中から住居跡が検出されたという報告もある（阿部2005）。この説が正しいとすると，高まり部分そのものが居住域・居住単位であったことになる。遺跡の遺存状況によって，高まりの上部が耕作によって失われることもあるはずなので，より新しい時期の遺構は検出されにくくなると考えられる。これは晩期の住居跡検出軒数が減少するという現象と合致する。しかしながら，これまで検討してきたように住居

跡が多数検出された遺跡においては，高まり部分よりも内側に住居跡など遺構群が分布する傾向が強いようである。住居が高まりよりも内側に配置されるのであれば，高まりの上に常に住居が構築されたと考えることはできない。

　たしかに，縄文時代後期の住居跡では壁に沿って細い柱穴が多数設けられており，中期の住居跡ほど深い竪穴ではない。中期の集落では多数の住居跡が検出されることが多いが，環状盛土遺構の形成は報告されていない。中期の住居に壁土がないのであれば，竪穴を掘ったときの廃土の量は基本的に竪穴の覆土の量に相当するであろう。住居とともに多数設けられた土坑の廃土についても同様に考えることができる。後期の住居には壁が設けられ壁土が用いられたと指摘されているが（阿部1996），壁土の供給源についても考える必要がある。まず，壁土に用いられた土が集落内からか，または集落外からもたらされたかによって大きく異なるであろう。集落外から供給されたのであれば，集落内において環状盛土遺構形成に関わることが考えられる。ローム質の土が壁土の材料として適切であるならば，竪穴住居や土坑を掘った際の廃土が最も近い場所からの供給源である。現在では粘土・砂・稲藁などを発酵させて壁土としているので，これと同様に，集落周辺の土や草を材料として粘性を高めたものを壁土として利用したととらえることもできる。しかし，壁土だけを盛土の成因とすることはできないだろう。竪穴住居の屋根には土を葺く構造もあったことが指摘されており（高田2000），壁土だけでなく屋根材も堆積に影響していた可能性がある。土葺きの屋根が中期から存在していれば，後期以降に住居廃材の量が増加したとは単純に判断できないであろう。

　また，寺野東遺跡の盛土からはローム質土の層が検出されており，窪地ではローム層上部が確認されていない。縄文時代中期にも窪地を囲む集落形態が指摘されているが，窪地部分のローム上部の欠損は報告されていない（堀越1995）。後・晩期集落では窪地におけるローム上部の欠損が確認されており，なおかつその直上に晩期の遺物包含層が形成されることが報告されている。窪地における消失したローム層上部にも注意を払いながら，盛土の堆積土の分析を進める必要があるだろう。

## 第6節　「盛土」の堆積土

　環状盛土遺構の類例が集成される中で，貝塚や配石をともなう遺跡も環状盛土遺構と同様の地形を呈することが指摘された（江原1999a:45）。いずれの遺跡も集落としての機能が想定されているが，貝塚遺跡における貝の堆積は生業の差異を示すという点と，「景観」上の差異が生じていると指摘された（江原1999a:45）。たしかに集落形態に地域差が認められ，生業や集落景観に注意を払うことで集落内の活動を復元できるかもしれない。

　ここでは，集落の共通性から「盛土」の性格について考察しておく。すでに述べたように，関東の縄文時代後・晩期集落には共通性が認められ，貝塚遺跡であっても例外ではないと考える。貝が視覚的に印象深いため貝層に注目が集まってきたが，中央に窪地をもつ点は貝塚以外の遺跡

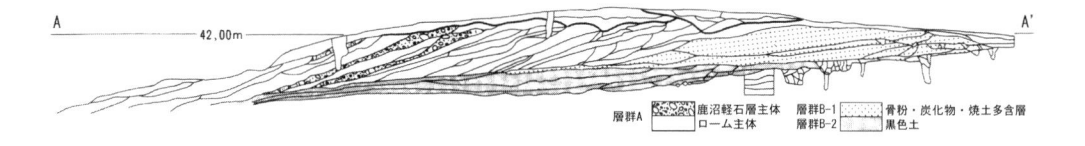

第 3.38. 図　寺野東遺跡南盛土ブロック（t11）土層堆積状況（断面の位置は第 3.2. 図を参照）

と共通している。貝塚は生産活動の結果である廃棄物の蓄積が視覚的により確認しやすい形で残された例といえる。この蓄積を現地形のみによって判断すると，貝塚とそれ以外の遺跡との差異はほとんど存在しない。貝塚遺跡に対し，環状盛土遺構で観察される堆積はどのような過程を経たのであろうか。どちらも集落跡であるならば，住居や土坑の構築にともなう土の移動は貝塚と同様に生じたと考えられる（堀越 2007:53）。また，貝を採集できない地域においても，食料獲得のための生産活動はおこなわれたはずである。廃棄パターンが同じだとすれば，貝塚以外の遺跡においても生活に関わる廃棄物によって環状の高まりが形成されるのではないだろうか。人為的な堆積土の由来を考えてみると，少なくとも 2 種類に区分できる。すなわち，Ａ：住居などの構築時・廃棄時に生じる堆積土と，Ｂ：生業活動に関わって生じる堆積土である。Ａが住居や土坑の構築や窪地の掘削によって生じた堆積土だとすると，高まり部分に含まれるローム質土に相当するだろう。ではＢの堆積土はどのように形成されたのだろうか。貝塚であれば少なくとも貝・獣骨・魚骨などが遺跡に残されるので，動物性の食料に関する情報を得ることはできる。しかし採貝・狩猟・漁撈は生業の一部であり，植物質食料も利用されたはずである。Ａ・Ｂ両者は貝塚以外の遺跡からも検出されると考えられるが，特にＢの中で植物質食料の部分についてはあまり検討されていないだろう。集落における食料消費については第 5 章で詳しく述べるが，環状盛土遺構の堆積についてみておこう。寺野東遺跡を事例に，環状盛土遺構の土層の堆積状況を検討してみよう。阿部（1996）は盛土の形成が多重複住居の建て替えに起因すると推測する。しかし，t11 の土層断面図では水平に堆積する土層をみることができず，住居跡が存在した痕跡はうかがえない（第 3.38. 図）。実際，住居跡が検出されているのは，盛土の下部からである。t11 土層断面図の層群Ａの上面がほぼ水平に保たれていることから，この盛土上部の水平面の拡張と住居跡などの施設群の構築を関連させて理解しようとしている。かつて盛土上に遺構群が存在したが後世の撹乱などにより現在確認できない可能性もあるが，盛土の上面において遺構が確認されていないため，この解釈の実証は難しい。むしろ，t11 の土層断面図は土を低いほうへ捨てた跡のようにみえ，土の廃棄行為に整地などの意図があったかどうかは不明である。また，盛土中にも遺構が確認できないため，盛土部分に居住地区が存在した可能性は低いと考えられる。

　以上の状況を考慮すると，盛土遺構が多重複住居の集中と建て替えにともなう建材の廃棄によって形成されるという仮定は成立しがたい。盛土上部に遺構群が確認されていない上，谷の西側に住居跡がより多く分布しているにもかかわらず，盛土遺構は検出されていないのである。多重複住居の建て替えという説明だけでは十分とはいえないだろう。

では，住居の廃材ではないとすると，盛土部分はどのような契機で形成されたであろうか。盛土の形態からのデータのみではなく，盛土の堆積土についても検討する必要があろう。盛土遺構を構成する堆積土は大きく二分されており，堆積土①は骨片・骨粉，炭化物を多く含む茶褐色土でロームはやや少ないこと，堆積土②はローム質褐色土を主体とし，間に漆黒色土や焼土などをはさむことがそれぞれ特徴とされる（江原 1997:738）。まず注目される点は，焼土ブロックである。焼土ブロックが多く確認されているのは，H4 区であり 12 基が検出された。このほかにも 6 ヶ所で検出されている。焼土ブロックは特定の遺構との関連は指摘されていないため，おそらく屋外での火の使用にともない形成されたものと考えられる。日常的な行為のみで焼土ブロックが形成されるとは考えにくいので，規模の大きな火が反復的に使用された痕跡であると考えられよう。また，堆積土②に多く含まれる細片化した骨や炭化物も火の使用と関連して注目される。縄文時代後晩期遺跡において，細かい骨片を含む黒色土の存在は一般的に認められる特徴である。

　若干の地域差は認められるものの，中央窪地，環状盛土遺構または集落周縁部の高まり，黒色土中の骨・炭化物，焼土，植物性食料の加工といった特徴が関東平野の縄文時代後晩期社会においてある程度普遍的に観察され，共通点として抽出することができる。これらの諸特徴は，本研究で注目する饗宴に関わる食料消費の痕跡ととらえることができる。縄文時代後・晩期の集落跡から，食料そのものや食料の加工・消費の痕跡となる特徴を挙げてみる。木組をともなう水場遺構・トチの種皮など植物遺存体・粗製土器・動物遺存体・炭化物・焼土・骨粉のように，生産と消費に関連する痕跡は発掘調査でかなり検出されている。これらのうちいくつかは，縄文時代後期以降に認められる特徴である。まず，水場遺構は後期以前から存在するが，木組をともなう構造は後期に至ってから構築された。栃木県寺野東遺跡ではこの変化がよく示されており，環状盛土遺構南側の水場遺構では中期から後期初頭の土器が主体を占めるのに対し（江原ほか 1997），環状盛土遺構北西側の谷部に位置する木組遺構群では後期から晩期の土器が主体となる（江原ほか 1998）（第 3.2.図）。水場遺構では処理後の廃棄物であろうトチの種皮など植物遺存体がしばしば出土するため，トチなど堅果類の加工や処理がおこなわれたことは間違いないであろう。また，木組遺構の用材と考えられる木材の出土例もあり（金箱 1996），後期以降では水場遺構の維持・管理にもかなりの計画性がともなっていたことをうかがわせる。

　水場遺構は低地部での食料加工に関わるといえるが，台地上でも食料加工に関連する遺構を指摘することができる。土器塚はその候補であり，土器塚形成の要因として土器を大量に消費する行為が挙げられるだろう。多量に廃棄された土器は煮沸による堅果類のアク抜きに用いられた可能性がある。土器自体の堆積と同時に，土器の焼成によっても焼土・灰・炭化物のような廃棄物が生じると考えられる。このほか，後・晩期の遺物包含層においてよく観察されるのは，炭化物・焼土・骨粉であろう。これも後期以降にみられる現象であり，特に動物骨の出土量の増加が著しい。また，後期以降の円筒形の深い土坑からも，動物骨が焼土や炭化物，灰の混じる層が検出される例が多くみられる（鈴木 2005）。

　「盛土」では土層中に含まれる炭化物・焼土・骨粉が多量であれば，食料の加工や土器の焼成

によって形成された層であると解釈することができるだろう。寺野東遺跡の土層を参考にすると，焼土や炭化物の多い層が確認されている。「盛土遺構」を構成する堆積土は骨片・骨粉・炭化物を多く含む茶褐色土でロームはやや少ない堆積土と，ローム質褐色土を主体とし間に漆黒色土や焼土などをはさむ堆積土に大きく二分できるという（江原 1997:738）。これらの中で焼土や炭化物の多い茶褐色土や漆黒色土はローム質土など他の層と区別されており，食料の加工や消費に関わる活動と関連する可能性が高い。なぜ灰・炭化物のみが廃棄されていないかは疑問として残るが，焼土周囲の土を含めて清掃をおこなうといった活動が想定できるだろう。集落遺跡であるからには，貝塚遺跡の貝層に相当するような痕跡を残す生業活動がおこなわれていたことは自明のことである。ただし，貝殻のように残りやすいものを除けば，堆積の主成分は土となり，焼土・炭化物・灰などは比較的少量であろう。貝はメイン・フードではないため貝塚遺跡においても植物質食料の利用頻度は高かったはずであり，植物質食料加工に由来する層を確認することも可能であろう。後期以降の貝塚以外の遺跡においては，主に植物質食料の加工が痕跡を残しやすい活動と考えられる。後期以前の遺跡において観察されない土層の堆積が生じ，水場遺構のような計画性の高い食料加工施設があらわれたことは，後期以降の社会変化を考察するために重要である。恒久的な水場遺構の構築や継続的な利用は，定住性の高さと関連する要素ととらえられるだろう。水場遺構が食料加工に用いられ，後・晩期の遺跡から食料消費の痕跡が以前よりも多量に検出されていることは明らかであろう。食料消費の増加を集落人口の増加と関連させることもできようが，これを支持する考古学的証拠はなく，むしろ定住性，集落の長期継続性から理解できると考えられる。「盛土」を有する遺跡の多くが晩期中葉まで継続することから，長期間にわたる消費行為によって廃棄物がより多く蓄積されると推測されるのである。

　さらに，第5章で詳しく検討するが，食料の消費は日常の食事にとどまるものではない。複雑化狩猟採集民の事例をみると，饗宴という行為が普遍的におこなわれていることが指摘されている（Hayden 2001a）。饗宴の機会は多岐にわたり，規模の大小を含めると生じる廃棄物の量は無視できないと考えられる。筆者は環状盛土遺構形成過程に饗宴が関わることを指摘し，縄文時代後・晩期において社会的複雑化がおこっていた可能性について考察をおこなった（川島 2007）。饗宴は人類社会において普遍的にみられる行為であるが，規模が小さい場合には考古学的に痕跡をみつけるのは困難である。しかし逆に，痕跡を確認できるのであれば，ある程度の規模・頻度でおこなわれたことが推定できる。縄文時代の生産活動を考えるにあたって前提とすべきなのは，狩猟採集民であっても余剰食料の生産・備蓄をおこないうるという点であり，必要最小限の食料消費のみを想定すべきではない。当然「盛土」のすべてが饗宴行為によって形成されたとは考えられないが，饗宴にともなう食料の加工・消費の痕跡は堆積土の中で観察されると考えられる。第3.2.表に考古学的に饗宴を認識するための指標を示した。いくつか縄文時代に適当ではないものも含まれるが，饗宴は人類社会において普遍的に存在するため，ほとんどが縄文時代にも適用可能な指標である。ただ，饗宴の規模や頻度は文化的な脈絡において検討されるべき相対的なものであって，この表をそのまま縄文時代の社会に当てはめることはできない。ここではいくつ

第3.2.表 饗宴の考古学的痕跡

想定される饗宴の痕跡

| | |
|---|---|
| 食料残滓 | 稀少性または集約労働を要する動植物（特に香辛料，家畜） |
| | 特別な「嗜好品」（タバコ，アヘン，大麻，アルコールなど） |
| | 多量の食料 |
| | 食料廃棄の証拠（骨の集積など） |
| 調理用の容器 | 特別な器種（ビール醸造用，トウガラシ挽き用，調理用土器の出現など） |
| | 通常より大型・多量 |
| 供膳容器 | 特別な質や材料（土器の出現，高度な装飾または特別な調整が施される土器，ヒョウタン，石製容器など） |
| | 通常より大型・多量の供膳容器 |
| 食料加工施設 | 通常より大型の施設（大型のロースティング・ピットや炉など） |
| | 通常より多い施設（複数配置された炉など） |
| | 特殊な位置や構造 |
| 特殊な食料廃棄遺構 | 骨の集積 |
| | 饗宴関連遺物を含む特別な焼土 |
| | 饗宴の廃棄物の集積 |
| 饗宴施設 | 高位のゲストとホストのため，または多人数のための特別な一時的・恒久的構築物 |
| | 特別な展示施設，野外ステージ，柱などの遺構 |
| 特殊な出土状況 | 明らかに集落遺跡ではない墓場や隔離された場所（巨石墓の前，環状構造の記念物内，洞窟内など） |
| | 核世帯，共住世帯，大規模な饗宴廃棄物の集積，中央共同空間と関連する場所 |
| 威信財 | 異なる種類の饗宴において典型的に用いられる威信財の有無と相対的多量性（儀礼における誇示品，羽，貝製装身具など） |
| | 富や威信財の破壊（故意破損，葬送を通じて） |
| 儀礼用具 | タバコやほかの麻薬用具 |
| | アルコール，チョコレート，カヴァ，その他威信的飲料のための儀礼的容器 |
| 公共的儀礼のための個人的所持品 | 舞踏用仮面または衣装的要素 |
| 権力志向者の存在 | 厚葬，社会的または遺跡の階層，一人当たりの貯蔵量が大きい大型住居 |
| 記録手段 | 付札，計数具，象形文字の有無とその頻度 |
| 饗宴の絵や文字記述 | |
| 食料貯蔵施設 | 小屋，貯蔵穴，穀物倉 |
| 資源的特徴 | 豊富さ，集約的開発，乱獲への耐性 |

かの指標を利用して，縄文時代後・晩期の時期的な傾向を検証しておこう。中期までにみられなかった特徴が後・晩期以降に出現してくれば，相対的な変化が明らかとなるだろう。すでに述べたように，貝・骨など食料残滓や食料加工にともなって発生する焼土・炭化物は遺跡内で観察される。特に，住居にともなわない大型の焼土ブロックや，黒色土中に含まれる焼土粒・炭化物・骨粉は饗宴の重要な痕跡となるであろう。食料加工施設にはトチの処理に用いられたとされる水場遺構が該当するだろう。木組をともなう水場遺構は，後期以降に規模・構造の面で拡大しており，食料の加工が組織的におこなわれた過程を示すと考えられる。さらに，トチの加工に特化し

た水場遺構が確認できるのは後期後葉からであるとされる (佐々木 2007:61)。また，煮沸具として粗製土器を挙げることができ，供膳具など特別な器種として注口土器のような精製土器が当てはめられる。植物質食料は後・晩期以前にも用いられていたが，利用の方法と量において変化が読み取れるのである。

さらに，動物性の食料は饗宴において重要な役割を果たすと考えられている (Hayden 2003)。金生遺跡 (山梨県北杜市) 8号土坑のイノシシ骨の集積は極端な事例ではあるが (新津ほか 1989)，霞ヶ浦の周辺でも動物遺存体の出土例がある。前田村遺跡D区では，安行3a式期とされる1056号土坑よりメスのイノシシ1個体分の骨が出土した (西本 1997)。獣骨の出土はほぼD区に限定され，土坑に廃棄されたものが多く，ほとんどは灰混じりの覆土から出土したという (横堀 1997: 300)。また，D区の中央部から多量の獣骨片・貝・魚骨片が出土した。上高津貝塚C地点では，晩期中葉と考えられる第3号土坑から比較的多量の動物遺存体が出土している (石川ほか 2006)。縄文時代後・晩期の遺跡において遺構内からの動物骨の出土例は中期までよりも多く，遺存状態を考慮すれば実際に動物骨が廃棄された遺構は検出されるよりもずっと数が多かったと考えられる。遺構以外でも，時期は不明であるが小山台貝塚において犬歯が抜かれたオスのイノシシ下顎骨がふたつ並んだ状態で検出されている (永松ほか 1976)。三輪野山貝塚では中央窪地南東部の斜面付近に焼獣骨片の集中域が観察されている (沖松 2005:42)。大宮台地の高井東遺跡でも晩期の遺構覆土に小片となった骨が多く含まれていたことが指摘されている (鈴木 2005:7)。動物遺存体の増加は後・晩期集落における非日常的食料消費の増加を想定させる。ただ，個々の饗宴や儀礼の検出は不可能であり，考古学的には饗宴の痕跡の蓄積しか検出することができないが，後・晩期以降の集落における消費の頻度・量が増加傾向にあるといえるだろう。また，第3.2表では食料以外にも祭祀と強く関連する項目も挙げられ，縄文時代にも当てはまりそうである。例えば，供膳容器としての精製土器・木器・漆器，威信財としての土偶・石棒や装身具，公共的な空間として機能したかもしれない大型住居などが考えられる。この表で指摘された指標が広範囲にわたることは，饗宴が祭祀をはじめとする様々な場面でおこなわれたことを示唆している。

かつて筆者は大宮台地に分布する安行式期の土偶を集成した中で，土偶保有遺跡の多くが晩期中葉まで継続することを述べた (Kawashima 2005:182) (第3.39.図)。土偶を含め祭祀遺物が多く出土する遺跡は同時に環状の高まりと中央窪地をもつ遺跡でもある。饗宴はそれ自体が目的ではなく，通常は祭祀や儀礼にともなって催される。例えば，北米北西海岸のポトラッチも饗宴が目的なのではなく，様々な儀礼の一部としておこなわれたのである (Kan 1989:43)。後・晩期遺跡において土偶など祭祀遺物が出土することに関して，集落内で土偶などが保有され祭祀に用いられたという推論に異論を唱える研究者は少ないだろう。祭祀の内容を明らかにすることは不可能に近いかもしれないが，祭祀に付属したであろう消費行為はある程度復元できると考えられる。同じ大宮台地に立地する安行式期の遺跡でも，土偶が出土しない遺跡と比べて土偶出土遺跡では遺物の種類や量が多い。さらに，土偶出土遺跡が環状の高まりをもつことは偶然ではないと考えられる。これと同様の傾向は，縄文時代後期中葉の下総台地における山形土偶の分布からも指摘さ

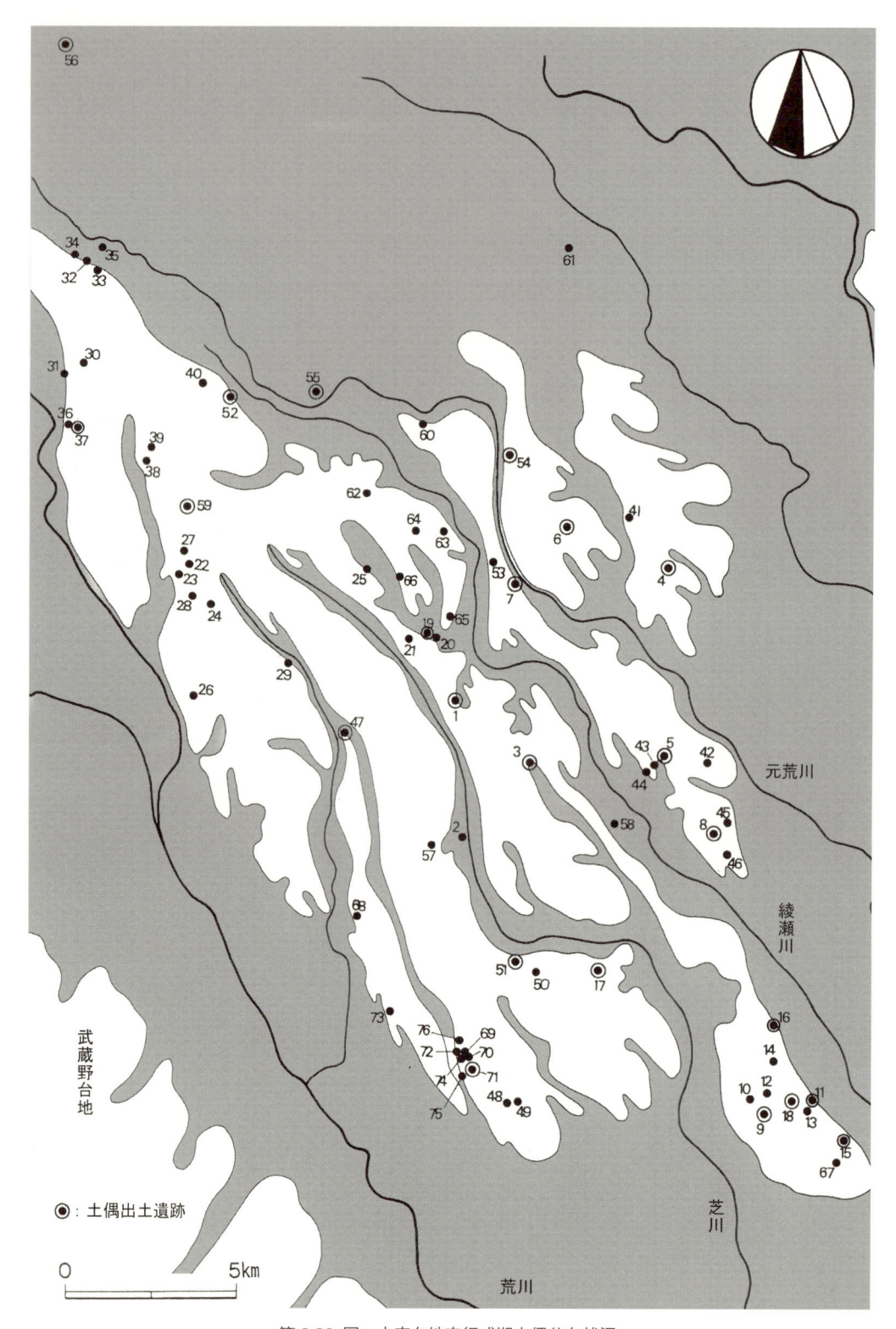

第 3.39. 図　大宮台地安行式期土偶分布状況

れている（阿部 2007b）。

　長期間継続する，おそらく定住性を増した集落において住居の構築のような活動よりも頻繁におこなわれる食料の消費は，「盛土」の形成を考察するために重要な視点であると考えられる。集落では日常的消費行為とともに非日常的な饗宴という消費行為もおこなわれていた可能性があり，これらの消費行為から生じる廃棄物の量を過小評価すべきではない。一方で住居跡や土坑の構築からも廃棄すべき土が生じると考えられるが，これは毎年のようにおこなわれる可能性は低く，この行為のみにより高まり部分が形成されたと考えるのは難しいのではないだろうか。三直貝塚は「盛土」中から住居が発見されたことで注目され，「遺丘集落」という概念が適用できそうだが，後期中葉以降の住居跡がどの層位で検出されたかは現在のところ不明である。SI-022Aの断面図と平面図から判断すると，もう1軒の住居跡と重複することは認められる（第3.40.図）。ローム質土で埋められているのが別の住居跡の床面であろう。しかし，ローム質土で埋められた上面が整地されるという様子はうかがえず，SI-022A自体の覆土は炭化物を含む黒褐色土である。住居の切り合いは後・晩期に限ったことではない。SI-022Aが何回か建て替えされたとしても，黒褐色土が堆積しているので住居が連続的に構築されたとは考えにくい。住居跡がローム質土によって埋められただけでは「遺丘集落」とよべないのではないだろうか。高まり部分において住居の壁材などの堆積も考えられるが，木材や屋根の材料はともかく壁に用いる土が集落内から供

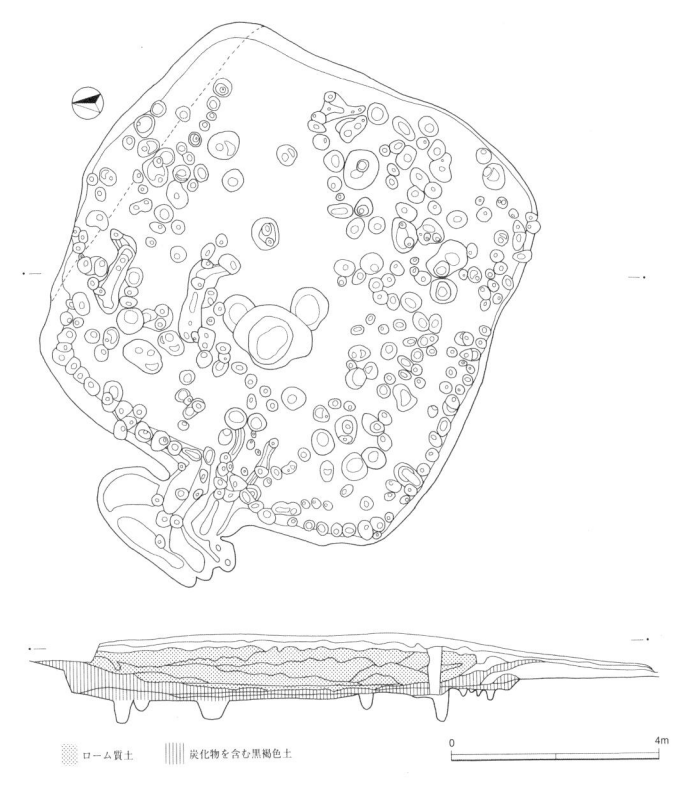

第 3.40. 図　三直貝塚 SI-022A 平面図・土層断面図

給されたとしたら，集落内で土の移動がおこなわれるだけであり，高まりを形成するだけの土量となるのだろうか。むしろ，炭化物を含む黒褐色土に代表されるように有機物を多く含む土層が後・晩期遺跡において特徴的であると考えられる。

以上のように，貝塚遺跡に含まれる貝層の部分が生業に関わり，それ以外の堆積が住居などの構築物に由来すると考えれば，貝塚以外の遺跡でも類似した過程を経た少なくとも2種類の堆積層が存在することが推定できる。

### 第7節　環状盛土遺構の性格

環状盛土遺構の視点からみた縄文時代後・晩期集落の特徴をまとめると，以下の通りである。

1）窪地を中心とする集落は広く存在する。江原（1999a）や堀越（1995;2007）が述べるような中央に窪地を有する集落形態は，その存在がこれまで報告されてこなかった霞ヶ浦周辺地域にも分布すると考えられる。
2）遺跡中央の窪地に晩期の包含層が堆積することも従来指摘されてきたことであり，霞ヶ浦周辺地域でも同様の地形と堆積を確認することができた。
3）窪地が掘削されたかどうかは不明だが，ローム質の土は高まり部分に含まれているため，少なくとも住居や土坑から供給されたはずである。
4）晩期には居住域が窪地側に移動するという傾向を確認できた。
5）高まりにおいて住居跡が重層的に検出された例はなく，晩期の住居跡が窪地側において検出される例があるので，「遺丘集落」説が決定的とはいえない。ただ，集落遺跡であることは確実であり，「高まりを遺す集落」という意味では「遺丘集落」という用語を用いることはできるかもしれない。
6）貝塚も含めた縄文時代後・晩期集落では，高まりには食料残滓や加工にともなう廃棄物とローム質土が蓄積されたと考えられる。焼土・炭化物が後・晩期の層に多く含まれる現象は中期までとは異なる特徴であり，居住形態や集落における活動の内容に変化があったと考えられる。
7）縄文時代後期以降における食料消費量の増加は，食料加工施設である水場遺構の出現，動物遺存体の出土例の増加，焼土・炭化物・骨粉を多量に含む堆積土から推定される。
8）環状盛土遺構が計画的・意図的に形成された遺構であるとはみなしがたい。

現在おこなわれている環状盛土遺構に関する議論では，盛土の形成過程に焦点が当てられており，地域間での集落景観の差異には言及されていない。本章で検討してきたように，下総台地・大宮台地とは異なり，霞ヶ浦周辺地域では概して盛土の形成が希薄である。分布の周縁地域と考えられる霞ヶ浦周辺地域において，環状盛土遺構は存在するのだろうか。調査例が少ないことも理由のひとつと考えられるが，現状では典型的な環状盛土遺構の存在を確認することは難しい。

しかし，各地域の遺跡との比較を通じて後・晩期集落の形成について検討した結果，霞ヶ浦周辺地域の後・晩期集落が周辺地域における該当遺跡との共通点を有することは前述のように明らかである。本論のように共通点を抽出していくと，関東地方平野部における縄文時代後・晩期集落の中で盛土が特殊な存在でないことが理解されるであろう。下総台地・大宮台地における後・晩期集落のほとんどが窪地を囲む居住域をもち，その背後に高まりが形成されるという構造は（堀越 2007:53），基本的に霞ヶ浦周辺地域にも当てはまる。

　これを前提とすれば，典型的な環状盛土遺構を保有する遺跡と保有しない遺跡との比較を通じて，盛土形成の原因を特定することが可能となるだろう。集落の規模や住居の構築技術が同じであり，行動様式が同じであるならば，類似した様相の遺跡が残されるはずである。つまり，盛土の堆積状況に差が生じるにはその形成過程が異なると考えられ，この点を明らかにすることで盛土の原因を特定できるであろう。このためには，遺跡の高まりの原因が中央窪地の掘削によるのか，住居の壁材によるのか，どの程度の土量が動いたのか，など具体的検討が求められよう。

　住居跡と居住域について考えてみると，盛土の下部からローム層に掘り込まれた住居跡が検出されていることから，少なくとも堀之内式期には環状盛土遺構付近に居住域が存在していたことがうかがえる。各遺跡内において堀之内式期の住居跡は比較的多く検出され，居住域は盛土部分から外れている場合もある。加曽利B式期には検出される住居跡数が減少するが，集落の高まり部分において住居跡が検出されると指摘されている（阿部 2005;2007b，堀越 2007）。加曽利B式期の住居では同一地点において複数回建て替えがおこなわれる事例が増加する。しかしながら，盛土内部に整地したような痕跡はみられず，居住のために盛土が形成されたとは考えにくい。盛土の最上部からは住居跡が検出されず，後期末以降はむしろ盛土の裾部や窪地周縁部に遺構の分布が移動している。この現象は，常に盛土の上部に住居が構築されたわけではないことを示している。ある程度盛土が高くなった時点で，住居は盛土の裾部や窪地周縁部に構築される傾向が認められる。基本的に縄文時代後期以降にも竪穴住居が構築されており，地面を掘り込んで構築されている。廃棄された住居跡の窪地を利用して新たに住居を構築する例もあると考えられるが，暗褐色土が間層として認められ，時間差が存在するようである。また，吉見台遺跡の大型住居の事例のように同一地点での建て替えがあっても，この地点において盛土は形成されていない。したがって，同一地点での居住が盛土形成の目的とは考えにくいのである。盛土の形成は整地などの意図的行為によってなされたのではなく，貝塚形成と類似した廃棄行為が原因であると考えられる。盛土では貝塚のように廃棄の単位をとらえにくいが，堆積した層からは盛土と貝塚に共通した構造を読み取ることができる。

　また本章では，特に食料の加工・消費という視点で高まりの形成を議論してきたが，この活動は集落景観に差が生じる原因のひとつとして考えられる。人口が同じであればどの集落でも最低限の食料消費は変わらないと想定できるが，饗宴のように特別な消費行為があれば集落によって廃棄物の量は異なると考えられる。また，集落人口に差があれば廃棄物の量に差が生じることになり，環状盛土遺構が明瞭に残される集落の人口は多かったと推測することもできよう。祭祀や

饗宴のみが盛土形成の原因とは考えられないが，集落内における非日常的な消費行為が増加したことはたしかであろう。

　縄文時代中期と異なり，後・晩期において盛土が発達するのは，窪地の掘削によるローム質土のほかに，集落における食料や食料加工にともなう炭化物・灰の廃棄量が増加したことが一因として挙げられるだろう。盛土中に焼土を含む暗褐色土層が観察されており，食料に関わる廃棄物が堆積していることはたしかである。後・晩期において住居跡検出数が減少傾向にあるものの，環状盛土遺構の存在が指摘されている後・晩期集落の多くは継続期間が長いことが知られている（Kawashima 2005，阿部 2007b，江原 1999a）。集落の長期継続性は堆積した廃棄物量と関連することも考えられる。較正された $^{14}$C 年代によれば，縄文時代中期は約 970～1,120 年間，後期は約 1,250～1,360 年間，晩期は約 810～850 年間と推計されている（谷口 2001）。晩期終末の時期の年代は明らかではないが，単純に比較しても後・晩期は中期の2倍程度の期間を有している。ただ，中期の集落において小規模の盛土が確認された例はなく，遺跡の居住期間だけの問題ではないだろう。中期と後・晩期の集落における相違点として，食料消費の形態における変化にも注意が必要である。非日常的な食料消費である饗宴は，通常の消費よりも多量の食料を要する。饗宴は儀礼にともなって催される例が多く，饗宴の痕跡と儀礼の痕跡が相関的に増加することが予測される。後期以降，土偶や石棒などの祭祀遺物の種類・出土数が増加することは，饗宴の機会が拡大したことの傍証ととらえることができる。特に，環状盛土遺構の存在が指摘されている長期継続的な遺跡からは祭祀遺物が多量に出土するため（Kawashima 2005，阿部 2007b），饗宴がおこなわれていた可能性は高い。饗宴の具体的な考古学的証拠は第5章で分析するが，縄文時代後・晩期集落において住居の構築技法だけでなく，饗宴が増加するという社会的変化もおこっていたと推察される。各遺跡における盛土ブロックの不均等な配置，平面形，土層堆積の順序からは，意図的に盛土の構築がなされたことを確認することができない。盛土の堆積は居住域として意図的に形成されたのではなく，廃棄行為を通じて形成されたと考えられる。環状盛土遺構を有する遺跡が集落であったことはほぼ確実であるため，「遺丘集落説」は完全に否定されないものの，必ずしも盛土の上部に住居が構築されていないことを考慮すると適切な表現であるとはいえない。縄文時代後・晩期集落において重要なのは，住居や必要最低限の食料生産というこれまでの視点ではとらえきれない要素が含まれていることである。これは，祭祀や饗宴に代表される非日常的行為であり，後・晩期集落が中期までとは異なった社会的背景を有していた可能性を示唆している。

## 第8節　縄文時代後・晩期集落の特質—中期集落との比較から—

　これまで，環状盛土遺構の分析をもとに縄文時代後・晩期の集落の特徴について検討してきた。ここでは前段階にあたる縄文時代中期の環状集落との比較を通じて，後・晩期集落への変化の特質を明確にする。特に集落の形成過程，住居を中心とする遺構の分布に注目して検討する。

中期の環状集落では遺構の存在しない中央広場を中心に竪穴住居跡，土坑などの遺構が分布している。環状集落の初期段階には相対する２つの住居跡群が存在し，この構造が発展して環状の分布に至るとされている（谷口 1998）。住居跡をいくつかの集団に対応させる試みもなされており，民族誌を参照した研究では双分制の存在も指摘されている（谷口 2007）。高橋（2004）は草刈貝塚（千葉県市原市）を事例として，縄文時代中期集落の社会構造を分析している。草刈遺跡の環状集落は８ヶ所のブロックに分類され，それぞれが世帯に相当するとされた（前掲:54）。各ブロックは世帯の領域であり，領域内で住居を建て替えていたと解釈したのである。さらに廃屋墓に着目し，各ブロック間で住居軒数と検出された埋葬事例が約１：１になることから，死者が出るたびに竪穴住居も新たに構築されたと考えられた（前掲:58）。ただ，高橋自身も述べるように，すべての死者に対して同様の処置がとられたかどうかについては明らかでない。もし，竪穴住居と死者の数が同一だとすれば，阿玉台Ⅰ式期から加曽利Ⅲ式期まで約 300 軒検出された竪穴住居跡は，当該時期の死者数に相当することになる。また，廃屋墓のブロック間での男女比が１：１にならないことは，家長クラスの人物にこの規制が適用されたためであり，中期社会が非単系の出自原理にもとづいていたと指摘されている（高橋 2007）。

縄文時代中期には環状集落において多数の住居跡が検出され，一見すると大規模な集落のようにみえる。中期の環状集落には住居跡や土坑の配置に規則性がみられるので，何らかの社会的規則は存在したと考えてよいだろう。しかし，「横切りの集落論」で検討されているように，実際には一時期の住居軒数は少なかったとも考えられている（土井 1985）。中期集落においては住居跡の重複が激しく，重複住居跡同士の時期差があることから，同一の地点に継続的に居住されたとは考えにくい。縄文時代における遺跡数が最大となるのは中期後半であり（小山 1984），住居跡数でも加曽利 E2 式期が最大とされ，これ以降は遺跡数・住居跡数の急激な減少傾向が明らかにされている（今村 1997）。環状集落は後期前葉まで存続するとされるが（谷口 2007），時期ごとの住居をみるとほとんどの中期環状集落において加曽利 E4 式期以降の住居跡検出数が激減する。むしろ，中期末から後期初頭には短期間存続する集落の形成が目立っている（山田 1995）。

縄文時代後期前葉以降の長期的な集落は，後期初頭までの集落とかなり異なる特徴を有している。集落の形態に関しては，集落中央の窪地と周囲の高まりとの比高差が最も明瞭な差異であるといえる。中期集落においても中央には窪地状の地形が存在する。窪地状の地形は，もともと自然地形として存在した可能性があり（堀越 1995），占地条件として適していたのだろう。この窪地は台地上に独立して存在することもあるが，多くは谷津からのびる先導谷として形成されている。谷津の奥部に縄文時代の遺跡が多いことは，窪地上の地形を占地条件として優先された結果であると考えられる。中期集落にも窪地状地形が存在するとしても，後・晩期集落との大きな相違がある。それは，中期集落において高まりがみられないことであり，中期の住居跡はローム面に深く掘り込んで構築され，住居跡間の重複も多い。中期集落における住居跡の重複は後・晩期とは異なって，時期の連続しない住居跡同士が重複する例がほとんどである。したがって，中期集落においては，特定の場所に住居が連続して建て替えられることはなかったと考えられる。住

居跡の数では後・晩期よりもはるかに勝る中期集落において高まりが観察されないことは，集落における居住形態が中期以前と後期以降とで異なることを示している。

　竪穴住居の建て替えの頻度については北米の民族誌を援用した研究がある（武藤 1995）。社会的複雑性が発達した北米北西海岸では，木工技術が卓越しており，プランク・ハウスとよばれる定住的な板小屋が用いられている。内陸部の平原では遊動的な集団によってテントが利用されるが，平原と海岸の中間に位置する高原地域の先住民は竪穴住居を構築していた。武藤はトンプスン（Thompson），サンポイル（Sampoil），モードック（Modoc）の 3 部族を援用している。竪穴住居は冬季の住居であり，それ以外の季節にはマットハウスというより簡易な住居が利用される。民族誌による竪穴住居の特徴は以下のようにまとめられている（武藤 1995:287-288）。（1）竪穴住居は 12 〜 2 月を中心に，最大 3 シーズン利用され，1 シーズンのみの場合も多い。（2）新規の竪穴住居の構築には 2 〜 4 週間以上かかる。（3）竪穴住居の規模は直径 6 〜 10m が多く，複数の家族が居住する。また，死者が出ると住居が解体されることが多いことや，柱は取り替えられるものの竪穴自体は再利用されることは，縄文時代中期に竪穴住居が多数構築される理由を考える上で示唆的である。武藤（1995:291-292）は，竪穴住居が多数構築される前・中期には集落を季節的に移動させる遊動的な居住形態であり，掘立柱建物跡が増加する後期以降では地上建てのより定住的な住居へ変化したととらえている。縄文時代後期以降の竪穴住居は中期までの構造とは異なり，壁柱穴が設けられていることから，壁立ちの住居へと構造が変化したとされる（阿部 1996）。たしかに，プランク・ハウスを利用する北米北西海岸諸部族は季節的移動をするものの，恒久的集落を保持しており，竪穴住居を構築する高原地域の先住民とは異なった居住形態を示している。さらに，中期に比べ，後・晩期の集落では住居跡の検出数は減少するものの，同一地点での建て替えが複数回おこなわれるなど継続的な土地の利用がおこなわれたと考えられる。中期の住居跡の検出数が環状集落に集中することから，中期の環状集落が拠点的な性格を有していたことが指摘されている（谷口 2003）。しかしながら，中期の環状集落が通年居住されたとは限らず，民族誌によれば，むしろ季節的移動を繰り返した結果であると考えられる。

　先述した寺野東遺跡は，中期と後期以降の遺構分布の差異を明瞭に示している（第 3.2. 図）。環状盛土遺構が検出された寺野東遺跡では，典型的な中期の環状集落ではないものの，中期前半以降の住居跡が検出されている。住居跡の分布をみると，環状盛土遺構の南側に中期前半の阿玉台式期から後期初頭の称名寺式期までの住居跡が集中しており，おそらく環状を呈すると考えられる。谷部をはさんで，調査区南西部には阿玉台式期の住居跡が 5 軒検出され，調査区北西部では中期後半も含まれるが後期を中心とする住居跡が分布する。したがって，遺跡南東部に中期から後期初頭の環状集落が分布し，北西部に後期の住居跡がまとまるという傾向を指摘できる。これに対し，環状盛土遺構やその内部で検出された住居跡は非常に少ないといえる。環状盛土遺構には未調査部分も残るが，遺物量に比して住居跡の確認軒数が少ない（江原ほか 1997）。環状盛土遺構中および下部では少なくとも 11 軒の住居跡が検出されており，時期は堀之内式期 7 軒，加曽利 B 式期 1 軒，後期安行式期 2 軒，不明 1 軒であり，建て替えを含めても 10 数軒にとどま

るだろう。環状盛土遺構においては，南盛土ブロックからの住居跡の検出軒数が多いようである。しかし，環状盛土遺構形成期の住居跡は，むしろ谷部西側に当該期の住居跡が多数検出されている。

　寺野東遺跡において中期の住居跡が検出された範囲で環状盛土遺構が検出されていないことから，中期と後・晩期集落との相違が明確となっている。寺野東遺跡の中期集落の範囲において後期初頭の称名寺式期までの住居跡が検出されているのに対し，環状盛土遺構の下部では堀之内式期以降の住居跡が検出されている。後期前葉以降は中期とは異なる範囲に居住の痕跡が認められるのである。下総台地の曲輪ノ内貝塚における表面採集調査によれば，寺野東遺跡と同様な傾向が示されている。高まりや窪地からは後期の遺物が採集できたのに対し，高まりの外側では中期の遺物が増加するというものである。後期前葉以降の集落には，環状盛土遺構ほどの高まりではなくとも，集落周縁部に高まりが存在することは関東平野における一般的傾向であるといえる（川島 2008, 川島ほか 2008）。環状盛土遺構をともなう後・晩期の遺跡では後期前葉から晩期中葉まで連続した土器型式が出土しており，集落の長期性が指摘されている（Kawashima 2005, 阿部 2007b, 江原 1999a）。

　阿部（1996）は中期と後・晩期集落の差を説明するために，住居構造の変化を指摘している。後期以降，住居の構造が壁立ちの住居となり，壁土や建材の廃棄量が増加したことによって，集落に高まりが形成されたと考えたのである。たしかに，住居が同一地点で建て替えられることは後期以降の特徴であるが，住居以外の堆積物も後・晩期集落において確認できる。また，後期中葉までは高まり部分において住居跡が検出されるようであるが，後期中葉以降の遺構分布は次第に集落の中心に近づく傾向を指摘することができる（川島 2008, 鈴木 2005）。後期以降，住居跡の検出数は全体的に減少するが，遺構だけでなく晩期の堆積物が遺跡の中央窪地から集中的に出土していることから，時期が下るにつれて遺跡中央へ集落の規模が縮小していくことは確実である。後・晩期における遺跡数の減少，長期的な集落，集落における高まりの形成を考慮すると，後期以降には中期までよりも定住的な集落が形成されたと考えられるのである。中期から後・晩期集落への変化は，住居の建築様式だけでなく，居住形態を含んだ大きなものであったといえるだろう。

　すでに述べたように，環状盛土遺構だけでなく関東地方の縄文時代後・晩期集落研究は，縄文階層化社会論の中でとりあげられてこなかった。しかしながら，環状列石のように人為的な構築は認められていないものの，環状盛土遺構にも集落内における非日常的活動の痕跡が残されている。筆者が注目する生産と饗宴に関する考古学的証拠は後・晩期集落において中期以前よりも明確になっており，単純に技術・規模の発達というだけでなく社会的複雑化の視点から考察することができるだろう。第4章では縄文時代における食料以外の生産活動として土器製塩をとりあげ，第5章では食料の加工と消費に関わる考古学的証拠から縄文時代後・晩期集落における饗宴について述べる。

註

1）ここでの霞ヶ浦周辺地域とは現在の利根川以北，鬼怒川以東とし，北限は霞ヶ浦沿岸までとする。

# 第4章　縄文時代の土器製塩における労働形態

## 第1節　縄文時代土器製塩研究の意義と課題

　縄文時代後期後葉に関東地方霞ヶ浦沿岸において土器製塩が開始され，晩期初頭には東北地方仙台湾沿岸においても土器製塩がおこなわれるようになった（近藤 1962;1984;1994, 小井川・加藤 1994）（第4.1.図）。さらに，三陸海岸北部や陸奥湾など主に太平洋岸でも小規模ながら製塩がおこなわれたと考えられる（北林 1994, 君島 1999, 辻 1994）。土器製塩に先立ち，土器を用いない製塩がおこなわれたという指摘があり（加納 2001），関東地方では縄文時代後期中葉までにはすでに製塩が開始されていた可能性がある。

　縄文時代土器製塩の研究は，これまで主に生産と交換の視点から進められてきたといってよいだろう。研究の初期には霞ヶ浦南岸地域の製塩遺跡の調査が主なものであった。製塩土器が認識されるようになると，関東地方においては内陸部の遺跡からも製塩土器出土例の報告が増加し，生産だけではなく集落間の交換も研究の対象となっていった。

　1960年におこなわれた広畑貝塚（茨城県稲敷市）の発掘調査は，土器製塩の存在を証明することが目的とされ，土器製塩研究の端緒となった（近藤 1962）。広畑貝塚では安行1式から安行3c式にともなって「第三の土器」とされた製塩土器が多量に出土した。近藤はこの「第三の土器」が精製・粗製土器と異なる形態的特徴をもつこと，廃棄された量が著しいこと，灰白色物質の付着，土器表面の剥離現象などの点から，製塩に使用された土器であると指摘した（近藤 1962）。1965年には法堂遺跡（茨城県稲敷郡美浦村）が発掘調査され，製塩土器が出土土器の総破片数のうち70％以上を占め，さらに3つのピットから構成される製塩遺構が存在することが確認された（戸沢・半田 1966）。製塩遺構の発見は土器製塩が霞ヶ浦沿岸の微高地遺跡において積極的におこなわれていたことを示すものであり，土器製塩活動の実態を把握するための重要な情報を提供した。広畑貝塚では製塩遺構は発見されていないが，製塩土器・灰が多量に堆積していることから製塩遺構が存在すると予測される。製塩遺構を有する遺跡として，前浦遺跡（茨城県稲敷市）も挙げられる。前浦遺跡は広畑貝塚・法堂遺跡と同じく微高地上に立地する遺跡である。検出された製塩遺構は炉跡，竪穴状遺構，製塩土器を含む灰の堆積などであり，それぞれが製塩活動に関わるものととらえられた（寺門 1983）。

　縄文時代土器製塩の中心地のひとつである仙台湾沿岸では，関東地方での成果が反映され，製塩土器出土遺跡の報告例が蓄積されてきた。製塩遺跡の調査もおこなわれ，里浜貝塚（宮城県東松島市）において縄文時代の土器製塩の痕跡が確認されている（岡村ほか 1982, 小井川ほか 1983, 小井川・加藤 1988）。多量の製塩土器のほか，西畑北地点では複数の製塩炉が集中しており，作業場としてとらえられた。この炉からはピットだけではなく，漆喰状の構築材が確認されている。二月田貝塚（宮城県七ヶ浜町）では晩期後葉の凝灰岩を掘り込んだピットが検出され，海水を溜める

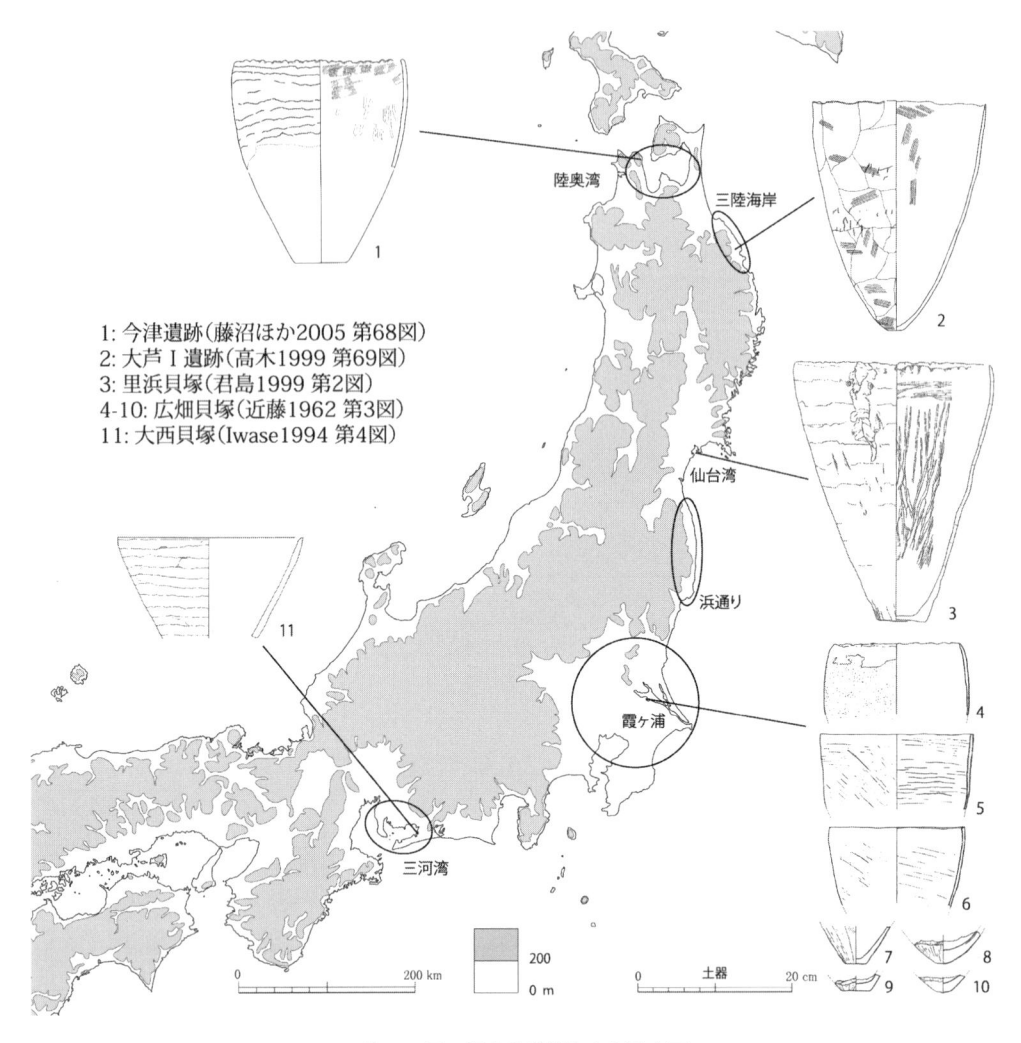

1: 今津遺跡（藤沼ほか2005 第68図）
2: 大芦Ⅰ遺跡（高木1999 第69図）
3: 里浜貝塚（君島1999 第2図）
4-10: 広畑貝塚（近藤1962 第3図）
11: 大西貝塚（Iwase1994 第4図）

第4.1.図　縄文時代製塩土器分布図

ための遺構と考えられている（岡村ほか1982，鈴木・渡辺1976，Kawashima 2015）。霞ヶ浦沿岸地域と同様に，仙台湾沿岸地域においても製塩にかかわる遺構の検出例は少ない。仙台湾沿岸では約50ヶ所の縄文時代製塩土器出土遺跡が確認されているが，ほとんどが海岸部に立地しており関東地方における製塩土器出土遺跡との相違を示している。

　霞ヶ浦南岸の製塩遺跡は微高地上に集中しており，広畑貝塚・法堂遺跡・前浦遺跡の3遺跡がこの立地に当てはまる（第4.2.図）。関東における縄文時代土器製塩の中心地は霞ヶ浦南岸であったと考えられるが，製塩土器は霞ヶ浦の周辺だけでなくほぼ関東全域に分布している。内陸部における製塩土器を出土する遺跡の多くは，製塩土器破片数100点未満といった出土量の非常に少ない遺跡である。ただ，霞ヶ浦南岸の中心地を囲むようにして比較的製塩土器の出土量の多い遺跡が分布している。台地上に立地する遺跡では上高津貝塚（茨城県土浦市）・小山台貝塚（同県つくば市）・中妻貝塚（同県取手市），微高地上では立木貝塚（同県北相馬郡利根町）・布川貝塚（同町）

第 4.2. 図　関東地方縄文時代製塩土器出土遺跡分布図
1. 法堂遺跡（茨城県稲敷郡美浦村）2. 広畑貝塚（茨城県稲敷市）3. 前浦遺跡（茨城県稲敷市）
4. 上高津貝塚（茨城県土浦市）5. 中妻貝塚（茨城県取手市）6. 小山台貝塚（茨城県つくば市）
7. 土屋殿台遺跡（千葉県成田市）

などが当てはまる。これらの遺跡の中には製塩土器や灰をともなう炉跡をもつものがあり、小山台貝塚（永松・斎藤・渡辺 1976）・上高津貝塚（塩谷ほか 2000）の事例がある。これらもまた製塩遺構と考えられている。

　小山台貝塚では製塩遺構が製塩土器層をともなわず小規模であること、牛久沼という好漁場を有していることから、自給自足的な土器製塩がおこなわれていたと推察された（鈴木・渡辺 1976）。しかし小山台貝塚は標高 20 〜 25m の台地上に立地しており、また現在の牛久沼付近に遺跡の営まれた縄文時代後期にどれだけ海水の流入があったのか疑問である。海水を入手して台地上の遺跡まで運び上げるという作業を実際におこないえたのか、そもそも海水を得られたのかなど検討する必要があろう。

　上高津貝塚も台地上に立地する遺跡であり、霞ヶ浦には直接面していない。上高津貝塚における調査では出土した 1,884 点の土器口縁部片のうち 303 点が製塩土器として分類され、製塩土

器の出土層位が明らかとなっている（Akazawa 1972）。上高津貝塚の製塩遺構は法堂遺跡のものよりも小型であるが，製塩土器が伴出し遺構の底面は赤く焼けていた（土浦市遺跡調査会 1992，塩谷ほか 2000）。ただ，製塩土器の出土量は比較的少なく粗製土器のほうが多く出土している点は注意すべきである。化学分析もおこなわれ，土器片に付着した灰白色の物質は海水中に含まれる成分が固着したものであることが判明している。床面からは海藻に付着することで成育する珪藻の化石が検出されていて，海藻を利用した土器製塩の可能性も示唆されている。製塩遺構と珪藻の化石からのみでは上高津貝塚においておこなわれた製塩活動を復元することは困難であるが，土器製塩の工程を復元する上で参考になるだろう。また，製塩遺構と地点は異なるが，出土例が少ない完形の製塩土器4点が出土していることも注目される。

　土器製塩工程の復元に関わる遺構の検出例が少ないためか，工程に論及している研究は現状では多くない。検出例の少ない製塩遺構の構造から土器製塩の工程を復元することは困難であろうが，土器製塩の労働形態を考えるために必要な作業である。土器製塩実験は工程の復元に有効な手段であると考えるが（中村 1998），実際には採鹹・煎熬に複数の候補があるため条件の設定が難しく，そのまま先史時代に対比させることはできない。

　高橋は製塩遺構の機能・土器製塩の工程に着目して，製塩土器が出土する各遺跡が製塩活動の中で果たした役割は異なっていたと指摘する（高橋 1996）。具体的には微高地上の製塩遺跡から上高津貝塚など周辺の汽水域の遺跡へと生産された塩がもち込まれ，そこから更に遠隔地へと供給され製塩土器分布圏を形成すると想定している。霞ヶ浦南岸の微高地上でおこなわれた大規模な土器製塩と異なり，上高津貝塚・小山台貝塚のような製塩遺構をともなっている遺跡は独自に自家消費用に小規模な土器製塩がおこなわれてきたと従来考えられてきた。高橋は土器製塩の工程の中で煎熬の際に最も土器・燃料の消費が激しいことから，上高津貝塚・小山台貝塚のように製塩遺構をもつ遺跡であっても製塩土器・灰・焼土の出土量が微高地上の製塩遺跡より確実に少ないことを指摘して，独自に製塩活動をおこなった可能性を否定した。霞ヶ浦南岸の製塩遺跡では大量の製塩土器が廃棄され製塩土器層が形成されているのに対し，上高津貝塚・小山台貝塚は汀線に近接して位置しておらず，製塩に関わるとみられる遺構の規模も小さく，製塩土器片・灰は純粋な層を成すほど出土していない。遺跡に残された製塩土器・製塩遺構の量や規模を考えると，上高津貝塚・小山台貝塚などにおける製塩活動は「海浜製塩遺跡でのそれに連続する工程を担」っており，法堂遺跡のような製塩遺跡での煎熬作業のあと「海水が「形」をかえて」搬入されたと指摘されている（高橋 1996:40）。上高津貝塚のような汽水域の遺跡から遠隔地へと供給されるにしたがって，「貯蔵・分配・運搬を契機とする在地的な製塩土器の製作」に製塩土器の地域差の要因がみられると指摘する。

　土器製塩は生産と交換という活動と深く関わるととらえられてきたが，多くの研究では製塩土器出土遺跡の分布から交換関係を復元したり，または遺跡間分業を想定している。土器製塩における各遺跡間の役割や塩の流通経路を明らかにすることによって，交換関係に言及することができると考えられてきたのである。しかしながら，これらの研究の根拠となっているのは製塩遺構，

製塩土器出土遺跡，製塩土器の分布のみで，何らかのモデルにもとづいて体系的な解釈がおこなわれているわけではない。縄文時代土器製塩は生産と交換の面で社会的複雑性に関連する重要なテーマであり，いまだ検討する価値を有していると考えられる。土器製塩研究は縄文社会階層化論にも関与すると考えられ，第2章で述べたコスティン（Costin 1991;2001）やアーノルド（Arnold 1992;1996;2001;2004）の研究を援用することによって，縄文時代の土器製塩は狩猟採集民社会の複雑化という文脈での議論の対象となりうる。

## 第2節　土器製塩の社会的背景

　土器製塩が出現した社会的背景としては，大きく分けて次の3つの説が提出されてきた。いずれも塩が加工に用いられたと想定し，塩または加工品が内陸との交換の対象になったととらえている。まず，土器製塩は内陸からの結晶塩の要求を満たすために成立したという考え方である。近藤は海岸部では塩分の摂取・利用が容易であることから，土器製塩がおこなわれるようになったのは内陸の集団からの要求であったと想定した（近藤 1962）。塩の用途として防腐・薬用・調味料・皮なめしなどを想定し，結晶化した塩を要求する内陸の集団との物々交換がおこなわれたことを推察した。

　第2に，東京湾沿岸の大形貝塚の消滅と土器製塩を関連づけるものがある（後藤 1973;1988）。大形貝塚は干貝を生産していた場所であり余剰は交易品とされていたが，結晶塩の出現によって容易に保存ができるようになり，干貝の交易品としての価値が低下したため大形貝塚が消滅したという説である。この説の根拠のひとつには，大形貝塚の消滅と土器製塩が盛んにおこなわれた時期が，縄文時代後期末から晩期初頭にかけてと一致していることが挙げられている。

　第3に，霞ヶ浦沿岸で継続していた漁撈活動によって得た魚介類を保存するために土器製塩がおこなわれたとする説である（鈴木・渡辺 1976）。土器製塩がおこなわれた後期末から晩期中葉は，関東地方全体としては漁撈活動が衰退し狩猟中心に生活が変わった時期とされている。しかし，現在の霞ヶ浦にあたる古鬼怒湾では他の地域と異なり漁撈活動が継続されていたと考えられている。この活発化した漁撈活動を支えるために生み出されたのが土器製塩という技術であったと推察された。また，鈴木・渡辺は内陸で植物質の食料の比重が増加したために塩分を必要としたという説に批判を加えている。遺跡における骨髄食・脳髄食の形跡から人体に必要な塩分は十分摂取されたであろうとして，土器製塩を成立させるような強力な要求が内陸から発するのはほとんど不可能であると述べている。さらに，東京湾沿岸での大形貝塚の消滅が土器製塩とは直接結びつかないことも指摘している。土器製塩の中心地であった霞ヶ浦沿岸では，土器製塩の開始とともに貝塚の形成が途絶えるという現象がみられないからである。こうした他説への批判とともに，土器製塩を成立させた背景として漁撈活動を提唱したのである。霞ヶ浦において海退が進行し従来の漁場が減少していく状況にあって，ヤスなど刺突具や土錘の出土量が少なくないことは，漁撈活動が専業化し海産物の保存・運搬に役立つ塩が求められたとされた。

この説は一般的に認められているといってよいだろう。しかし，土器製塩の中心地が霞ヶ浦南岸にあることはたしかであるが，出土量は少ないにしても関東地方一円に広く製塩土器の分布が認められるのはなぜであろうか。もし生産された塩が魚介類の保存のためにすべて利用されたのであれば，製塩土器の分布は海岸部周辺に限定されるであろう。多くの研究者が述べてきたように，集団間の交易関係・塩の流通経路を解明することが土器製塩研究の課題のひとつである。製塩土器・製塩遺構・遺跡の立地などを再検討していくことは，それぞれの遺跡が土器製塩活動において果たした役割や塩の流通経路を考察するうえで重要である。

　土器製塩に関して遺跡のもつ機能という視点から流通経路・交換関係を探るということは，社会的背景を論じる研究に対する検討作業であるということもできるであろう。土器製塩を成立・維持させたのが霞ヶ浦でおこなわれた漁撈活動であるとすれば，土器製塩もまた漁撈活動を補助するような生産をしていたはずである。例えば，塩が魚介類の塩蔵品のために利用されたのであれば，塩は加工をおこなう場に最も多く供給されたはずである。

## 第3節　縄文時代の製塩土器

### (1) 口縁部

　製塩土器は無文であるため，編年的研究をおこなう場合には口縁部の断面形態と調整技法によって分類を進めることが一般的な手法となる。これまで製塩土器の編年研究は，主に道成寺貝塚，中妻貝塚などの出土資料をもとに進められてきた（鈴木・鈴木1979, 常松1994, 寺門・柴崎1969）。しかし，両者とも伴出した土器型式が示されなかったり，製塩土器自体の出土層位が不明確であったことから研究対象となる資料の情報は十分ではなかった。何よりも縄文時代土器製塩の中核地帯と考えられている霞ヶ浦南岸の微高地遺跡より出土した製塩土器は，ほとんど編年的研究の対象とされてこなかったのである。霞ヶ浦南岸の製塩土器の編年的研究をおこない，内陸部出土製塩土器と比較することによって，時期的な製塩土器の拡散から製塩土器自体の移動を確認することができると考えられる。このため，土器製塩が成立した縄文時代後期後半からの遺物を含み，なおかつ層位的調査がおこなわれた広畑貝塚の出土資料を扱うことは，これまでなされてきた製塩土器の編年研究をより確実なものにすると考えられる。また，広畑貝塚は製塩遺跡として考えられているため，同貝塚出土製塩土器の形態的特徴がどの地域まで共通するのかについて確認することは，塩をめぐる交換関係の復元にもつながるだろう。

　製塩土器を観察するにあたっては，製塩土器の調整は粗雑であるため同一個体内でも部位によって異なる調整や断面形態となる可能性を考慮し，主にヘラ切り，ナデ，指押さえなどの調整技法を分類の基礎とした。製塩土器口縁部の調整が時期的にどのような変遷を経たのかを，過去の研究と比較しながら検討する。口縁部の調整は各遺跡によってその比率が異なっており，製塩遺跡である広畑貝塚や法堂遺跡と消費地に位置する遺跡との比較をおこなう。これにより，遺跡の立地条件と製塩土器形態の差が明確となり，塩の生産と消費のほか，生産された塩の流通につい

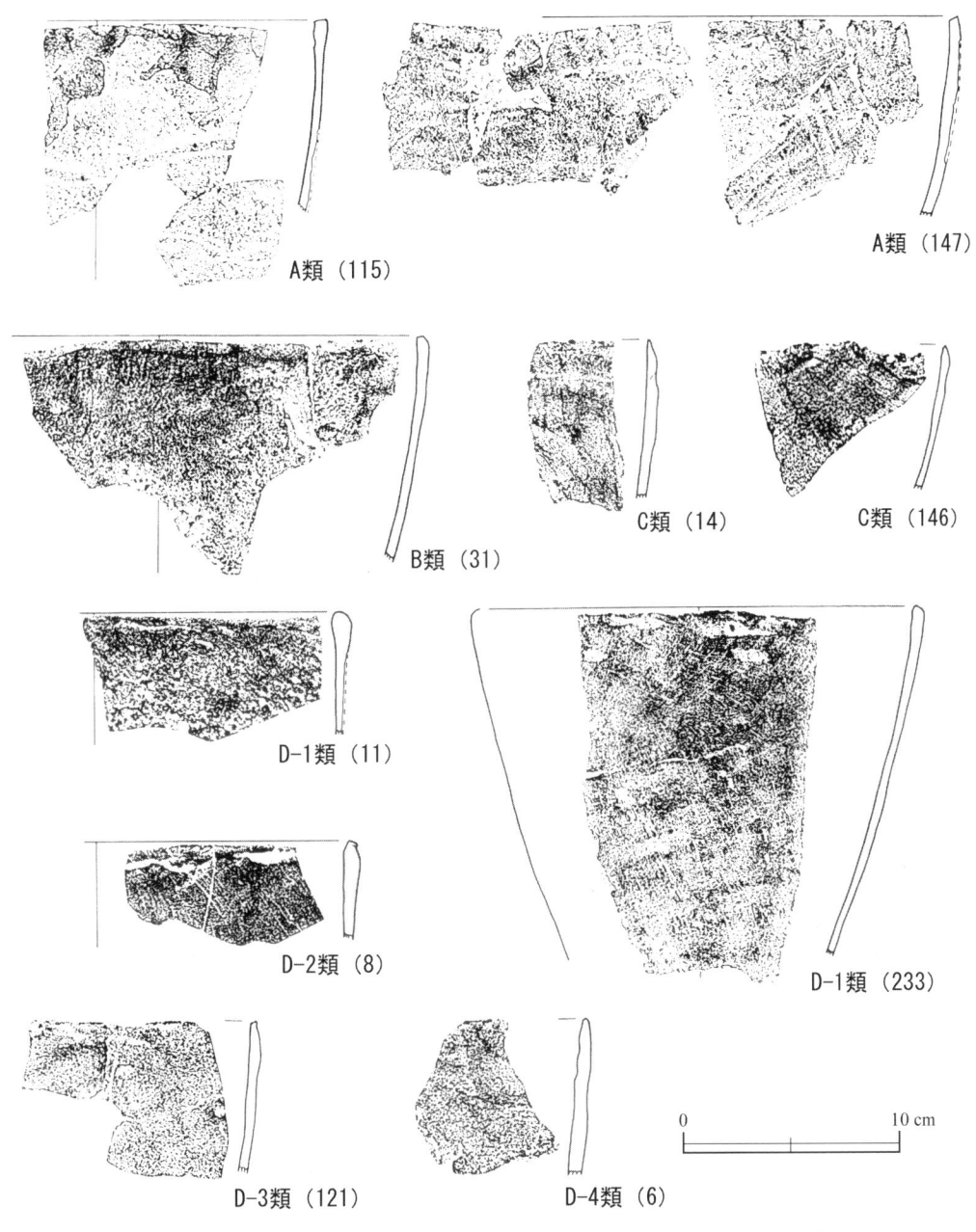

第 4.3. 図　製塩土器口縁部形態の分類（括弧内の番号は引用文献中の番号と対応）

ても考察を加えることができるであろう。

　筆者は関東地方における縄文時代製塩土器口縁部の観察をおこない，製塩土器編年にあたって最も重要と考えられる製塩土器口縁部を次の 4 類に大別した（第 4.3. 図）。ナデを施す D 類については，ナデの程度による時期的な傾向を知るためにさらに細別した。以下，特に断りがなければ A～D 類は筆者の分類をさす。この分類をもとに，関東地方における各遺跡出土製塩土器の特

徴を検討していく。

- A類　ヘラ切りのみによって口唇部を整形したもの。ほとんどが水平または内傾する平坦面となっているが，複数回にわたってヘラ切りされたものも含む。器表面のヘラ削りが口唇部直下にまで及ぶことも基準となる。
- B類　口唇部上面はヘラ切りによって平坦面をもつが，口唇下部に指による加工痕が帯状に残っているもの。断面形態は上端に向かって細くなっていく。
- C類　指のみによって調整されたもの。断面形態は尖唇状となり，口唇部上端は不整な細かい波状を呈する。
- D類　最終調整としてナデを施したもの。断面形態・ナデ以前の調整によって細分される。
- D-1類　ナデが口唇部全体に及び，器表面のヘラ削りはナデと隣接する。口唇部が胴部よりも肥厚するものが多い。
- D-2類　折り返した口唇部が完全にナデられていないもの。内外面の口唇部直下において折り返しの痕が表面から確認できたり，粘土のはみ出しが残るもの。
- D-3類　口唇部上端にナデを施すが，指による調整が確認できるもの。断面形態はB類に類似する。
- D-4類　ヘラ切りのあとナデられたもの。

**広畑貝塚**

　近藤の調査によって「第三の土器」とされた製塩土器には，いくつかの形態差が存在することが指摘されている（近藤1962）。口縁部では，「先細におわるもの・体部とほぼ同じ厚さまたは厚みを増し，やや丸みをもっておわるもの・ヘラ状のもので切ったように角ばっておわるもの及びそれぞれの中間タイプ」と分類された。分類された口縁部の数量的比較はなされなかったが，製塩土器口縁部の調整技法を観察することでいくつかのタイプに分類できることが示されたのである。これに対し金子の報告では，製塩土器の口縁部形態に関しては触れられていないものの，底部の形態・圧痕について述べられている（金子1979）。藤本の報文によれば，製塩土器口縁部の形態について記述がなされている（藤本1988）。藤本は出土した製塩土器の口縁部が，安行3a式を主体とする層では水平のヘラ切りがなされ，安行3b式を主体とする層では内傾したヘラ切りがなされる場合が多いことを述べた。ただ製塩土器以外の土器と製塩土器の数量に関しては整理されていないため，時期ごとの詳細な形態の変遷をとらえることはできない。高橋らは直良信夫が1956年におこなった調査でNトレンチより出土した土器を整理している（高橋・中村2000）。ここでは図とともに詳細な観察がなされており，層序関係が不明確という資料的制約はあるものの，当貝塚における製塩土器の形態変遷に関する情報を得ることができる。高橋らは広畑貝塚出土製塩土器口縁部の調整技法をもとに，ヘラ切りにより口唇部上端に平坦面をもつもの（I類），「口唇部にナデが施されるもの」（II類），「口唇部に特定の処理を行なわない未調整のもの」（III類）

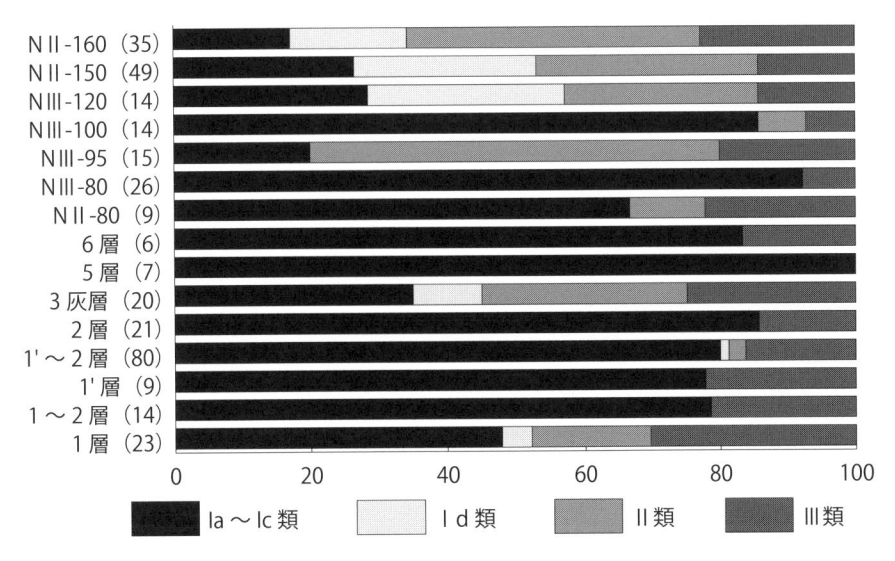

第4.4.図 広畑貝塚Nトレンチ出土製塩土器口縁部の組成（高橋・中村2000を参考に作成）

に大別した（第4.4.図）。層位は1～6層まで，「人工層位」は-80～-160cmまであるが，これらの対応関係は明らかでない。ただ，出土した土器の接合関係から6層，-80cm，-100cm付近に対応があり，3灰層にも接合が認められたことから「人工層位」は基本的な土層の下位になると推定されている（高橋・中村1999）。出土した土器からこれらは安行3b式から安行3c式への移行を示す層とされた。「人工層位」では-160cmから-100cmにおいて，口唇部調整にヘラ切りが施されるⅠ類が全体の35％から85％へと増加する。口唇部上端にナデが加えられるⅡ類は-160cmではⅠ類よりもやや多い全体の40％ほどを占めたのに対し，-100cm地点では全体の10％未満となる。-80cm地点でもⅠ類が大半を占めるが，-95cm地点ではⅠ類が20％，Ⅱ類が60％となり単純にⅠ類のみが増加しているとはいえない。これと同様に1～6層でも3灰層においてⅡ類が30％ほどを占め，上下の層と異なる様相をみせる。Nトレンチの中でも-95cmはⅢ区，3灰層はⅡ区に認められるため，土器の接合関係があることから両層位が対応することも考えられるだろう。指による押さえなど未調整のものを含むⅢ類の割合は各層位においてそれほど変化せず，Ⅱ類を含まない1～2層，1'層，2層などでも一定量存在する。

晩期前半の広畑貝塚では，Ⅰ類は時期の経過とともに増加し，Ⅱ類は減少していくことが考えられる。Ⅰ類とⅡ類は最下層において同時に存在するが，Ⅱ類に施されるナデは次第にヘラ切りへと取って代わられたようである。製塩土器の外面にはヘラ削りがなされることが多く，ヘラで削り取る技法を口唇部の調整にも利用したと考えられる。これは主に煮沸に用いられた製塩土器の外面に粗雑な調整が施されたのと同様に，口唇部にもナデという丁寧な調整をする必要がなかったと理解できよう。製塩土器は加熱して壊れやすくなることを前提に製作されたと考えられるので，製塩土器の口唇部調整がナデを施すⅡ類からヘラ切りのⅠ類へと，製塩土器の製作の簡素

化がはかられたといえるだろう。

　筆者は金子が報告した広畑貝塚 A トレンチ出土製塩土器を観察し，寺門ら（寺門・芝崎 1969）が道成寺貝塚の資料で報告したような製塩土器口縁部の形態の変遷を確認することができた（第 4.5.・4.6. 図）。寺門らは道成寺貝塚の出土資料から製塩土器の時期的伴出関係を示し，安行 1 式期に口唇部は指のみによる加工がなされ，安行 2 式期にはヘラ切りと指による加工，さらに晩期になるとヘラのみによって口唇部が調整されるという口縁部形態の変遷をとらえた。寺門らは道成寺貝塚において安行 2 式期にヘラ切りが出現するとしているが，広畑貝塚 A トレンチ出土製塩土器を観察したところ，安行 2 式が主体となる層においてヘラ切りと指により調整された口縁部破片が大半を占めるという現象は認められなかった。広畑貝塚においてヘラ切りのみ (A 類) またはヘラ切りと指との併用 (B 類) が増加していくのは，姥山Ⅱ式があらわれる 4 層以降であ

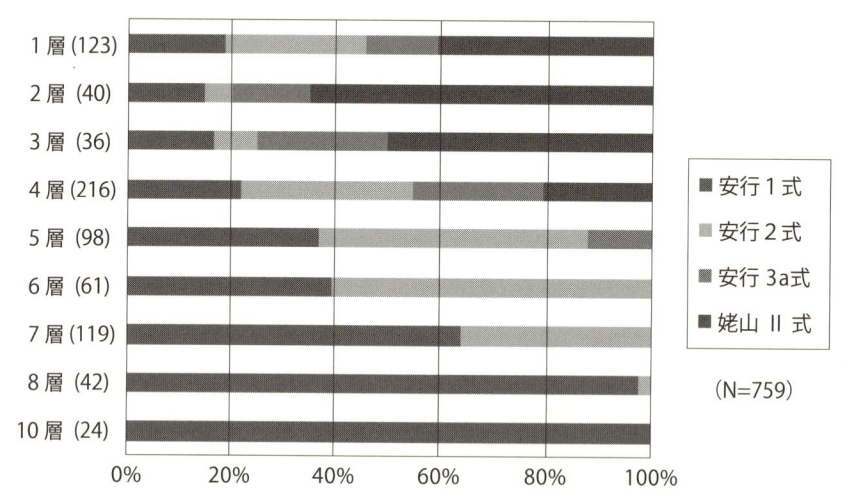

第 4.5. 図　広畑貝塚 A トレンチにおける各層位と土器型式（金子 1979 を参考に作成）

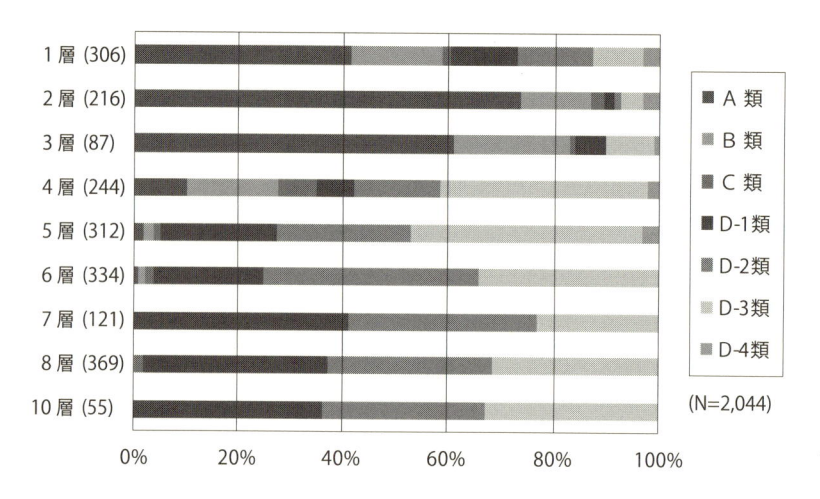

第 4.6. 図　広畑貝塚 A トレンチ出土製塩土器口縁部の組成（筆者観察により作成）

り，A・B類は2・3層において製塩土器全体の80％以上を占めるほどである。この2・3層では姥山Ⅱ式が一般の土器の半分以上となっている。姥山Ⅱ式期以前の安行3a式が出現するのは5層であるが，A・B類合わせて4％程度にしかならず安行2式期との差はほとんど認められない。したがって，広畑貝塚においてA・B類が確実に増加するのは姥山Ⅱ式期といえる。

　広畑貝塚では安行2式期には丁寧なナデを施す口縁部破片の割合が少なくなり（D-1類），それとともにナデが口唇部上端のみに施され指押さえの痕が観察される口縁部調整（D-3類）が増加していく。これは指押さえのみのC類とD-3類の比率が増加していくことから明らかである。特にC類は，安行3a式の土器が含まれていない6層に初めてあらわれ，D-3類とヘラ切りを施すA・B類との中間的性格をもっていると考えられる。5層でもC類およびヘラ切りを施したA・B類の占める比率は少ないが，ヘラ切りのあとにナデを施したD-4類があらわれたことは，ナデからヘラ切りという技法へと移行しはじめる様相を示している。以上から，ナデを施すD類からヘラ切りを施すA・B類への製塩土器口唇部の作出技法の変遷が，後期末から晩期初頭にかけておこったことを確認することができる。4層に注目すると，ナデを施す口縁部の中でもD-3類が半分以上を占めており，D-3類からA・B類への変遷が最も大きな変化であったことが考えられる。

### 法堂遺跡

　法堂遺跡の調査報告では製塩土器を層位ごとに扱っていないため，製塩土器口唇部調整の変遷を確認することはできないが，口縁部の調整はA類からG類に分類されてそれぞれが土器全体に占める割合が示されてある（戸沢・半田 1966）（第4.1.表）。A～G類のうち口唇部にヘラ切りを施すものはA～D類である。分類された製塩土器口縁部は深鉢・鉢合わせて2,132点であり，このうちA～D類が75.3％を占める。E類は指による押さえとナデ，F類は口縁が不整，G類は外面への折り返しが顕著で一般の粗製土器との区別が不明確なものである。E～G類は高橋らの分類ではⅡ・Ⅲ類にあたり，ヘラ切りを施さない口縁部ではE類が最も多く製塩土器全体の14.7％である。E類には指押さえが施され尖唇状になった口縁部がすべて含まれているが，同時にナデが施されたものも含むため，指押さえのみの口縁部は14.7％よりは少なくなるものの，法堂遺跡においても指押さえのみが施された口縁部は存在する。おそらく製塩土器を出土するすべての層位から指押さえのみ施された製塩土器が出土し，晩期における広畑貝塚と同様な傾向が確認できると考えられる。

　戸沢らの分類と筆者の分類を対応させると，戸沢らのA～D類は筆者のA・B類，E類が筆者のC類，F・G類が筆者のD類にほぼ当てはまる。広畑貝塚Aトレンチ資料では2・3層においてA・B類が製塩土器口縁部全体の80％以上を占めていることと，法堂遺跡においてA・B類が75.3％を占めていることは類似した傾向といえる。時期的にみても，両者とも縄文時代晩期に属していることから，晩期には少なくとも旧汀線に近い遺跡では，ヘラ切りを施す製塩土器が圧倒的に多いことが明らかである。法堂遺跡では筆者の分類でC類にあたると考えられる口縁部

第 4.1. 表　法堂遺跡出土製塩土器口縁部の分類 (戸沢・半田 1966 より作成)

| 分類 | 点数 | 比率 (%) | 筆者分類 | 比率 (%) |
|---|---|---|---|---|
| A類 | 1,183 | 55.4 | | |
| B類 | 190 | 9.2 | A・B類 | 75.3 |
| C類 | 79 | 3.8 | | |
| D類 | 147 | 6.9 | | |
| E類 | 315 | 14.7 | C類 | 14.7 |
| F類 | 100 | 4.5 | D類 | 10.0 |
| G類 | 118 | 5.5 | | |
| 合計 | 2,132 | 100.0 | | 100.0 |

が広畑貝塚よりも多く，14.7％を占めている。筆者のC類と戸沢らの分類が完全には一致してはいないため，14.7％よりも少なくなるかもしれないが，縄文時代晩期に営まれた法堂遺跡においてもC類が認められている。

### 上高津貝塚

　上高津貝塚の製塩土器は赤澤の発掘調査の際にはじめて紹介されたが，この調査の報告では製塩土器の口縁部調整については詳しく述べられていない (Akazawa 1972)。筆者は赤澤の調査の際に出土した資料，製塩土器口縁部片185点を実見・観察した。これらを筆者の分類基準にもとづき分類すると，A類が25.4％，B類が22.2％，C類が39.4％，D類が13.0％という結果となった（川島ほか 2008）。このうち指押さえのみを施すC類が広畑貝塚，法堂遺跡よりもかなり高い数値を示している。また，それとは反対にD類が少なくなる。広畑貝塚では安行3a式期まで製塩土器のほとんどすべてをD類が占めているという状況から，台地上に立地する上高津貝塚における製塩土器口唇部調整の特性をあらわしているといえよう。

　赤澤の調査ではA～F層から計303点の製塩土器口縁部が出土し，F層直下のG層では安行1式のみが出土している（第4.7.図）。製塩土器が出現するF層では，安行1式までの土器は合わせて60.8％，安行2式が14.2％，姥山Ⅱ式が15.2％，製塩土器が9.3％をそれぞれ占める。当時の分類では，安行2式の中には現在の安行3a式土器が含まれている。F層出土の製塩土器口縁部片は19点でうち17点を観察し，A類8点，B類1点，C類8点，D類0点という結果を得た。F層の出土点数は少ないもののやはりC類の占める比率は高い。G層で製塩土器が出土しなかったことから，製塩土器の出現は少なくとも安行2式期以降と考えられる。広畑貝塚ではC類が安行2式期に出現していることから，上高津貝塚のF層におけるC類は安行2式にともなうとも考えられるが，広畑貝塚でA・B・C類が増加するのは安行3a式期であるため，上高津貝塚で製塩土器が確実に出現するのは安行3a式期といえよう。上高津貝塚ではA・B類が製塩土器の47.6％を占めるが，広畑貝塚の様相からこれらは姥山Ⅱ式期に属すると考えてよいだろう。またD類の出土量が少ないことについては，上高津貝塚が土器製塩活動に関わりはじめた時期

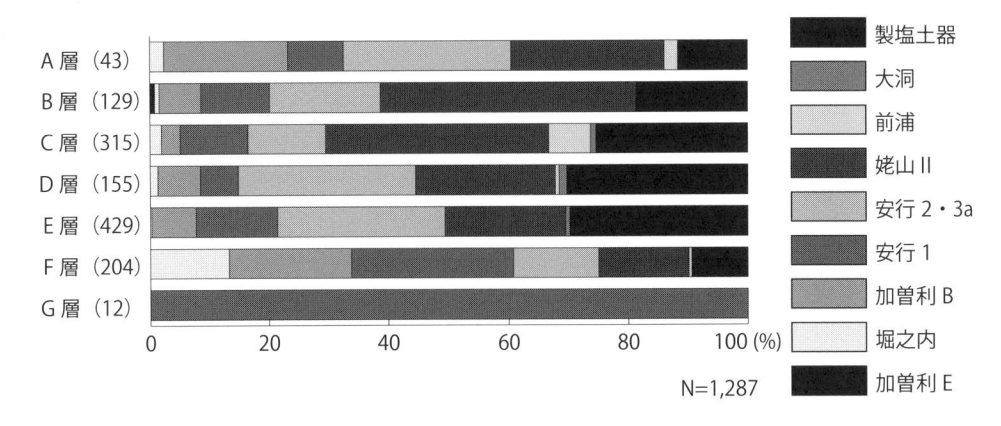

第 4 章　縄文時代の土器製塩における労働形態　　93

|  |  |
|---|---|
| A層 (43) | |
| B層 (129) | |
| C層 (315) | |
| D層 (155) | |
| E層 (429) | |
| F層 (204) | |
| G層 (12) | |

凡例：製塩土器／大洞／前浦／姥山II／安行2・3a／安行1／加曽利B／堀之内／加曽利E

N=1,287

第 4.7. 図　上高津貝塚出土土器（Akazawa 1972 より作成）

が縄文時代晩期前半まで下ることも考えておかねばならないだろう。

　上高津貝塚 C 地点では 91 点の口縁部，55 点の底部が出土した（塩谷ほか 2000）。特に 4 点の完形の製塩土器が出土しており，出土位置や伴出した土器との関係から晩期前葉と考えられる。これら完形の製塩土器の中では 1 点のみ底部付近に被熱痕があるものの，ほかの製塩土器 3 点は小型で被熱痕や器面の剥離が認められない。これらはすべて，口唇部は指による調整で尖唇状を呈し，外面の調整はヘラケズリが施されている。したがって，口唇部調整がヘラケズリでなくとも晩期に属する場合があるようである。また，破片資料には被熱痕や剥離が認められており，煮沸がおこなわれた場所は特定できないが，これらの製塩土器が鹹水の煮沸に用いられたことはたしかであろう。

### 中妻貝塚

　鈴木らが報告した製塩土器口縁部の実測図（鈴木・鈴木 1979）を用いて，新たに筆者が分類をおこなった。筆者の分類で A・B・D 類となるものはある程度判別することはできたが，C 類に関しては拓影のみからでは分類することが困難であった。したがって，断面形態が尖唇状をなしナデによる折り返しがみられない口縁部については C 類とみなすこととする。また，鈴木らは「無文粗製土器」と「製塩土器」を区別しているが，図からは区別しにくく，また「無文粗製土器」の中にも製塩土器の特徴である剥離痕が認められるものもあるのでまとめて扱う。

　「無文粗製土器」が含まれるためか，D-1 類が最も多く 36.0% を占めた。A 類が 19.0%，C 類が 17.0% と続いており，上高津貝塚のように C 類が最多となることはなかった。B 類は 3.0% と最も低かったため，A 類と合わせても 22.0% という低い数値となりヘラ切りを施す口縁部はほとんど C 類の占める比率と大差ないようである。この点では上高津貝塚における A・B 類と C 類の関係との類似性を指摘できるだろう。中妻貝塚においても C 類は A 類と並ぶほどの量がみられ，台地上における製塩土器出土遺跡の特徴の 1 つと考えてよいだろう。分析した資料の出土層位については，製塩土器が安行 3a 式期以降の層からまとまって出土したという記述以外に

層位に関しての記述がなく，ほとんど明らかではない。D 類が製塩土器全体の半数以上であることは，「無文粗製土器」が含まれていることが影響しているのだろう。D 類に剥離痕をもつ「無文粗製土器」片が含まれていることは，広畑貝塚の資料にも同様の資料が存在することから，中妻貝塚の製塩土器は縄文時代後期末までさかのぼる可能性がある。

### 小山台貝塚

　製塩土器口縁部の総出土点数は不明であるが，報告書では 29 点の製塩土器口縁部が紹介されている（永松・斎藤・渡辺 1976）。また，鈴木らは「中間形態」の存在を挙げながら分類が絶対でないことを断っているものの，29 点の製塩土器口縁部片を詳細に観察，分類し，編年試案を作成している（鈴木・渡辺 1976）。しかしながら，完形の製塩土器の口縁部を観察すると，部位により整形が異なることがあり，「中間形態」がどの程度安定的に製作されたかについては確証は得られていない。報告書に掲載された製塩土器の中では筆者の分類の D 類が 15 点と最も多く，A 類 4 点，B 類 4 点，C 類 6 点となった。資料の数が 29 点と少ないことから，統計的な分析は加えないが，中妻貝塚での分類の結果と類似していることを指摘できる。本多（2000）は製塩土器口縁部を I 類（筆者分類の C・D 類に相当）と II 類（筆者分類の A・B 類に相当）とに分類し，小山台貝塚の製塩土器口縁部 51 点は I 類が 76.5％，II 類が 23.5％ とした。このことから小山台貝塚では C 類と D 類が特に顕著に認められることがわかる。A 類と B 類の合計が 23.5％ という比率は，中妻貝塚において A 類と B 類の合計が 22.0％ となった結果に近いものであるといえる。また，本多の分類では I 類の口唇部にナデを施したものを含むと明記されていないので，約 8 割を占める I 類の中でも C 類の比率が大きいことも考えられる。

　報告書に掲載された製塩土器口縁部の出土層位は，第 2 層からのものが主で第 3 層からも少量出土する。報告書には層位を示す断面図がなく，製塩土器以外の土器が出土した層位の記述も非常にあいまいなものである。このため精製土器・粗製土器と製塩土器との共伴関係は不明確であり，それぞれの製塩土器口縁部の正確な時期を知ることはできない。報告書によれば，安行 1 式及び安行 2 式の土器は主に第 2・3 層から出土し，安行 3a 式以降の晩期の土器は第 1・2 層から主に出土していたという。口縁部片 29 点のうち 5 点のみが第 3 層から出土していることから，製塩土器を主に包含しているのは第 2 層であると考えられる。さらに，製塩土器のうち C 類と D 類がほとんどを占めるので，小山台貝塚において製塩土器が出現するのは安行 2 式期以降であると考えてよいだろう。

　以上，微高地上に立地する製塩遺跡と製塩土器が比較的多量に出土する台地上の遺跡の製塩土器についてみてきた。縄文時代晩期における広畑貝塚・法堂遺跡では，製塩土器口唇部の調整にはヘラ切りが多く用いられている。広畑貝塚では姥山 II 式期の層で最大 86.6％ がヘラ切りの口縁部であった。法堂遺跡では，分析に使用されたのは遺跡中央部の製塩遺構付近に堆積した黒褐色土層に含まれた製塩土器口縁部 2,132 点であったが，ヘラ切りを施された口縁部はそのうち

75.0％を占めた。この黒褐色土層から出土した製塩土器以外の土器はほとんど法堂Ⅰ・Ⅱ期に属するという記述があることから，黒褐色土層は晩期前半の層と考えられる。製塩土器を多量に出土する微高地遺跡では，縄文時代晩期には口唇部調整にヘラ切りを用いるものが圧倒的に多い。

一方，台地上に立地する上高津貝塚・中妻貝塚では，広畑貝塚・法堂遺跡において少数である指押さえのみを施した口縁部（Ｃ類）がかなり多く出土している。赤澤の調査による資料を観察すると上高津貝塚の製塩土器口縁部は筆者の分類でＡ類25.4％，Ｂ類22.2％，Ｃ類39.4％，Ｄ類13.0％となっている。指押さえのみの口縁部は法堂遺跡では多くても口縁部全体の14.7％となり，広畑貝塚Ａトレンチでは最も多い層で7％を占めるに過ぎない。中妻貝塚出土の製塩土器は，Ａ類19.0％，Ｂ類3.0％，Ｃ類17.0％，D-1類36.0％，D-2類13.2％，D-3類11.8％となった。D-1類が最も多くなったが，これは鈴木らが「無文粗製土器」としたものがほぼD-1類にあたるからである。「無文粗製土器」の総数は示されていないが，これを除外したとしてもＡ～Ｃ類の分類の比率に影響はないと考えられる。したがって，ヘラ切りを施すＡ類とＢ類の合計が22.0％，指押さえのＣ類は17.0％とほぼ等しい数量を占めると考えてよいだろう。上高津貝塚でもＡ・Ｂ類の合計が47.6％，Ｃ類が39.4％であるから，中妻貝塚におけるＡ・Ｂ類とＣ類との関係と類似した傾向があるといえる。微高地遺跡においてはＡ類及びＢ類が圧倒的多数を占めるが，微高地遺跡の周辺に位置する上高津貝塚・中妻貝塚など台地上の遺跡ではＣ類がＡ・Ｂ類に等しくなるほどの量になるという傾向があると考えられる。

広畑貝塚Ａトレンチ資料によるとＣ類は安行２式期にあらわれるが，姥山Ⅱ式が出現する４層において7.4％と最大になる。安行２式期の層では１～２％ほどと極めて少数である。安行２式期では95％以上の製塩土器口縁部片にナデが加えられていることから，製塩土器に対しても程度の差はあるがナデを施すことは普遍的におこなわれていたようだ。ナデを加えないＣ類は安行２式期に存在したとすれば特別な用途があったとも考えられるのだが，あまりにも少数であるため混入の可能性もあるだろう。このＣ類を製作技法の点からみれば，Ｄ類の中でナデが粗雑なもの（D-3類）と指押さえのあとにヘラ切りを施すＢ類との中間的要素をもっている。これはＡトレンチの層位からも明らかであるといえる。Ｄ類の中で粗雑なナデを施すD-3類は５層に至るまで増加する傾向にあるが，Ｃ類が最も多く含まれる４層からは減少していく。さらにＢ類は４層で急激に増加し，２・３層においてＡ類が優勢なのに対し，４層ではＢ類のほうが多数である。広畑貝塚Ａトレンチ資料をみる限り，製作技法の点からＣ類が確実に存在するのは時期的には晩期に至ってからと考えるのが妥当であろう。

霞ヶ浦南岸の微高地遺跡とより内陸に立地する台地上の遺跡との間に，製塩土器口縁部の調整に関して差が生じていることは何を意味するであろうか。海水を原料とする以上，製塩土器を出土するすべての遺跡で土器製塩をおこなうことは不可能である。製作技法の地域差としてとらえるよりも，製塩土器ごと塩が持ち運ばれたことを想定することがより妥当であると考える。晩期に属する広畑貝塚Ｎトレンチ資料にはＣ類の製塩土器口縁部が少数ながらほぼすべての層に存在し，広畑貝塚Ａトレンチ資料においてもＣ類は安行２式期からの層に少数ながら含まれていた。

このC類はA・B類が多量に出土するのに比べごく少数であるため，煎熬と焼き塩の工程における製塩土器の消耗率を考慮した場合，A・B類が煎熬に用いられC類は焼き塩に用いられたことを想定できる可能性がある。こうした土器の使い分けについては，二次焼成による器面の剥離痕，色調の変化，法量などからも検証することが可能であろう。また，土器に海水を入れ煮沸すると土器がもろくなるうえ，1つの土器で煮詰めても結晶としての塩を得ることは難しいので，煎熬に用いた土器をそのまま持ち運ぶとは考えにくい。煎熬で濃縮された液体状の塩を集め別の土器で焼き塩をおこなうと，煎熬に使われた土器に入れたまま加熱するよりも短時間で塩の結晶を得ることができるという実験報告もある（永田 1993）。これは，煎熬の過程で土器内面に付着したスケール[1]が熱の伝導を阻害するためと考えられる。これらからC類は主に焼き塩工程に用いられ，同時に塩の運搬にも利用されたと考えられるのである。また広畑貝塚・法堂遺跡など微高地遺跡ではC類が非常に少なく，上高津貝塚など台地上の遺跡ではC類がA・B類の合計に等しくなるほど出土することも，遺跡間の塩の移動にC類が用いられたとする理由のひとつである。製塩遺跡において未調整部分を残す製塩土器口縁部が一定量出土する背景には，異なる製塩工程でそれぞれが用いられた可能性を考えられないだろうか。例えば，A類が煎熬に使用されたのだとしたら，C類は焼き塩のために用いられた可能性があるということである。ヘラ切りが施される前段階に指による押さえがあったことは，製塩遺跡出土製塩土器の時系列的変化によって確認することができる。口縁部調整がナデからヘラ切りへと変遷したと考えられるのに対し，C類は最下層から上層に至るまでのほとんどすべてにおいて認められるため，C類に分類される製塩土器は大量の土器を必要とする煎熬過程ではなく，焼き塩のように土器の消費が少ない工程を担ったと考えられるのである。

　広畑貝塚Aトレンチ資料では，A・B類が出現するのは縄文時代晩期であるため，各遺跡でみられるA・B類の属する時期も晩期としてよいだろう。上高津貝塚資料における赤澤の報告では製塩土器口縁部調整の時期的変遷を認めることはできなかったが，可能性は十分にあるといえる。A・B類は口唇部調整にナデを加えずにヘラ切りという技法によって，土器製作上の簡素化が図られていると考えられる。煎熬工程において製塩土器が破損しやすくなるため，A・B類は破損することを前提に煎熬工程用に製作されたと考えられよう。広畑貝塚ではC類が安行2式期に少数ながらあらわれることから，C類がA・B類に先行して用いられたのは確実である。C類が広畑貝塚・法堂遺跡において出土点数が少数にとどまり，上高津貝塚などで比率が高くなるのは，遺跡によっておこなわれた工程が異なっていたと考えられよう。台地上の遺跡におけるA・B類の位置づけは，C類と同様に搬入されたものと考えられるが，搬入された塩が食料の加工に用いられずに塩のままさらに内陸へと移動する際には，新たな土器に詰め替えられていたとも考えられる。実際，関東地方では製塩土器が出土する遺跡が内陸部にも広く分布しており，塩はいくつかの遺跡を経由しながら，内陸へと運搬されていったと考えられる。

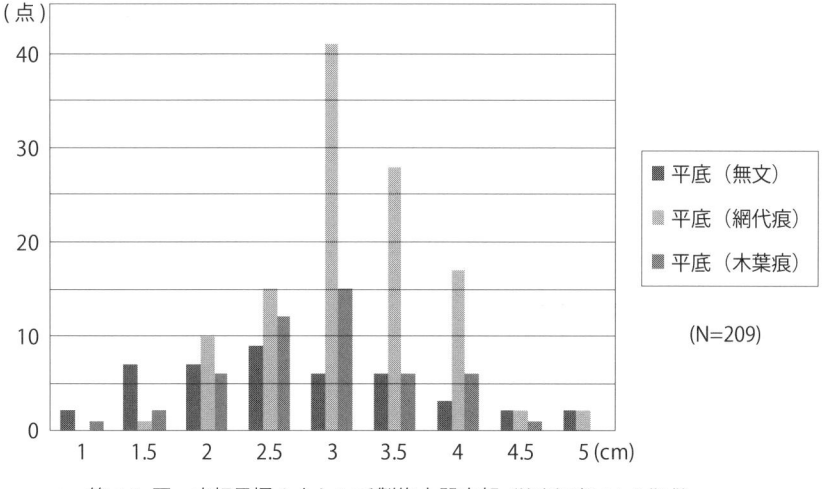

第4.8.図　広畑貝塚Aトレンチ製塩土器底部（筆者観察により作成）

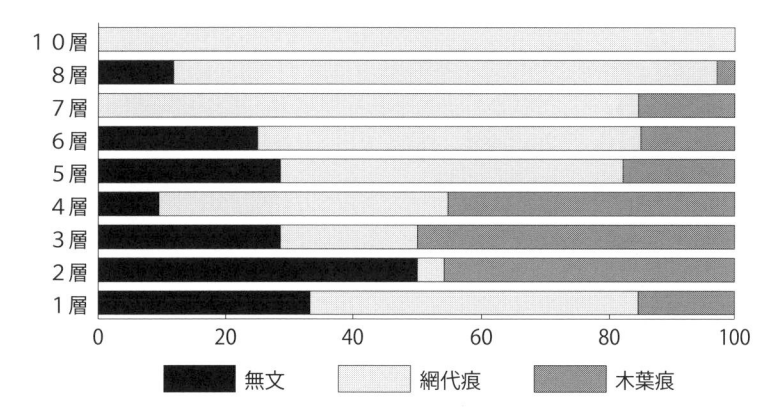

第4.9.図　広畑貝塚Aトレンチ層位別製塩土器底部（筆者観察により作成）

（2）底部

　製塩土器の底部形態は，尖底[2]・丸底・平底があり[3]，平底底部の圧痕には木葉痕・網代痕・木葉状痕がある。底部径は1cmから5cm程度まであるが，3cm前後が主体である。尖底・丸底は，法堂遺跡を例にとると底部片147点のうち31.9%を占め，微高地上に立地する製塩遺跡では一定の割合を占めることがわかる（戸沢・半田1966）。直良信夫が1956年におこなった広畑貝塚の調査で出土した製塩土器の底部では，図示された54点のうち尖底は12点，丸底は4点であった（高橋・中村2000）。

　広畑貝塚Aトレンチの発掘報告では，圧痕の種類などから底部を3種類に分類し，層位ごとに分析がなされている（金子1979）（第4.8.図）。そこでは，木葉痕はほぼ安行3a式・姥山Ⅱ式にともなうらしいこと，時期が新しくなると底部径が小さくなる傾向にあることなどが述べられている。金子の報告の中で製塩土器底部に関して特徴的なのは，網代痕のついた底部の割合が高いということである。Aトレンチ出土製塩土器底部片全体の53.4%に網代痕があった。また，尖底・

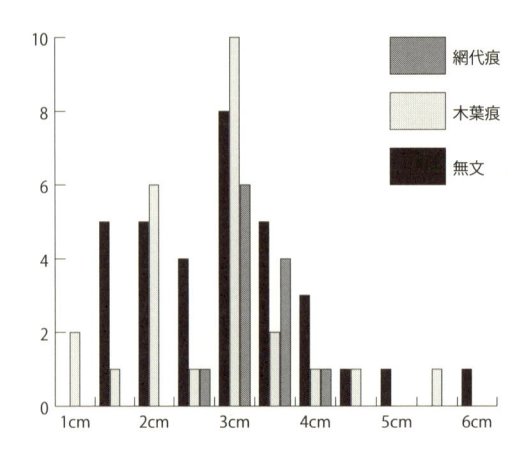

第 4.10. 図　法堂遺跡出土製塩土器底径（筆者観察により作成）

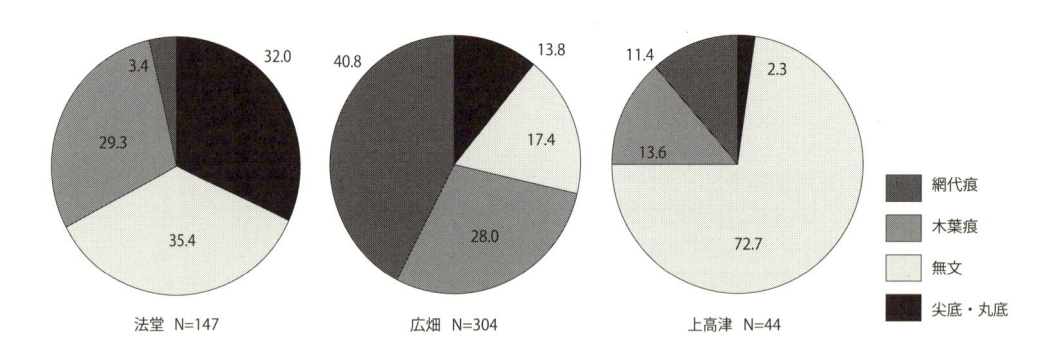

第 4.11. 図　各遺跡出土製塩土器底部圧痕
（広畑貝塚は金子 1972 および高橋・中村 2000 より，法堂遺跡は戸沢・半田 1966 より作成）

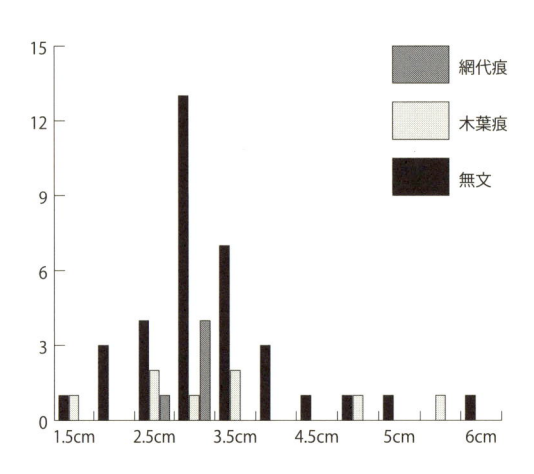

第 4.12. 図　上高津貝塚製塩土器底径（筆者観察により作成）

丸底は「無文とするもの」に分類されていると考えられるが，金子によると尖底・丸底は1・2層という最も新しい層からのみ出土しているという。このことは時期が下るにつれて，底部径が小さくなっていくことと相関すると考えられる。

金子の報告では姥山Ⅱ式から安行1式まで層位的にさかのぼることができるため，金子が指摘したように底部径の小型化は時期が下るにしたがって進行したと考えられる。直良のNトレンチの調査では主に安行3b式から3c式の資料が出土しているが，報文に図示されている製塩土器の底部径をみてみると，1～3.5cmまでにおさまり，特に1cm・2.5cmに集中している（高橋・中村 2000）。このことから縄文時代晩期に入り，製塩土器底部はさらに小型化が進んでいったといえる。直良の資料では製塩土器の底部圧痕は木葉痕が最も多く，それらの中では底部径が1cm，1.5cm，2.5cmのものが多い。無文平底は1cmおよび2～3cmに分布し，網代痕は主に2.5～3.5cmにまとまって分布している。また尖底・丸底は金子の資料ではほとんどみられなかったのに対し，直良の資料では29.6%と高い比率を占めている。

以上のことから広畑貝塚における製塩土器の底部は，後期後半には無文・網代痕の平底が一般的であり網代痕の占める割合が大きく，晩期に至り底部径の小型化が進むとともに木葉痕・尖底・丸底が加わっていったと考えられる（第4.8.図・第4.9.図）。

法堂遺跡については製塩土器底部を層位ごとに比較することは出来ないが，製塩土器底部径の分布をみると網代痕は底部径2.5～4cmに分布し，無文は1.5～4cmに広く認められ，木葉痕は2cmと3cmに特に集中している（第4.10.図）。尖底・丸底が製塩土器底部片の32.0%（第4.11.図）であることから，尖底・丸底が最も新しい層からのみ出土したという広畑貝塚における直良の資料と類似しているといえよう。法堂遺跡は晩期前半の遺跡であるから晩期前半の製塩土器底部形態・圧痕の傾向は，広畑貝塚の事例を参考にすると，木葉痕平底・尖底・丸底が新しい底部圧痕・形態として加わったと考えてよいだろう。

では，法堂・広畑よりも内陸側の遺跡ではどのような傾向がみられるであろうか。前述したように，鈴木正博らは中妻貝塚出土の製塩土器および無文粗製土器について，特に口縁部の調整技法を断面形態とともに観察している（鈴木・鈴木 1979）。この中で，口縁部は567点図示されているのに対し，底部は16点のみである。底部形態として尖底・丸底も含まれ，平底は底部径の大きさにより1.5cm，2～3cm，4cmに分類されている。やはり中妻貝塚でも径が2～3cmの底部が最も多く，16点のうち10点がこのサイズである。底部圧痕については何も述べられていないが，無文の平底のみとは考えがたい。なお，鈴木らの扱った資料の層位的な関係は不明である。

上高津貝塚では赤澤の発掘調査において製塩土器口縁部303点が出土しているが，底部の出土点数に関しては記述がない（Akazawa 1972）。しかしながら，E層から出土した底部4点が図示されている。いずれも平底で，網代痕，木葉痕，無文の圧痕がみられ，底部径は2～3cmである。後の調査では完形を含む製塩土器が出土しており（土浦市遺跡調査会 1992，塩谷ほか 2000），底部の観察が可能である。上高津貝塚の製塩土器底部の特徴は，無文の平底が多く，尖底・丸底がほと

んどみられないことにある（第4.11.図）。尖底は存在せず，丸底は完形製塩土器のうちの1点のみである。赤澤の資料の中には，尖底または丸底とみられる底部破片が1点あったが，外面の剥離が激しく状態が悪かったので確実には区分できない。その1点が尖底または丸底だとしても，上高津貝塚においては尖底・丸底という形態は平底に比べると非常に少ないといえる。平底の底部圧痕については，木葉痕・網代痕は存在するが，広畑貝塚・法堂遺跡とは異なり無文平底が圧倒的に多数である。赤澤の報告によれば，E層から出土した製塩土器底部として木葉痕と網代痕の両者が図示されている。E層出土の土器片には安行2式が28％，姥山II式が20％含まれており、木葉痕・網代痕の底部が存在することは広畑貝塚における金子の調査での時期的傾向と著しく異なることはない。上高津貝塚出土製塩土器の底部径をみると1.5cmから4.5cmまでで，3cmの底部が約半数を占め2.5cmから3.5cmのものが最も多く存在することは，広畑・法堂とほぼ同様であるといえる（第4.12.図）。また無文の底部は大型から小型のものまで広く存在すること，木葉痕の底部は小型の傾向があること，網代痕が底部径3cm前後に集中することなども広畑・法堂と同様である。上高津貝塚では完形の製塩土器が3点出土しているが，そのうち2点は小型であり大きさはほぼ等しい。しかし底部形態は異なり，丸底と無文平底である。口縁部の調整は丸底のものがヘラ状工具で口唇部を水平に切りとり，平底のものは指頭による押さえが施され先端が尖り口縁は不整な波状を呈している。もう1点の完形製塩土器は平底であり，口縁部の調整は指頭による押さえである。完形製塩土器は3点のみであるがこれらから，ヘラ状工具を口縁部の調整に用いはじめる時期と，尖底・丸底がほぼ時期を同じくして出現している可能性も考えられる。

　製塩土器の底部が小型化するという現象は，製塩土器の製作技法と土器製塩活動の作業内容から理解することができるだろう。高橋らは広畑貝塚の製塩土器底部径の分布から，上層には底部径の小さい資料が多いことを示し，小型の底面に木葉痕がみられるのは成形の過程で底部が削られたためであると説明している（高橋・中村 2000）。金子の資料からは木葉痕が安行2式から出現し安行3a式には確実にともなうと考えられる。底部径の分布をみると木葉痕は網代痕の底部よりも小型のものが多いことから，時期が下るとともに底部径が小型化する傾向が認められる。製塩土器が使い捨てのように大量に消費されることから，粘土を節約するという点[4]でみれば器壁を薄くするだけでなく，底部付近を薄く削ることは当然のことであろう。同時に，底部形態にも注意が払われなくなり，平底という形態から尖底・丸底へと変化したものがあったと考えられる。製塩土器にみられる尖底および丸底は，器壁を薄く削るという行為によって成立したと考えてよいだろう。

　製塩土器を利用して実際にどのように製塩活動がおこなわれたのかは明らかではないが，特に煎熬の過程では製塩土器の底部は小さく不安定であるから，地面に固定することが必要であると考えられる。尖底と，たとえば底部径3cmの平底との間に，煮沸の効率や固定する際の労力という点では機能的な差を認めるのは困難である。しかし，粗製土器から派生したと考えられている製塩土器が，その底部形態において平底から尖底・丸底へと変遷した可能性はある。

第4.2.表　各遺跡の製塩に関わる遺構

| 遺跡名 | 遺構の種類 | 製塩土器層 | 灰層・焼土層 | 立地 | 時期 |
|---|---|---|---|---|---|
| 法堂遺跡 | 炉跡 | あり | あり | 低地上 | 安行3a～3c |
| 前浦遺跡 | 炉跡・建物跡 | あり | あり | 低地上 | 安行3a・3b |
| 上高津貝塚 | 炉跡 | なし | なし | 台地上 | 姥山Ⅱまで |
| 小山台貝塚 | 炉跡 | なし | あり | 台地上 | 安行3cまで |
| 殿台遺跡 | 土坑 | なし | あり | 台地上 | 安行2まで |
| 三輪野山貝塚 | 土坑 | なし | なし | 台地上 | 安行2まで |

尖底・丸底という底部形態が存在し，かなりの割合を占めていることは，製塩活動の作業の中で尖底・丸底の製塩土器が煮沸の際に，平底の製塩土器と同様に固定されたと考えてよいだろう。製塩土器は平底の粗製土器から派生したと考えられているので，底部形態が平底から尖底・丸底へと変遷したことは不自然ではない。そうであれば，土器製塩の作業工程では製塩土器の底部が平底である必要がなかったと考えられ，平底でも尖底・丸底でも同様の効果が得られる方法で煮沸がおこなわれたと推定される。

## 第4節　製塩遺構と土器製塩工程

　関東地方縄文時代において製塩遺構とよばれる遺構は，法堂遺跡，前浦遺跡，上高津貝塚，小山台貝塚の4遺跡において検出されている（第4.2.表）。いずれもピットを有し製塩土器とともに灰，焼土が堆積しているものである。このうち遺構が図示されているのは法堂遺跡と上高津貝塚である。法堂遺跡の製塩遺構（第4.13.図）は「特殊遺構」として報文中に記載があり（戸沢・半田1966），遺跡の最高部に位置し，3ヶ所のピットからなる長径約6m，短径約4mの不整楕円形を呈する黒褐色土層の広がりをもつ。黒褐色土層には製塩土器が密に重なり，黒褐色土層の下には最大1mほどになる厚い灰の堆積があった。灰層は2つに分かれているがその間および下面には製塩土器の薄い層が確認されている。灰層の中には製塩土器に付着して観察される灰白色物質が塊状で存在し，熱を受けた形跡もあった（戸沢・半田1966）。製塩遺構の周辺には，ブロック状に数個の製塩土器が押しつぶされたような状態のまま残存している状況がいくつも観察された。これらのブロックは，製塩土器を多く含む黒褐色土層に密着していたことから，製塩遺構付近での土器の廃棄がかなり頻繁におこなわれたと考えられる。近藤は法堂遺跡の製塩遺構について，製塩遺構内の製塩土器の堆積は製塩土器の使用後の廃棄場所であり，ブロック状にまとまっているものは廃棄の単位を示す可能性があると指摘している（近藤1984）。広畑貝塚・法堂遺跡で観察された灰層や固化した灰塊が古墳時代前期に存在する製塩炉の材料と類似していることから，炉構造物の残骸である可能性があるとも述べている。全底部資料の中で製塩土器底部が90％を占めるほど多量に出土したことも合わせて考えると，法堂遺跡の製塩遺構が土器を大量に消費する工程に使用されたと考えられる。

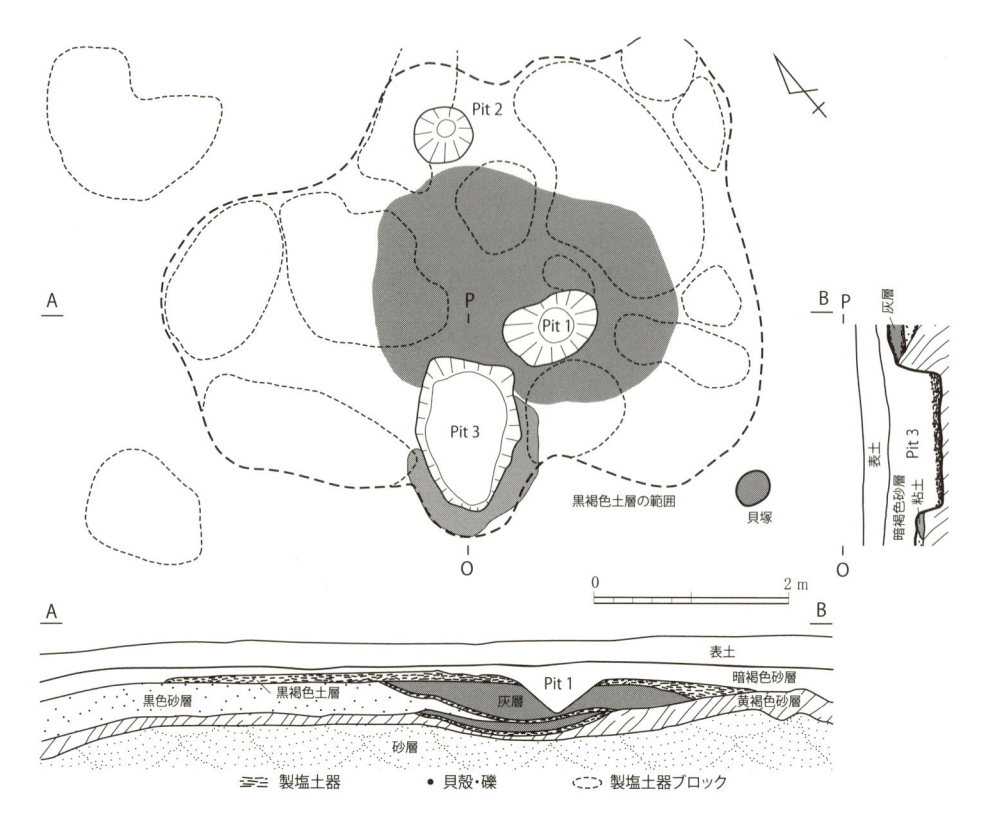

第4.13.図 法堂遺跡の製塩遺構

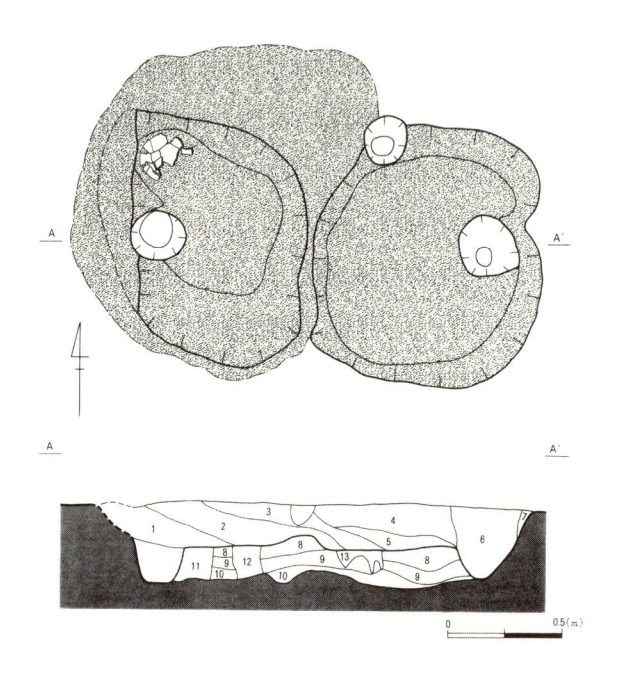

第4.14.図 上高津貝塚の製塩遺構

上高津貝塚では遺跡の南端で大型炉跡が検出された（第4.14.図）。長軸1.8m，短軸1.4mの瓢形の形状であり，壁面・床面ともに被熱して赤変している。炉跡から出土した遺物は無文粗製土器が約50％を占め，それらの多くには灰白色の物質が付着していた（塩谷ほか2000）。しかし，製塩遺構の覆土から出土した製塩土器は無文粗製土器の約2割にあたる19点のみであった。炉跡の覆土を成分分析および珪藻分析にかけた結果，海藻・海草に付着して生育する珪藻である *Cocconeis scutellum* が優占したが，覆土の成分分析ではカルシウム，マグネシウム，ナトリウム，硫黄について明瞭な差はあらわれなかった。土器に付着していた灰白色の物質についてはカルシウムとマグネシウム成分が著しく高い結果となり，近藤が指摘したように灰白色の物質は炭酸カルシウムを主成分としているようである。大型炉跡の使用された時期については，覆土から加曽利E式から姥山Ⅱ式までの土器が出土し炉跡の床面から姥山Ⅱ式の浅鉢が出土したことから，少なくとも姥山Ⅱ式期までは使用されていたようである。覆土に関しては，焼土粒子を含んでいること以外詳しく述べられていない。灰や製塩土器の堆積層が形成されていないことは，法堂遺跡の製塩遺構とは異なっている。

　法堂遺跡と同じく微高地上に立地し，製塩土器の出土量も多い前浦遺跡でも製塩遺構が検出されている（寺門1983）。この製塩遺構は時期的には安行3a・3b式期に属し，炉跡・竪穴遺構・灰の堆積・平地式の遺構が確認され，これらは製塩作業小屋，土器や灰を廃棄した場所など製塩活動に直接かかわった遺構群として解釈された。しかし，これらの遺構群は図示されておらず，土器製塩活動の煎熬工程を担ったであろう炉跡の規模も記載されていない。

　小山台貝塚は台地上に立地する遺跡であるが，製塩土器，灰層をともなう遺構が確認されている。規模は長軸約1.5m，短軸約1mで，楕円形の落ち込みの中央部に口径40cmのピットが掘り込まれ，灰層は遺構の中にも及んでいる。遺構付近には全面に加熱を受けた跡があり，遺構上部では灰層の厚さは最大で20cmをはかったという（丸子ほか1976）。灰層の広がりはほぼグリッド全面に広がっていたことから，およそ4m四方の範囲であったことがわかる。製塩土器は層を形成するほどの量ではなかったが，製塩土器とともに灰層が存在し被熱痕が観察されたことより，この遺構を製塩遺構と考えてよいだろう。

　以上のように，製塩遺構の報告例は煎熬または焼き塩の工程で利用されたであろう炉跡と考えられる遺構が中心となっている。前浦遺跡での竪穴遺構，平地式遺構については，遺構自体や土器製塩活動の工程に関する基礎的な情報が少ないため，製塩作業の工程を考えるにはさらに検討を要するだろう。炉跡のほかにも，製塩土器がまとまって出土する例が確認されている。殿台遺跡（千葉県成田市）では製塩土器が5基の土坑中から出土し，灰や焼土の層も確認されている（寺門1986）。このうち2号土坑からは67点の製塩土器が出土し，底面近くからは安行2式の粗製土器半個体が出土した。三輪野山貝塚（千葉県流山市）271号土坑からは製塩土器が集中的に100点ほど出土しており，これらの製塩土器は安行2式粗製土器の大型破片の付近で出土している。271号土坑は安行2式期の住居跡から東南約5mに位置している。縄文時代晩期前葉の掘立柱建物跡から約10m，同じく晩期前葉の住居跡から約25mの位置となっている。271号土坑の

ほかにも製塩土器を出土する土坑があるのかもしれないが，調査では製塩土器は安行2式の粗製土器にともなっているため，三輪野山貝塚において製塩土器が存在したのは安行2式期と判断してよいだろう。

現在のところ製塩土器がまとまって出土する遺構としては，炉跡を中心とする製塩遺構と土坑の2つがある。加熱を受けた炉跡は主に煎熬の工程に利用され，土坑での製塩土器や灰の堆積は製塩土器の内容物である塩を取り出したあとの廃棄の痕跡であると考えられる。土坑は製塩活動に利用されたものではないが，製塩土器の廃棄という場面で製塩活動の一端を担ったと考え，製塩にかかわる遺構としてとらえる。殿台遺跡では土坑中で灰層のほかに焼土層も確認されているが，煎熬・焼き塩をおこなったと考えにくいので，やはり製塩土器を廃棄した土坑と考えるのが適当であろう。

製塩遺構を含み製塩にかかわった遺構を整理すると，まず主に煎熬・焼き塩工程に利用されたであろう炉跡，不明ではあるが作業場としての建物跡，製塩土器の廃棄場所である土坑に分類できる。炉跡は微高地上の法堂遺跡，前浦遺跡，台地上の上高津貝塚，小山台貝塚で確認されているが，遺構の規模と遺跡の立地，製塩土器の堆積などの点から前者と後者の性格が異なっていたと考えられる。

土器製塩には採鹹，煎熬，焼き塩という工程が想定されるが，縄文時代の製塩遺構が製塩の工程のうちどの役割を担っていたかはいまだに不明である。工程に関しては，遺跡間の分析からそれぞれの遺跡がもつ製塩工程の役割を復元しようとする研究や（高橋1996），製塩実験を参考にしながら土器製塩の工程を復元し製塩工程と製塩遺構との関係を探る研究がある（中村1998）。

製塩に関わる遺構の検出例は製塩土器出土遺跡数に比べると極めて限定的である。この事実は土器製塩をおこなう遺跡と生産された塩を消費する遺跡が異なっていたことを示していると考えられてきた。塩が土器ごと運搬されたとすれば，生産地において最も燃料を消費し灰や焼土も多量に廃棄されることとなり，生産地から離れれば煎熬の工程がなくなるので煎熬の痕跡となる灰や焼土が観察されなくなっていくはずである。霞ヶ浦南岸を中心とした遺跡で製塩遺構や多量の製塩土器が検出されているのは，塩が霞ヶ浦南岸の遺跡で生産されていたことを示すと考えられる。土器製塩の場合，塩を得るために海水を煮沸して濃縮する方法がとられるため，煎熬の工程で灰が生じ製塩土器も加熱によって消耗してゆく。この結果，法堂遺跡などでは層を成すほどの多量の製塩土器が廃棄され，灰・炭化物の層またはそれらを含む層が形成されたと考えられる。広畑貝塚では製塩遺構は検出されていないが，製塩土器・灰の層が確認されていることから，土器を消費し灰を大量に残すような煎熬が主におこなわれていたのだろう。

台地上の遺跡では製塩土器の出土量は少なく，製塩遺構が報告された遺跡は上高津貝塚と小山台貝塚の2遺跡のみである。これに中妻貝塚も含めて，霞ヶ浦南岸の製塩遺跡を取り巻くように立地する台地上の製塩土器出土遺跡では，より内陸の遺跡よりも製塩土器の出土量が比較的多いといえる。微高地に立地する製塩遺跡において主に煎熬がおこなわれたとすれば，ヤマトシジミを主体とする汽水・淡水域に面した上高津貝塚などでは海水の採取が困難であるという点から

も，煎熬をおこなったと考えるより，持ち運ばれた塩を加工に用いていたととらえられるだろう。製塩遺跡での多量の製塩土器・灰などの廃棄からは，そこで生産された塩が製塩遺跡内での消費量を超えていると推察されるため，周辺の遺跡へと塩が持ち運ばれた可能性は極めて高いと考えられる。このため台地上の遺跡では土器製塩の工程でも採鹹や煎熬ではなく，焼き塩の工程がおこなわれていたと考えるのが最も妥当であろう。上高津貝塚の製塩遺構の覆土から出土した製塩土器片は19点のみであり，無文の粗製土器や条線文系の土器が占める比率の方が高かった。上高津貝塚で製塩土器が出土するのは，主に遺跡北側のB・C地点であることから，多量の製塩土器が堆積した法堂遺跡の製塩遺構との差異が明確である。上高津貝塚や小山台貝塚で検出された製塩遺構は製塩土器片を多量にともなわないため，土器を消費しやすい煎熬という工程を担っていたとは考えにくく，やはり焼き塩のように加工的な性格をもつ工程か，または製塩のみではない多様な用途に用いられていたのであろう。

## 第5節　製塩と塩の流通

　製塩土器は霞ヶ浦南岸の製塩遺跡だけでなく内陸部にも分布しているため，先行研究では生産とともに交換の視点から考察がなされてきた（寺門1983，寺門・芝崎1969，鈴木1992，鈴木・渡辺1976，田辺2000，常松1994）。基本的に霞ヶ浦南岸の製塩遺跡からの出土量が最も多く，ここから離れるにしたがって製塩土器の出土量は減少する。

　霞ヶ浦南岸の製塩遺跡では精製・粗製土器よりもはるかに多くの製塩土器が出土している。法堂遺跡では口縁部片総数の73.9％を製塩土器が占め（戸沢・半田1966），広畑貝塚ではNトレンチ資料の層位の明らかなものだけで77.4％（高橋・中村2000），Aトレンチ資料で口縁部片総数に対して66.2％を製塩土器が占めている（金子1979）。広畑貝塚・法堂遺跡のように旧汀線に面している遺跡ほどではないが，上高津貝塚・中妻貝塚・小山台貝塚といった汽水・淡水産のヤマトシジミを主体とする貝塚が形成された遺跡でも，ある程度のまとまった量の製塩土器が出土する。上高津貝塚・小山台貝塚では台地上という立地にもかかわらず，製塩遺構が検出されている。汽水域であったと考えられる遺跡は，より内陸の遺跡と旧汀線付近の製塩遺跡との間に立地しているため，塩が内陸へと運搬される際には通過点となっていた可能性がある。製塩土器の分布から塩の流通を考えるためには，その前提として，塩が入っている状態のまま製塩土器が運搬されていたと考えなければならない。内陸の製塩土器にも被熱痕や器壁の剥離が観察されているので，煮沸に用いられた土器であることは間違いないだろう。鹹水を内陸に持ち込むことは想定しがたいので，土器自体が製塩遺跡から内陸の遺跡へ搬入されたと考えられる。したがって，内陸の製塩土器の分布は交換の結果を示しているのであろう。加工された魚介類が交換された可能性は排除できないが，製塩土器が内陸にも分布する関東平野では製塩土器に入ったままの塩が交換された蓋然性が高い。関東地方とは異なり，東北地方の仙台湾では製塩土器が沿岸の製塩遺跡からのみ出土する。この場合には，塩は籠などの容器に入って交換されたか，塩を用いた魚介類の加工

品の形で交換されたと考えることもできるだろう。しかし，関東地方の製塩土器をみる限り，塩が魚介類の加工のために生産されたとはみなしがたい。各遺跡から出土した製塩土器の特徴，出土量と遺跡の分布を考慮すると，製塩遺跡から塩だけでなく製塩土器が塩とともに移動していたと考えてよいだろう。

　関東地方の各遺跡から出土した製塩土器を比較した結果，口縁部の調整技法に遺跡間の差を確認することができた。霞ヶ浦南岸の法堂遺跡や広畑貝塚では，製塩土器口縁部については筆者の分類でA・B類となるものが多く，製塩遺構も規模が大きく，製塩土器出土量が製塩土器出土遺跡の中で最も多量といえる。これら微高地に立地する遺跡は土器製塩の中心地であったと考えられ，採鹹から煎熬にかけての工程を主に担っていたのだろう。特に法堂遺跡には，層を形成するほどの製塩土器，灰，焼土などが堆積し，製塩遺構は台地上の遺跡で発見された遺構よりも規模が大きい。台地上の遺跡には，製塩遺構をもつ上高津貝塚・小山台貝塚と，製塩遺構は検出されていないが製塩土器の出土量が同程度である中妻貝塚・上高井神明貝塚（茨城県取手市）があり，これらの遺跡は製塩遺跡を取り囲むような位置に存在する。微高地の製塩遺跡と比較すると，台地上の遺跡ではC・D類が製塩土器全体の大半を占め，広畑貝塚ではほとんど出土していないC類の比率が高くなる。上高津貝塚ではA・B類の合計よりもやや少ないものの，製塩土器口縁部全体の39.4％をC類が占めている。中妻貝塚では，C類は製塩土器全体の17.0％と上高津貝塚には及ばないが，A・B類の合計が22.0％であることを考えれば，A・B類の合計とC類の比率では上高津貝塚と類似した傾向があるといえる。また，中妻貝塚・小山台貝塚に近い上高井神明遺跡では，311点のうちA・B類が58.1％，C・D類が41.9％をそれぞれ占める。

　製塩土器の移動を探るには，これよりもさらに内陸の遺跡から出土した製塩土器についても分析をおこなう必要がある。ささら（Ⅱ）遺跡（埼玉県蓮田市）と雅楽谷遺跡（同市）から出土した製塩土器については（本多2000），ささら（Ⅱ）遺跡の16点のうち筆者の分類でA・B類が18.7％，C・D類が81.3％であり，雅楽谷遺跡では62点のうちA・B類が12.9％，C・D類が87.1％という比率であった。両遺跡ではA・B類の比率がかなり低い値を示していることから，より内陸に位置する遺跡ほどA・B類の比率が低下していくと考えられる。ただし，石神貝塚（埼玉県川口市）A地点では製塩土器口縁部163点のうちA・B類が88.3％を占めており，霞ヶ浦から離れた地域の製塩土器出土遺跡としては稀な様相を呈している（本多2000）。広畑貝塚Aトレンチの資料からはA・B類は縄文時代晩期初頭の安行3a式期以降にみられるので，石神貝塚A地点の資料は晩期前葉と考えてよいだろう。大宮台地よりも内陸に位置する寺野東遺跡（栃木県小山市）では，環状盛土遺構から出土した製塩土器が，平底の底部1点を含み20点図示されている（江原ほか1997）。口縁部片15点のうち，尖唇状のものは8点で，ナデが2点，ヘラ切りとされたものが5点となっている。胴部片を含めると8点に剥離痕が認められる。8点が武蔵野台地に位置する正網遺跡（埼玉県富士見市）から出土した製塩土器口縁部35点のうち，指頭圧・ヘラケズリなどで尖唇状の口唇部となるものが18点と最も多く，ほかは水平ヘラケズリが9点，ナデが8点となっている（鈴木ほか1989）。剥離痕は6点に認められている。

内陸部における製塩土器の搬入については，胎土分析からの検討がおこなわれている。顕微鏡を用いた岩石学的分析法によれば，粘土と砂粒の構成に関して，内陸出土の製塩土器胎土に遺跡間の共通性はみられないという（清水 1984:209）。この分析は搬入された土器を特定するためにおこなわれ，実際に搬入土器とされたのは東北地方に分布する大洞系の土器であった。観察された製塩土器のほとんどは，同一遺跡内の土器と大きく異なるものではないとされたわけだが，製塩土器が同じ関東平野に位置する製塩遺跡から搬入されたことを否定できる分析結果ではないと考えられる。ここで分析対象となった製塩土器は形態的特徴で分類されていないため，時期的な差が含まれている可能性もある。また，分析された製塩土器は一遺跡で最大 10 点であり，資料数を増やすとともに，広畑貝塚のような製塩遺跡の資料との比較が必要であろう。

　口唇部調整技法の相違は「外周縁地帯」と「中核地帯」の差として解釈され，正網遺跡の薄い尖唇状の口縁部資料が安行 3c 式に属するとされたことから，尖唇状の口縁部は「外周縁地帯」において晩期前葉から中葉まで存続し，法堂遺跡などの「中核地帯」においてはヘラ切りの口縁部が安行 3b 式ごろに展開したととらえられた（関ほか 1983）。属する時期は明確でないものの，大宮台地など内陸部の遺跡から出土する製塩土器は尖唇状の口縁部をもつものが多い（本多 2000）。内陸の遺跡から出土した製塩土器については製作技法の伝播の可能性も考えなければならないが（鈴木 1992），雅楽谷遺跡やささら（Ⅱ）遺跡のような内陸に位置する遺跡から出土する製塩土器にも器表面に剥離痕が認められるので（橋本ほか 1985，橋本ほか 1990），これらの土器も鹹水の煮沸に用いられた土器であると考えられる。剥離痕をもつ製塩土器が内陸の遺跡から出土するということは，「形態面の模倣的受容」（鈴木 1992）だけでは説明しきれないであろう。また，霞ヶ浦だけでなく東京湾においても土器製塩がおこなわれていたと想定することもできる。しかしながら，東京湾岸において製塩遺構は報告されておらず，霞ヶ浦南岸のような製塩遺跡の存在も確認されていない。東京湾においても海水の採取という点では土器製塩は可能であろうが，製塩土器出土遺跡の分布をみると，太平洋岸でも製塩土器出土遺跡が全くといってよいほど存在していない（第 4.2. 図）。縄文時代の霞ヶ浦では塩分濃度が外海よりも低かった可能性もあるが，霞ヶ浦奥部に位置する貝塚では後期後半にヤマトシジミ主体の貝層に変化するのに対し，広畑貝塚や法堂遺跡ではハマグリが主体であることから，製塩遺跡周辺で鹹水を得られたと考えてよい。ただ，海水を利用できる地域が多いにもかかわらず，土器製塩が霞ヶ浦南岸地域で発達したことから，製塩に重要な条件を霞ヶ浦南岸が満たしていたと考えられる。海水の単純な煮沸ではなく，後期前葉以降で想定されている汽水域の海草を利用するなどの製塩法がとられていた可能性があろう（加納 2001）。

　内陸部の製塩土器出土遺跡の分布をみると，第 3 章で検討した環状盛土遺構を保有する遺跡のほとんどが製塩土器を出土していることがわかる。大宮台地，印旛沼周辺，古鬼怒川流域に製塩土器の分布が多くなっている。これらの遺跡は縄文時代晩期まで継続しており，土器のほかに土偶などの祭祀遺物が多出することから，拠点的な性格の遺跡であると考えられている。また，寺野東遺跡や千網谷戸遺跡（群馬県桐生市）のようにさらに内陸に位置する製塩土器出土遺跡の周

囲には後・晩期集落が少なく，これらが拠点的集落であったとみなすことができる。内陸にいくほど製塩土器出土遺跡数は減少するが，大規模で遺物量の多い拠点的集落からは製塩土器が出土しているのである。後・晩期のほとんどの拠点的集落において製塩土器が出土していることから，生産された塩が頻繁に交換された結果であると推察される。従来は製塩遺跡から中継地点を経て内陸に塩が搬入されると考えられてきたが（寺門・柴崎1969，高橋1996），塩が貴重品でありすぐに消費されないのであれば，内陸部の集落間での塩の交換の可能性を排除すべきではない。製塩遺跡からのみの流通ではなく，内陸部において交換がおこなわれたことで多くの遺跡から製塩土器が出土しているのだろう。内陸部で尖脣状のC類が卓越することは事実であるが，ヘラ切りやナデで調整された製塩土器口縁部も内陸部から出土しているため，塩の搬入経路は複雑であったと考えられる。

　遺跡ごとに製塩土器口縁部の調整技法を比較してきた結果，製塩遺跡で多くみられるA・B類については，広畑貝塚Aトレンチ資料から縄文時代晩期前半に属することが明らかとなった。また，尖底や丸底という底部形態は晩期に出現しており，これと関連して平底の径も小さくなる傾向が認められた。底部形態の変化はA・B類の増加と連動しているため，口唇部のヘラ切りの増加と底部径の縮小が製塩遺跡における晩期の製塩土器の特徴であると考えられる。内陸部に分布するC類は晩期中葉に位置づけられるものがあり，武蔵野台地東部の正網遺跡ではまとまった量のC類が出土している（鈴木ほか1989）。製塩土器の分布状況と遺跡ごとの口縁部形態の比率によれば，製塩土器の中でもC類は塩の運搬に用いられたと考えてほぼ間違いないであろう。

## 第6節　土器製塩と社会組織

　関東地方縄文時代土器製塩の中核地域である霞ヶ浦南岸を中心に製塩土器の編年を再検証し，周辺の遺跡より出土した製塩土器と比較してきた。また，製塩土器の製作技法と製塩遺構を土器製塩工程と関連づけ，塩の生産と流通について考察した。関東地方の事例からは，旧汀線に近い製塩遺跡で生産された塩が台地上の遺跡へ搬出されたことを明示した。内陸部における製塩土器の分布をみると，環状盛土遺構を有する遺跡からの出土が確認されており，従来指摘されてきたように集落間の交換の結果を示していると考えられる。製塩土器の口縁部調整と底部形態の関係をとらえることは完形品が少数であることから困難であるが，底部形態からは時期の進行とともに底部径が小型化する傾向が明らかとなった。底部圧痕は遺跡ごとに比率が異なることから，製塩土器以外の土器の製作技法とも関わる可能性があり，搬入された時期を示すかもしれない。関東地方では旧汀線から淡水域までの遺跡に製塩土器が広く分布することから，塩の生産から消費までのすべての過程に製塩土器が関わっており，塩を運搬するための容器としても用いられたと考えられる。特に，製塩遺跡での製塩土器口縁部の調整には規格化が顕著にあらわれている。

　ここで検討した縄文時代における土器製塩の労働形態について，第2章で述べたコスティンやアーノルドの研究と比較検討してみる。コスティンの示した4つのパラメーターは，コンテ

クスト・集中度・規模・集約度である。集約度は常勤と非常勤との違いをあらわすが，縄文時代土器製塩に限らず，製塩は季節的な作業であるとされている（廣山 1997）。日本の民俗資料や歴史資料において，海水直煮や揚げ浜式塩田のように小規模な製塩は夏季に操業されている（日本塩業大系編集委員会 1977，廣山 1997）。日本海側や東北以北では冬の降雪のためといえるかもしれないが，瀬戸内海沿岸のように比較的温暖な地域であっても，製塩は夏季を中心とする季節におこなわれていた。縄文時代では，仙台湾に位置する里浜貝塚から出土した製塩土器底部圧痕から，夏季に製塩がおこなわれたと推定されている（小井川・加藤 1988:31）。里浜貝塚西畑北地点の調査では，出土した底部 172 点のうち 99 点に木葉痕が認められている。これらの多くがカシワに比定されており，カシワの木葉を得られるのが 6 月から 10 月であるため，この期間に製塩土器が製作されたと考えられたのである。製塩土器の製作と製塩が連続しておこなわれるかどうかの保証はないものの，夏季は製塩に適していると考えられることから，製塩は夏におこなわれた可能性が高い。近世日本の製塩事例からみても，縄文時代の製塩が通年の作業であるとは想定しがたく，水分の蒸発量が多い夏季を中心とした季節的な労働であったと推定される。

　集中度に関しては，原料が海水であり製塩がおこなわれた場所が関東地方では霞ヶ浦南岸に限定されることから，労働は分散ではなく集中的な形態であったと考えられる。当時の霞ヶ浦は汽水域であったと考えられるが，現在のところ太平洋沿岸や東京湾における製塩遺跡は報告されていない。製塩土器の出土数を考慮しても，太平洋沿岸の当時の汀線付近に製塩遺跡が存在しなかったと考えられる。東京湾沿岸では比較的多量の製塩土器が出土する遺跡は存在するものの，霞ヶ浦南岸地域ほど集中した製塩土器の出土は認められない。

　残るコンテクストと規模の検討には，不確定な部分が含まれる。コンテクストは従属専業か独立専業かを示すパラメーターである。縄文時代の墓制には世襲的階層制の存在を示す積極的な証拠がみられないことから，エリートがパトロンとなる従属専業がおこなわれた可能性は低いだろう。縄文時代後期前葉においては土器を用いない製塩法がおこなわれたと考えられており（加納 2001），後期後葉に土器製塩が出現するということは塩に対する需要の高まりを暗示している。縄文時代において塩は奢侈品であったと考えられるものの，従属専業を支持する根拠は見当たらない。よって，縄文時代の土器製塩は独立専業の範囲内であったと考えられる。労働の単位のパラメーターである規模は，親族の労働力か非親族かといった労働力の単位を反映する。法堂遺跡は通常の集落遺跡ではなく，製塩のために利用されていたと考えられている。製塩遺跡は汀線付近の微高地に立地しており，広畑貝塚では背後の台地上に居住域が推定されているが，里浜貝塚の西畑地点と西畑北地点のように，汀線に近い貝塚部分は作業場として考えることができるだろう。法堂遺跡の場合には，製塩のために季節的に利用された可能性があるものの，非親族労働を想定するための考古学的証拠は少ない。他の 3 つのパラメーターをコスティンの表に当てはめると，規模に関して縄文時代土器製塩は集団専業に当てはまり，親族労働によってなされていたことになる。

　製塩土器分布の時系列的な展開をみると，縄文時代後期後葉に霞ヶ浦南岸で土器製塩が開始さ

れ、上高津貝塚や中妻貝塚など霞ヶ浦周辺の遺跡に分布域が拡大する。大宮台地の製塩土器のほとんどは晩期に属すると考えられる。製塩土器のみから塩の流通状況をうかがうことはできないが、製塩土器の分布域が拡大していることは明らかである。霞ヶ浦南岸地域では粗製土器から製塩土器が派生する過程を観察でき、さらに同地域において製塩土器の製作技法が規格化し製塩土器出土量が増加することから、製塩量の増大と作業の効率化がはかられたと考えられる。アーノルドの示したチューマッシュ（Chumash）族の事例では、エリートが交換をおこなうために貝製ビーズの製作工程を管理していたとされ（Arnold 2001;2004）、第2章第2節で検討したようにチューマッシュ後期以降はコスティンの集中工房にほぼ相当すると考えられる。チューマッシュ中期から後期にかけてのビーズ製作において、貝種・使用部位のほか石錐の形態・石材採取に変化が認められ、効率的な作業がおこなわれるようになったことが明らかにされている。縄文時代の製塩土器の変化も同様の傾向を示すといえるだろう。ただ、縄文時代土器製塩は常勤の労働ではないため、チューマッシュ後期社会のように世襲的階層化が生じている段階とは異なると考えられる。しかし、縄文時代における製塩が地域的に限定された活動であるとしても、土器を用いた製塩は狩猟採集民の民族誌に認められず、縄文時代の塩の生産と流通の証拠は狩猟採集民社会においては極めて特異な例であると考えられる。後述のように、製塩をおこなう社会は農耕を経済的基盤としており、狩猟採集民が製塩をおこなう事例自体が極めて少ないといえる。

　狩猟採集民とされる縄文社会においておこなわれた土器製塩は、どの程度の社会的意義を有しているのだろうか。管見に触れた限りでは、製塩をおこなう狩猟採集民は北米カリフォルニアのいくつかの部族のみであり（Kroeber 1925:236, McLendon and Oswald 1978:286, Parsons 2001:226-227）、比較的社会組織が発達した社会であると考えられている。いくつか報告されている素朴な製塩法の中では、パプア・ニューギニアの事例がよく知られており（第4.3.表）、海岸の流木や塩泉に木材などを浸し、これらを燃やして灰塩を得る方法がおこなわれている。これは灰塩Ⅰと分類され、日本の古代における藻塩焼に通じる技法である（加納 2001）。灰塩Ⅱの技法は、海水や塩泉を利用しない点が特徴であり、塩分を含む特定の草を用いて灰塩を製作する。灰塩Ⅱによって得られた塩はカリウムを多量に含んでおり、生理的に必要であるナトリウムを排出させてしまうと考えられている（Meggitt 1958）。この点から、製塩が生理的欲求ではなく、味覚などの嗜好的理由にもとづいて開始されたと理解できる。また、灰塩のように生産量が少ない場合であっても交換がおこなわれていることから、縄文時代土器製塩が交換の品として開始された可能性があるだろう。灰塩を製作する民族のほとんどが比較的素朴な社会を形成していることは、土器製塩に必要とされる集約的な労働力と無関係ではないだろう。土器を製作する狩猟採集民の事例自体が少ないものの、この中で土器製塩をおこなう事例は縄文時代だけであると考えられる。少なくとも、民族誌には記録されておらず、先史社会における土器製塩にしても明確な狩猟採集民の事例はないようである。ヨーロッパの新石器時代は最も古い事例であるが（近藤 1984, Parsons 2001）、すでに農耕を導入した社会である。中国において土器製塩が開始されたのも農耕導入後であり（Flad 2005）、北米・中米・南米・南アジ

第4.3.表　製塩の事例

| 地域 | 部族名または時期 | 製塩法 | 文献 |
| --- | --- | --- | --- |
| ニューギニア |  | 灰塩I | McArthur 1972 |
| ニューギニア内陸部 | ダニ | 灰塩I | Heider 1970 |
| ニューギニア内陸部 | モニ | 灰塩I | 石毛 1976，本多 1967 |
| ニューギニア内陸部 | エンガ | 灰塩II | Meggitt 1958 |
| ニューギニア内陸部 | バルヤ | 灰塩II | ゴドリエ 1976 |
| カリフォルニア | ポモ，ヨクーツ | 灰塩 | Parsons 2001ほか |
| アッサム | ラケール | 灰塩I | Parry 1932 |
| アッサム | アパ・タニ | 土器製塩 | Furer-Haimendorf 1955 |
| 中国・四川省 | 新石器時代後期（前2500年～） | 土器製塩 | Flad 2005 |
| メソポタミア | 前3～2千年紀 | 土器製塩 | Potts 1984 |
| ポーランド | 新石器時代中期 | 土器製塩 | 近藤 1984 |
| 北米南東部 | ミシシッピ期（AD 11世紀～） | 土器製塩 | Brown 1980，Dumas 2007 |
| メキシコ | ポストクラシック期中期（AD 11世紀～） | 土器製塩 | Parsons 2001 |
| マヤ | クラシック期後期（AD 6～9世紀） | 土器製塩 | McKillop 2005 |
| 南米（コロンビア） | AD 1世紀～ | 土器製塩 | Parsons 2001 |
| アフリカ | AD 10～15世紀 | 土器製塩 | Parsons 2001 |

アでも同様であることから（Brown 1980, Dumas 2007, Elwin 1969, McKillop 2005, Parsons 2001），農耕社会において土器製塩がおこなわれる場合がほとんどであると理解できる。この事実から，農耕導入後の社会において，動物などからのナトリウム摂取量の減少を補うために製塩がおこなわれるという解釈もある（Brown 1980, Dumas 2007）。しかし，縄文社会が狩猟採集経済であり，農耕社会であるニューギニアにおいてナトリウムを排出する作用をもつカリウム主体の灰塩が用いられていることを考えると，生理学的必要性から製塩の発生を説明することは難しいだろう。このほか，塩の社会的役割として指摘されているのは，国家形成期など権力の集中がなされる時期における塩の集中利用である（Potts 1984:63, Parsons 2001:232）。すでに塩の需要が確立している社会では，権力者が塩の生産と流通を管理することが各地で普遍的にみられるようである。これらの製塩事例との直接的な比較によって単純に縄文時代の社会組織を復元することはできないが，土器製塩の多くが農耕社会でおこなわれていることから，縄文時代後・晩期の土器製塩の労働形態を考察するための参考となる。土器製塩では灰塩に比べてナトリウム濃度が高い塩を得ることができ，より大量の塩を生産することができる。ただ，土器製塩には多数の土器と集約的な労働力が必要となるため，ある程度社会組織が発達していなければ土器製塩をおこなうことは難しいと考えられる。

　土器を用いない製塩の事例をみておこう。ニューギニア高地のバルヤ（Baruya）族は焼畑農耕

をおこなっており，サツマイモ・タロイモが主要作物である（ゴドリエ 1976）。集団の総人口は約 1,500 人であり，政治組織は無首長制とされる。製塩は栽培された「塩の草（Coixgigantea Koenig ex Rob）」を用いておこなわれる。毎年乾季に刈り取られ，焼いて生成された灰を濾過して鹹水とする。固形塩を得るための製塩場は製塩の専門家が所有しており，長さ 3.5m，高さ 0.3m，幅 0.3m のトンネル状の竈が設置されている。竈は塩の草の灰を原料として構築されている。この上部に長さ 80cm，幅 12cm の鋳型が 12 〜 15 ヶ所設けられ，ここに鹹水が注がれ棒状の固形塩が生成されるのである。竈の温度は 55 〜 65℃に保たれ，作業は五昼夜続けられる。この結果得られるのは，長さ 60 〜 72cm，幅 10 〜 12cm の棒状の固形塩であり，15 本で平均 25 〜 30kg をはかる。製塩作業のうち，塩の草の収穫と灰作りには最大で 10 人が参加しているが，鹹水を得る作業と煎熬は製塩の専門家がおこなう。製塩の専門家は男性であり，平均 30 人の成年男子がいる村で 2 〜 5 人と限定されている。生産された塩は塩の草が栽培される土地の所有者のものとなるが，集団内で分配され，さらには近隣部族との交換に用いられる。遠い場合では，歩いて 4 日以上の距離に居住していた部族とも交換がおこなわれた。交換はバルヤ族側が訪問する形式である。ゴドリエの推計では，バルヤ族全体で少なくとも年間 21 人の専門家が塩の生産にたずさわり，250 本の塩が生産されていたと考えられている。塩は交換に用いられるが，一方で実際の用途としては儀礼に用いられることが多いとされ，一年に半本ほどが消費される。塩は日常的に消費されるのではなく，肉と同様のカテゴリーに属すると認識されている。

　バルヤ族ほど専門的ではないものの，塩に対する同様の認識は，ニューギニア高地におけるほかの部族でも観察されている。モニ（Moni）族とダニ（Dani）族の村では，観察された 34 日間のうち食事に塩が用いられたのは 2 度のみであった（石毛 1976:369）。この村はモニ族によって製塩がおこなわれているクムパ（Kumupa）という塩泉から 5 日ほどの距離に位置している。クムパの塩は直線距離で約 170km 西方まで供給されていたとされる。クムパでは塩泉を利用するが，塩泉は共同で利用されており，基本的に女性が製塩をおこなう。乾燥させたいくつかの植物を一昼夜塩泉に浸け，翌日に薪とともに燃焼させる。地面に掘った深さ約 10 〜 15cm，長さ約 30 〜 40cm の穴にバナナの樹皮を敷き，ここへ灰の中にできた塩の結晶を拾い集める。これを数日乾燥させると，固形塩となる。塩の包みは直径 10cm，長さ 30 〜 40cm ほどになり，重量は約 1.5kg をはかる。クムパの塩は結晶を灰から取り出しているため，ナトリウムを多く含む塩となっている（石毛 1976:368）。クムパの事例では塩泉と不特定の草を利用していることから，基本的に通年製塩をおこなうことが可能であると考えられる。製塩の規模は小さく，労働形態は世帯ごとであると考えられる。クムパのほかにも 2 ヶ所の塩泉が存在すると報告されているが（Heider 1970:44-47），集落間の交換に供されるのはクムパで生産された塩のみである（石毛 1976）。石毛の調査は 12 月から 1 月にかけておこなわれたが，この期間に雨が少ないわけではないため（Heider 1970），塩は年間を通じて断続的に生産されていたと考えてよいであろう。

　ニューギニア高地の事例は土器を用いない製塩法であるが，縄文時代土器製塩と塩の交換に関していくつか参考になる点がある。モニ族は世帯単位の労働形態で塩を生産するが，交換は頻繁

におこなわれており，片道10日ほどかけてクムパに交換に訪れる部族もいる（石毛1976）。交換について詳しく述べられていないが，特定の交換相手が存在していると考えられる。モニ族の製塩に比べ，バルヤ族の製塩は製塩施設をともなったより複雑な工程をもつ。製塩は季節的な生産活動であり，塩の草を収穫するために最大で10人が動員されている。塩泉を利用しないものの，塩の草を栽培する土地や採鹹・煎熬の技術が必要となるので，限定された場所で製塩がおこなわれる。バルヤ族の事例では，自ら交換相手を訪れて交換をおこなっている。縄文時代の製塩には土器製作が必要であり，製塩専用の土器が大量に存在し，製塩土器口縁部の調整が規格化されることは，製塩活動の専門性を示すと考えられる。ニューギニアの製塩と比較すると，縄文時代土器製塩では世帯単位よりも大きな労働力が動員されたと考えるのが妥当であろう。バルヤ族の製塩では専門の工人が存在するものの，労働の単位は親族の範囲を超えていない。

　ニューギニア西部高地のエンガ（Enga）族も製塩をおこなっている（Meggitt 1958）。エンガ族ではビッグ・マンの存在が知られ，モニ族・バルヤ族よりも社会的に複雑であると考えられる。ここでは塩泉を利用して製塩がおこなわれ，モニ族の方法と類似している。ただ，塩泉に80〜90ほどの方形の区切りが設けられ，各区切りが個人所有となっている点は異なっている。塩泉によっては自由に掘って拡張したり，新たなプールを掘ることもできるので，必ずしも限定されたメンバーによってのみ塩泉が利用されるわけではない。エンガ族は塩泉の近くの柔らかい木を乾燥させ，通常2〜3ヶ月塩泉に浸けておくが，塩分が濃い塩泉では数週間のみの場合がある。塩泉に隣接して構築された2.4〜3.0×9.0〜4.5mの簡素な小屋で浸けておいた木を燃焼させる。小屋の地面には，いくつかの浅い小ピットが炉として掘られている。ここで一昼夜木を燃やし，出来上がった灰塩は湿気を防ぐためパンノミなどの大型の葉で包まれ，平均的な重量は約2.3〜2.7kgである。この作業は塩泉の木を使い終わるまで数日繰り返しおこなわれる。交換は塩泉に塩を求めて訪問する形態である。

　どの事例でも塩は貴重品であり，モニ族とバルヤ族では交換のほかには主に儀礼的な状況で消費されている。エンガ族でも塩は儀礼的交換に必要とされるものであり，製塩をおこなう重要な理由として，他集団との関係を保つために塩が儀礼的に交換・分配されていることが挙げられている。塩泉の近隣に住む人々は塩泉からの水を直接利用しているが，それでも固形塩は塩分の補給源ではなく儀礼的に重要なものであると認識されている。同様に，交換によって塩を入手する集団は，固形塩をただ消費するためというよりも，儀礼的用途に用いている。縄文時代の製塩は海水を利用しているため，製塩をおこなう場所が漁撈と重複しており，このために製塩と漁撈が関連付けられてきた。しかしながら，素朴な製塩法をとる社会において塩が食料の保存に用いられた事例は存在しておらず，塩の用途が海産物の保存であるという仮説には検討の余地があるだろう（Kawashima 2012）。

　これらの製塩事例との比較によれば，縄文時代の製塩では土器を用いた煎熬がおこなわれたので，煎熬過程においてより多くの労働力を要したと考えられる。縄文時代土器製塩にみられる生産の効率化・集約化がおこることは確認できたが，この労働をどのように為しえたかについて論

じる必要がある。通常，自家消費を超える生産にはより大きな労働の単位が必要となる。ニューギニアのモニ族は世帯ごとに製塩をおこなうが，より複雑な製塩工程をもつバルヤ族は親族から労働力を得ている。さらに，非親族を動員する，より大規模な労働形態は世襲的階層制の社会でおこなわれるとされる（Arnold 1996）。例えば，チューマッシュのビーズ生産では非親族労働が想定され，この労働単位は世襲的なエリートによって管理されていたと考えられている。縄文の土器製塩ではチューマッシュほど分業が進んでおらず労働組織が複雑でないため，複雑化狩猟採集民のような階層化社会の指標とされる非親族労働まで発展していなかったと考えられる。しかしながら，霞ヶ浦南岸の特定の遺跡で集中的に製塩がおこなわれており，ある程度集約的な労働形態が想定される。したがって，製塩に際して工程を統括し，生産された塩の管理をおこなうために，世襲的ではなくともエリートが存在したと考えられるのである。

　縄文時代土器製塩の労働力が世帯単位ではなく親族から動員されていたのであれば，労働の対価として饗宴が催された可能性が考えられる。第2章第2節で述べたが，エリートが労働力を動員する際に饗宴がおこなわれており，饗宴の発達は労働力動員の前提として理解できる。世帯ごとの労働であれば饗宴の規模は小さく機会も少ないと考えられ，考古資料から饗宴の痕跡を認識することは難しいだろう（Hayden 2001a）。土器製塩のように特定の遺跡で集約的な生産活動がおこなわれている場合には，その社会において饗宴が発達し，饗宴の考古学的痕跡も残されていると考えられる。労働力の動員は饗宴の機能の一部に過ぎず，ほかの機会にも様々な饗宴が催されるため，労働動員の饗宴の痕跡を特定することは困難である。しかし，労働力動員のためだけに饗宴が発達することはないので，全体としての饗宴の発達をとらえることで，生産の活発化と関連付けて考えることができるだろう。次章では，生産における労働力の動員に必要とされる饗宴に焦点を当て，生産と労働の社会的背景について考察していく。

## 註

1) カルシウム化合物を主成分とする。海水を煮沸すると析出し，土器に固着して熱の伝導を阻害する（杉田 1994）。
2) 鈴木らは小山台貝塚で発見された鋭く尖る底部を，砲弾型である製塩土器の底部と異なる小山台II類とした（鈴木・渡辺 1976）。しかし，関東地方において小山台II類の類例は小山台貝塚での一例のみである。東北地方仙台湾沿岸で類似した形態の製塩土器底部がみられるため，東北地方との関係が指摘されている。
3) 尖底と丸底は本来区別されるべきであろうが，丸底はナデを施したりせず，断面形態もやや尖底より丸みを帯びる程度であるため，平底と尖底・丸底という大別で扱った。
4) 煮沸効率に関する製塩実験によれば，器壁を薄くするよりも口径を大きくしたほうが水分の蒸発率が高まることが指摘されている（本多 1995）。

# 第5章　縄文時代の饗宴
―縄文時代後・晩期における食料加工と消費の増大―

## 第1節　縄文時代後・晩期の食料保存・加工技術

　東日本の縄文時代後・晩期では貯蔵穴の発達がみられないが，この時期に発達する遺構として水場遺構が注目されている。水場遺構は貯蔵をおこなう場ではなく，食料の加工場としてとらえられている（金箱 1996，佐々木 2007a，高橋 2004）。近年，低湿地遺跡の発掘例が増加し，東日本を中心に水場遺構の検出例が増加傾向にある（第5.1.図）。堅果類の可食化法はいくつか存在しているが，縄文時代後・晩期には水を用いた方法がより多く採用されたと考えられる。水場遺構は草創期から確認されているが，安定的に出土しているのは中期以降であり，北陸・中部地方以東に分布が偏って認められている。水場遺構の機能は堅果類の可食化に限定されるとは考えられず，実際には他の用途にも用いられたと考えられる（佐々木 2007a，高橋 2004，武藤 2007）。草創期から前期までは，礫や木材によって囲っただけの小規模な遺構が構築されていた。これは，利用期間が比較的短いことと関連すると考えられる。水場遺構から堅果類が検出されるのは，中期以降からであるとされ（佐々木 2007a:57），食料加工に用いられるようになったと認められる。縄文時代後期以降の水場遺構は中期までとは異なる特徴を有している。ひとつは規模が拡大することであり，もうひとつの特徴は長期的に利用され計画性がうかがえる点である。木組をともなう水場遺構が構築され，修復・改築されながら長期間にわたり使用されていたことが明らかとなってきている。水場遺構が構築されるだけでなく，維持・管理されていたことは，社会組織の発展と無関係ではないだろう。前述のように水場遺構の用途は食料加工のみではないと考えられるが，縄文時代後・晩期に大規模な水場遺構が構築されていることは，中期までの水場における活動の規模・頻度に差が生じていたことを示唆している。同じ水場を定期的に利用するという活動からは，水場付近に後期以前よりも定住的な集落が営まれたとも予測される。

　縄文時代後・晩期の水場遺構からは，しばしばトチの種子・種皮などが集中的に出土しており，トチの加工との関連が指摘されてきた（金箱 1996，佐々木 2007a）。トチの利用が多くなる原因としては，クリ花粉の減少傾向から気候の寒冷化も候補として挙げられるかも知れないが（佐々木 2007b），クリの管理が指摘されておりトチ以外の堅果類も引き続き利用されていることから，単純に寒冷化による植生の変化に原因を求めることはできないだろう。また，縄文時代中期においてクリへの依存度が極度に高いという事実も報告されておらず後期にもクリを利用した集落もあるため，トチの利用頻度の増加には人為的な要因が作用していたと考えるのがより妥当だろう。事実，クリのサイズは中期よりも後・晩期のほうが大型であるという報告がある（南木 1994）。また，下宅部遺跡（東京都東村山市）や寺野東遺跡（栃木県小山市）の木組遺構において確認されているように，後・晩期には用材としてもクリが多用されている。気候の寒冷化にともなうトチの

第 5.1. 図　縄文時代水場遺構の分布

分布域が拡大したことは考えられるが，意図的な利用植物の選択がおこなわれた可能性は否定できない。トチが利用される理由として，ドングリの3～5倍といわれる収穫の容易さが挙げられている（渡辺 1975:145）。もちろん，トチには入念なアク抜きが必要であることから，植物の残存しやすい低地に設けられた水場遺構から種皮が検出される事例が多いと考えられ，実際には残存しにくい他の植物も利用されていたであろう（高橋 2004，佐々木 2007b）。つまり，後期以降は中期までのクリに加えて，トチを集中的に利用しはじめたと考えられる（佐々木 2007b:230）。

　いずれにしても，後期以降の水場遺構からはトチが出土する事例が多いため，当該時期に発達する水場遺構は主にトチの加工に用いられたと考えてよいだろう。ここでは，特にトチの加工と水場遺構の維持・管理についてとりあげる。後期以降，水場遺構の施設がより恒久的な性質へと

第 5 章　縄文時代の饗宴　　117

変化する点を評価し，日常的食料消費のみではなく，饗宴という非日常的食料消費をも視野に入れて縄文時代後・晩期の水場遺構と食料消費について考察してみたい。

## 第 2 節　木組をもつ水場遺構

はじめに，縄文時代後・晩期各遺跡における木組遺構について検討してみよう。関東地方では，寺野東遺跡，明神前遺跡（同県鹿沼市），後谷遺跡（埼玉県桶川市），赤山陣屋跡遺跡（埼玉県川口市），下宅部遺跡などにおいて水場遺構が検出されている。これらの分布は第 3 章で検討した環状盛土遺構の分布域とも重なっている。寺野東遺跡では環状盛土遺構と水場遺構が近接して設けられている。後谷遺跡の水場遺構も居住域と近接している。赤城遺跡（埼玉県鴻巣市）では遺跡西端の谷部から竪穴状遺構が検出されているが，この遺構において調査時に湧水が確認され木材も出土していることから，水場遺構の一部と考えてよいだろう。これらは居住域に近接して水場遺構が存在するが，居住域をともなわない水場遺構もあり，赤山陣屋跡遺跡例や下宅部遺跡例が該当する（佐々木 2007b）。

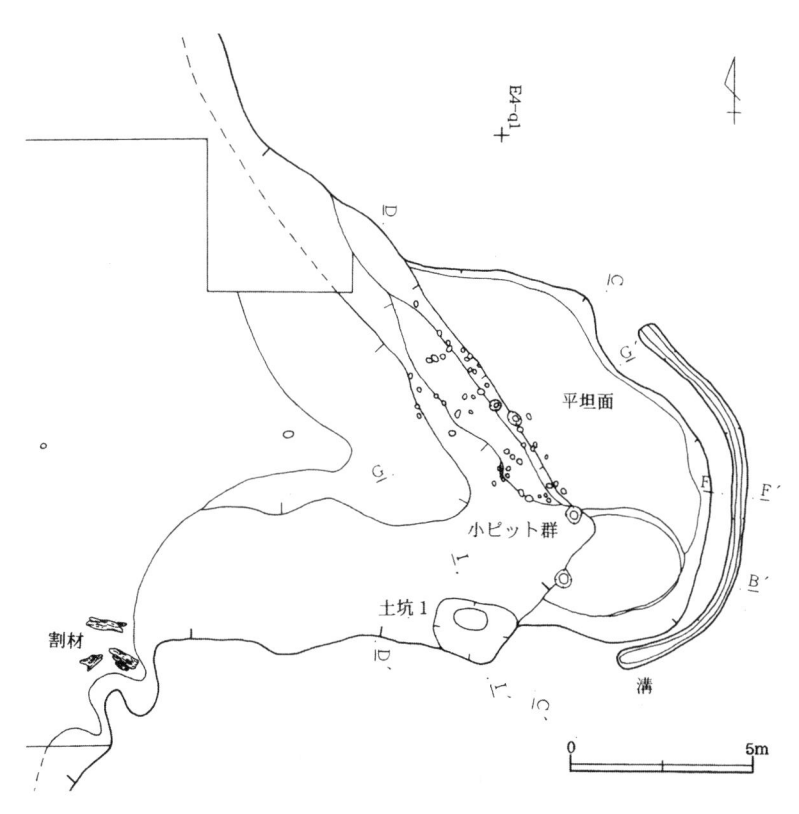

第 5.2. 図　寺野東遺跡 SX017

**寺野東遺跡**（栃木県小山市）

　第3章において若干触れたが，寺野東遺跡では中期末から後期初頭に属する水場遺構（SX017）が環状盛土遺構南側において検出されている（江原ほか 1997）（第3.2.図，第5.2.図）。西側を開口部とする「U」字状の掘り込みが水場遺構とされており，規模は奥行が17m，開口部の幅が約20mである。規模自体は大きいが，木組遺構をもたず，掘り込みの北端に沿って小ピット群が認められるのみである。おそらく全体を掘り込んだのではなく，一部を人為的に改変したのであろう。水場の利用期間は比較的短いと考えられているが，中期の土器が後期初頭の土器とほぼ同量出土しているので，中期から継続的に利用されていた可能性もあろう。中期の土器は小片が多

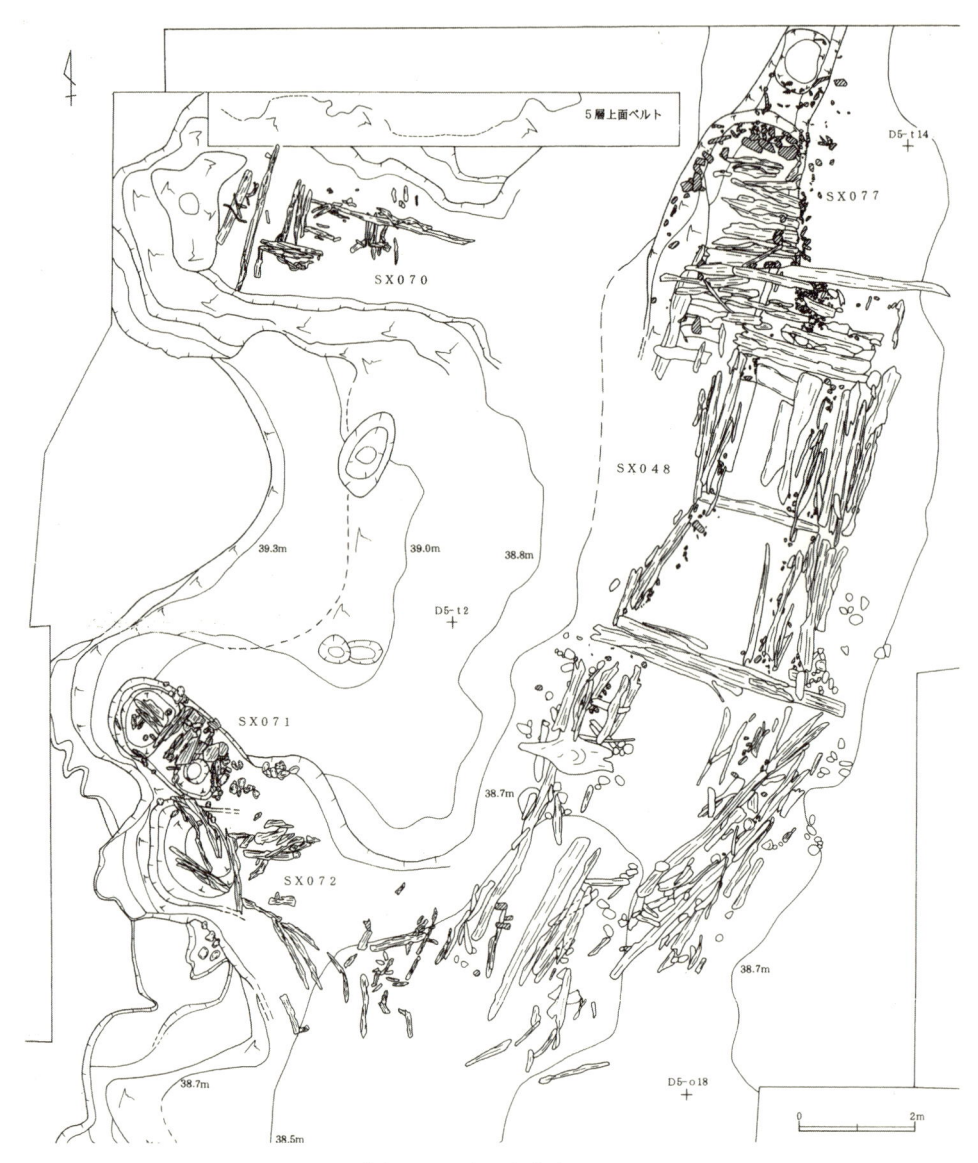

第5.3.図　寺野東遺跡C5区

いのに対し，後期初頭の土器は遺存状態が良く，集中的に出土することから，後期初頭に利用頻度が高かったと考えられる。出土した植物遺存体はクルミが主体である。SX017は遺跡南側に分布する中期前半から後期初頭の居住域に近接して位置しているのに対し，後期初頭以降の水場遺構は遺跡北側の谷部に存在し，木組遺構をともなった複合的な構造を有している（江原ほか1998）。特に環状盛土遺構と谷部との接点にあたるC5区において検出された水場遺構は規模が大きい（第5.3.図）。これはSX048を中心とする木組遺構群であり，後期前葉から構築されたと考えられる。SX048の北西隅の下部において検出されたSX077は出土土器の比率から縄文時代後期初頭から前半と推定されている。谷の方向に沿って，円形の土坑，U字状の溝が掘られ，溝部分に材が南北で約3mの範囲に敷かれている。円形土坑から敷材の端までの長さは約5.2mとなる。この敷材を囲むように杭が配置されている。当遺構の上部にSX048が設けられていることから，材の抜き取りなどで改変されている可能性もあり，SX077は本来の木組遺構の基部に相当すると考えられる。

　SX048は長軸14.5m，短軸4.6mの規模を有する。構成材によって2つの木枠が設けられている。谷は南に向かって低くなっているので，水の流れに沿って木組が設けられたと考えられる。木材だけではなく，遺構北辺で顕著なように礫が意図的に敷かれていたことが確認されている。北側の木枠には底板が敷かれている。木枠を構成する材は垂直方向に重なるような形で出土しており，また，杭にも重複が認められることから，補修がおこなわれた可能性がある。ただし，木枠同士の構造上の直接的な関係は確認されていないため，全体をはじめから構築したかどうかについては明らかでない。遺物が出土したのは主に主要構成材の付近と外側からであり，材よりも上位の位置で出土量が多いとされる。出土石器は石皿および磨石が多い。出土した土器は中期や後期初頭のものをわずかに含むものの，後期前葉から晩期中葉までの土器が出土しており，晩期の土器の比率が高くなっている。出土土器の集計によれば，粗製土器および無文・識別不可の土器片が88.4%を占めており，作業場としての性格がうかがわれる。ただ，SX048が位置するC5区からは祭祀遺物など特殊な遺物が多く出土していることもあり，純粋な作業場とはいえず，水場遺構が祭祀的性格も有していたことも考慮すべきである。

　SX048の西側にはSX070・071・072が存在し，遺構の時期からSX048との併存も予測される。これらは谷部西斜面に設けられた遺構であり，SX048とほぼ同じ標高にある。SX071・072は一部重複するが，新旧関係は不明であり，後期後半から晩期前半に属すると考えられている。SX070ではトチの集積が5ヶ所確認された。この遺構も後期後半から晩期前半に属すると考えられる。

　谷部北側のC8区ではSX075を中心とする木組遺構群が検出された（第5.4.図）。谷部中央にはSX075が位置し，西側斜面にSX074・056・053が，東側にSX041・054が存在する。SX053は約5.5mの規模で，土坑・木組・石敷によって構成されている。遺構の下部においてトチ種皮の出土が多いとされる。土坑内に数層の敷石がなされ，その西側に東西方向の長い材が設置してあり，これと直行するように0.5mほどの材が連続して敷かれている。時期は後期後半

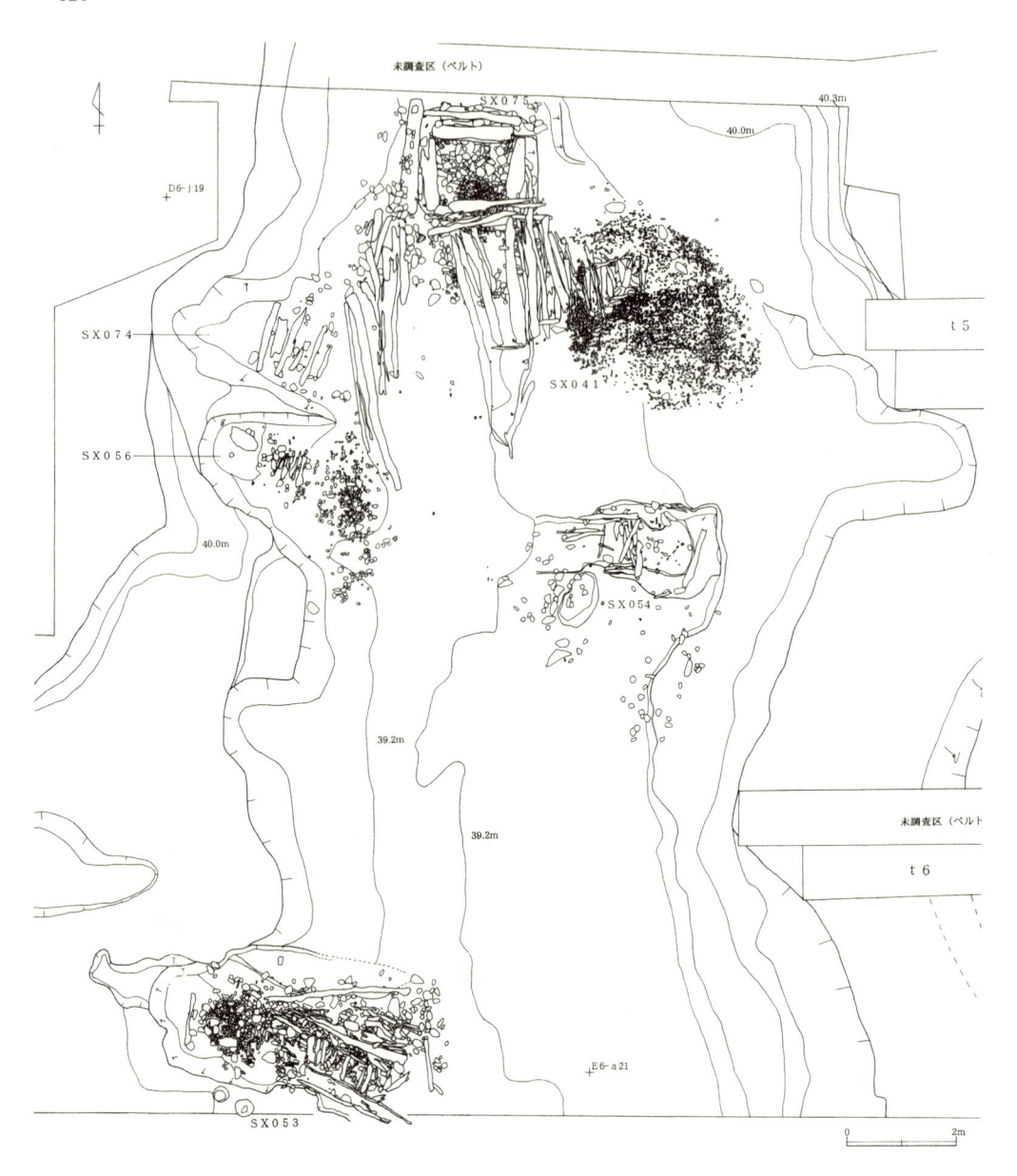

第 5.4. 図　寺野東遺跡 C8 区

ととらえられている。SX054 は東西約 3m の規模であり，敷石はみられない。土坑部分の底面付近でトチ種皮が比較的まとまって出土した。時期は後期後半から晩期前半の範囲に入るであろう。SX056・074 では敷材と礫が出土している。どちらも後期後半から晩期前半におさまると考えられる。SX041 は土坑中に設けられた約 1.3m 四方の枠状の木組と敷石によって構成される。土坑は深さが 1m 近くあり，枠状の木組は垂直方向に材が積み上げられていた。西側に位置するSX075 との間には木組と敷材が設けられている。敷石は遺構の東側に広がり，南北 3.2m，東西 3.5m の規模をもつ。敷石下部から晩期前葉と考えられる埋設土器が出土しており，また敷石付

近では晩期中葉の土器が特に多くなっていることから，敷石は構築過程の最後に設けられたようである。出土土器の中では晩期安行式が主体となることから，晩期前葉から中葉が当遺構の時期とされている。隣接するSX075の構築材が当遺構の下部で検出されているため，併存期間はあったかもしれないが，SX075よりも当遺構の方が新しいと考えられている。SX075は枠状の木組を中心とする遺構である。木枠は一片が約2mで，底部から構成材上端までの高さは約0.7mである。出土した土器の中では晩期前半が多く，底部付近では晩期初頭の比較的大型片が目立ったとされる。遺構の時期は後期後半から晩期前半としてとらえられるだろう。

　寺野東遺跡における各木組遺構の構築された時期を特定するのは，幅広い時期の土器が出土しているため難しい。木組を構築するには，土坑・溝を掘り，木組を設置し，敷石を敷くという工程が想定され，特に材の準備には時間が必要であると考えられる。したがって，一時的な利用のためにそれぞれ木組遺構を構築したとは想定しがたい。木組遺構は継続的な利用を目的として構築されたであろうから，寺野東遺跡における木組遺構のいくつかは同時に機能していたと考えてよいだろう。SX041のように晩期に構築された可能性の高い遺構もあるし，SX048のように複合的構造をもつ遺構も存在する。SX048は下部にSX077が存在することから，改築がおこなわれたと考えられ，SX041はSX075と一部重複するので，これらの新旧関係は比較的判断しやすい。土砂の流入，湧水の枯渇，材の腐食などは改築の原因となったであろう。

　木組に用いられた材はクリが多く，その他の樹種に比べるとかなりの差がみられる（第5.1.表）。住居からの転用と考えられる材もあるので，必ずしも木組遺構用に材を用意したわけではないのであろうが，クリ材の比率の高さは意図的に選択されたことを示すだろう。有用な材は木組遺構の改築などの際に転用された可能性もあり，検出時にクリ材の比率が低かった遺構はクリ材が転用のために抜き取られた結果を示しているかもしれない。敷石の施された遺構はいくつかあるが，谷部における遺構付近は粘土が露出しているため，道または作業のための足場として機能していたと考えられる。木組遺構の機能について，水のみの利用であれば大型の木組を構築する必要性がないことや，ほとんどの木組遺構が水量の確保が目的と考えられる土坑をともなっていること，枠材だけでなく石や土器片を裏込めしてあることから，安定した量のきれいな水を得ることが木組遺構の主要な機能と推定されている（江原ほか1998:533）。

　木組遺構の細別時期が明確ではないものの，すべての木組遺構が後期以降に属し，特にそのほとんどが後期中葉以降に構築されている点を強調しておきたい。後期初頭までの水場の利用はあったものの，中期に属する確実な水場遺構は検出されていない。後期中葉において恒久的な木組遺構が構築されたことは，同じく後期中葉にはじまる環状盛土遺構の形成と合わせて，集落の変化をあらわす指標であると考えられる。寺野東遺跡における木組遺構の位置は居住域に近接しており，盛土ブロックの隙間と対応している。盛土ブロックの間に谷部へと続く道状遺構は井野長割遺跡（千葉県佐倉市）でも検出されており，寺野東遺跡において盛土ブロックの間が通路として機能したことが考えられる。この点からみても，環状盛土遺構の上部が常に居住の場となっていたとは考えにくく，第3章で述べたように盛土よりも窪地側に居住域があったと推定される。

第5.1.表　寺野東遺跡遺構構築材の樹種

| 遺構名 | SX41 | SX43 | SX45 | SX46 | SX48 | SX53 | SX54 | SX56 | SX69 | SX70 | SX71 | SX72 |
|---|---|---|---|---|---|---|---|---|---|---|---|---|
| オニグルミ | 12 | | | | 16 | 4 | | 1 | | 1 | | |
| クリ | 310 | 7 | 1 | 9 | 897 | 58 | 29 | 19 | 1 | 7 | 26 | 3 |
| クヌギ節 | 4 | | | | 44 | 4 | 1 | 2 | | 1 | 2 | 5 |
| ヤマグワ | 6 | | | | 30 | 5 | 1 | 1 | | | | |
| カエデ属 | 12 | | | | 23 | 12 | | | | | | |
| その他 | 36 | | | | 115 | 27 | 1 | 6 | 6 | 3 | 2 | |
| 計 | 380 | 7 | 1 | 9 | 1,125 | 110 | 32 | 29 | 7 | 12 | 30 | 8 |

| 遺構名 | SX74 | SX75 | SX76 | SX77 | SX78 | SX79 | 総計 |
|---|---|---|---|---|---|---|---|
| オニグルミ | | 1 | 2 | | 3 | | 40 |
| クリ | 26 | 86 | 2 | 175 | 5 | 2 | 1,663 |
| クヌギ節 | 1 | 10 | | 5 | 1 | | 80 |
| ヤマグワ | 1 | 4 | 1 | 10 | 1 | | 60 |
| カエデ属 | | 1 | | 1 | | | 49 |
| その他 | 6 | 19 | 2 | 30 | 1 | | 254 |
| 計 | 34 | 121 | 7 | 221 | 11 | 2 | 2,146 |

**明神前遺跡**（栃木県鹿沼市）

　標高約133mの低位台地に立地する。縄文時代中期後葉から後期の包含層，中期後半から後期前葉の住居跡4軒が検出された（青木2004，永岡2000，永岡ほか2002）。水場遺構は台地との比高差約1mの谷部にあり，時期は後期初頭〜中葉と考えられる（永岡2000）（第5.5.図）。水場遺構は湧水点を掘り込んだプール状施設，木組，溝，石敷によって構成される。湧水点付近の掘り込みは5.4m×2.7m，深さ0.3mの不整楕円形を呈する。溝との接点に大型材が設置されていた。掘り込みからはクルミ，トチ，ドングリ類が多量に出土した。木組は「コ」字状に材が配置されており，主要な材はクリが用いられている。南・北辺の材の長さが約1.8m，東辺の材が約2mであり，正方形に近い形状を呈する。木組遺構の深さは約0.4mで，底面中央には一辺約1.3mで深さ0.1m程度の浅い方形の掘り込みがなされていた。ここに約0.85×1mのヨシ製網代が敷かれており，網代の東端ではトチの集積が確認された。木組の西辺付近では長さ約1.7mのクリ材が検出されており，また，枠材を支える杭も検出されているので，木組構築当時は方形であったと考えられる。谷部と台地との間には石敷が設けられ，作業場としての機能が想定される。礫だけでなく石皿類・磨石類も多量に用いられている。石敷遺構下部は浅い掘り込みがなされており，小礫で整地してから礫などを敷いている。明神前遺跡の水場遺構は1基しか検出されていないものの，湧水点から木組遺構までの導水施設および石敷というセットで構成されており，後期前半にはこのセットが出現していたようである。ただ，すべてがはじめから構築されたかどうかは確実ではなく，湧水点付近の掘り込みや溝は湧水量の減少が原因となって設けられたこと

第5.5.図　明神前遺跡の水場遺構

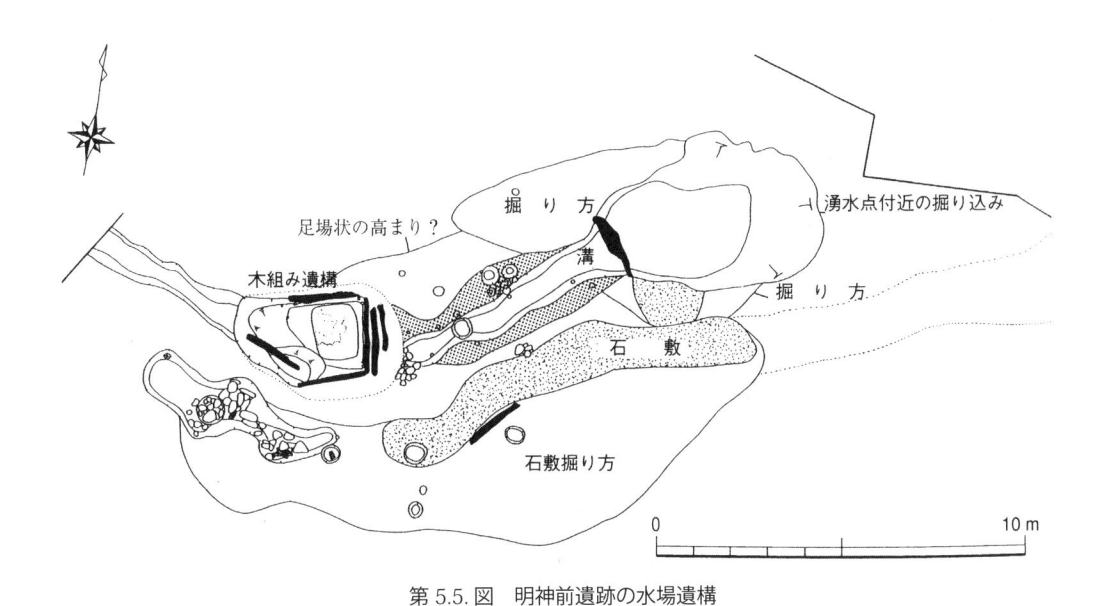

も考えられる。寺野東遺跡ではわずかに地点を変えながら水場遺構が構築されているので，当遺跡でも近隣の調査区外の谷部に水場遺構が存在する可能性はあろう。

**後谷遺跡**（埼玉県桶川市）

　後谷遺跡では第4次調査によって旧河道から木組遺構・木道状遺構が検出された（石坂ほか2004）。台地上で検出された住居跡10軒は縄文時代後期中葉から後葉に属する。旧河道は晩期に位置づけられており，木組が発見された層の上部に存在する。Ⅲ区において検出された木組遺構4基のうち3基は谷部のおそらく流路に沿って，連続して構築されている。この南方に大型の材で構成される木道状遺構が検出された（第5.6.図）。

　第1号木組遺構は長さ4.4m，幅1.1mであり，残存度は低い。本来，東側にも南北方向の材が設けられ方形となっていたものと考えられる。第2号木組遺構は南の第3号木組遺構の上にのる形で重複しており，長さ1.5m～1.9m，幅1.0mの規模で，方形に材が組まれている。南北方向に2本ずつ材を配置し，内側の材に横木を設置するという構造が読み取れる。中心部に横木は存在しないが，もともとなかった可能性もあるだろう。第3号木組遺構を含む長さは3.3mとなる。第3号木組遺構は長さ1.7m，幅0.8mの方形を呈する。やはり南北の材の上に横木をかける構造と考えられる。第1～3号木組遺構は掘り込みが確認されていないが，第4号木組遺構は土坑の壁に垂直方向に材をめぐらせている。深さは約2m確認されており，断面形は逆円錐状となる。第4号木組遺構は出土土器から縄文時代後期後葉に構築されたと考えられ，第1～3号木組遺構は伴出土器を特定しにくいため，後期後葉から晩期初頭ととらえられている。木道状遺構は谷の方向に沿って大型の材が並べられており，木組遺構の軸とはわずかにずれているため，水場への足場のために設置されたと考えられる。後谷遺跡Ⅲ区から出土した81点

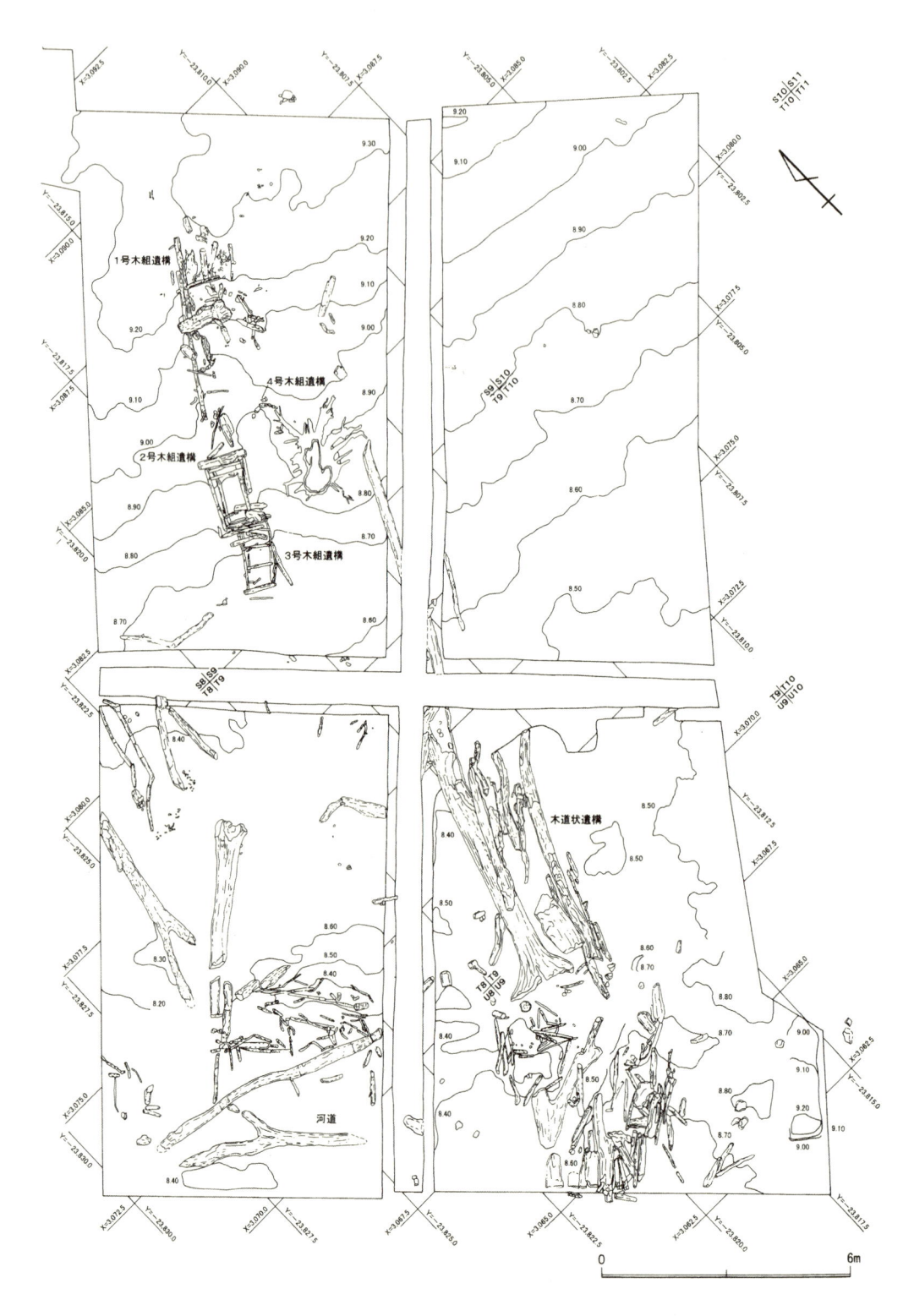

第5.6.図　後谷遺跡Ⅲ区遺構分布図

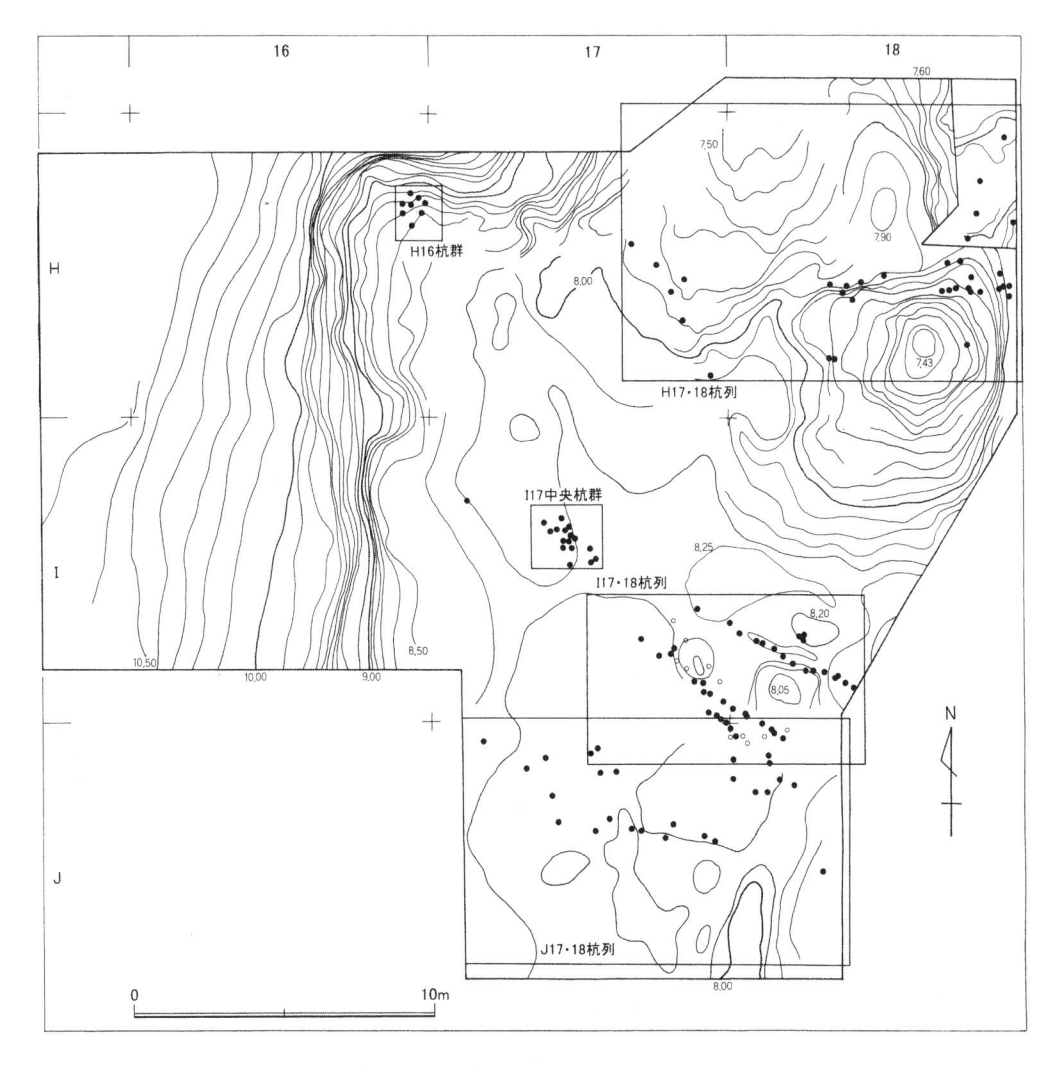

第 5.7. 図　後谷遺跡 I b 区遺構分布図

の材を観察した結果によると，クリが 33 点（40.7％）と最も多くなっており，次にヤナギ属が多く 12 点（14.8％）となっている。この 81 点の材には自然木が 38 点含まれている。木組遺構・木道に用いられた材をみてみると，43 点のうち 23 点（53.5％）がクリであり，次に多いのがヤマウルシの 4 点（9.3％）である。すべての材が観察されたわけではなく，バイアスは含まれるであろうが，遺構にはクリ材が圧倒的に多く用いられていたと考えられる。

　I B 区では河道状の窪地が検出され，古期と新期にわけられている（村田ほか 2007）（第 5.7. 図）。古期の窪地からはトチ・クリ・クルミの種皮が多く検出され，加工材やその他の植物遺存体が出土した。後期末から晩期前葉の土器が出土している。調査区西半を占める新期の窪地からは晩期中葉の土器が主体となって出土し，シカ・イノシシなどの獣骨が 2,000 点以上出土した。遺構としては杭列，植物質構造をともなう土坑が検出されている。

杭列のほとんどは調査区東側の古期窪地に属すると考えられ，東側の低地に向かって設けられている。杭の配列に規則性はあまりないが，I17・18杭列では台地から南東方向にほぼ平行してのびる2つの杭列が確認されている。両者の幅は北西端で約2.0m，南東端で約2.6mとなり，並行する部分の長さは4m以上ある。各列における杭同士の間隔は平均で0.5m以下である。両杭列が同一構築物に属するかどうかについては明らかではないものの，後期中葉以降，低地を利用する機会が増加したことが考えられる。「組物」と記述された植物質構造をともなう特殊な土坑は隣接する2基が検出されている。No.1は長軸約0.7m，短軸約0.6m，確認面からの深さ0.35mである。アシのような植物と考えられる材を用いて，網代のように編まれている。土坑底部ではこの部材が検出されていない。No.2は長軸約0.8m，短軸約0.6m，確認面からの深さ約0.4mである。この土坑の壁にも同様の編物が残されているが，杭が設けられている点が異なる。土坑底部には小ピットがいくつかあり，杭が抜かれた跡と考えられる。No.2は出土土器から後期後葉に属すると考えられる。ほかに網代が5点検出されているが，何らかの遺構と関連した様相は観察されない。

　IB区において出土した木材の樹種をみると，やはりクリが多用されている。加工材ではみかん割り材189点の77.8%がコナラ属クヌギ節を用いており，用途によって使い分けがあったようである。柾目材と板目材でみると，柾目材では15点中12点でコナラ属クヌギ節が用いられ，板目材38点のうちクリは16点で，コナラ属クヌギ節は4点のみとなっている。これは柾目材をとりやすいみかん割り材にコナラ属クヌギ節を用いていることが反映されているのであろう。III区でみたようにクリは杭に多用されており，87点中67点（77%）となっている。

### 下宅部遺跡（東京都東村山市）

　狭山丘陵の南東部にあたる裾部に立地し，標高は約73〜74mである（千葉ほか2006）（第5.8.図）。当遺跡の南側を流れる北川をはさんだ対岸には縄文時代晩期の遺跡である日向北遺跡がある。下宅部遺跡では水場遺構・木組・杭列・杭群のほか，木材・種実・獣骨の集中箇所が検出された。時系列的にみると川の流路の移動にともなって遺構が構築されていく様子がみえる。調査区は西から東へI〜VIまで設定され，調査区Iが上流側となる。縄文時代中期から後期初頭にかけては，調査区Iで第1・2号クルミ塚，第11号水場遺構が形成された。縄文時代後期前葉から中葉には，調査区Iにおいて第4号トチ塚が，調査区IIにおいて第7号水場遺構が構築され，縄文時代中期中葉においては，調査区IIの第2・3号トチ塚が形成されている。後期中葉から後葉では調査区IIIの第1・5号トチ塚・杭群が形成された。調査区IVの川床部分には杭列および第14〜17号集石が構築された。縄文時代晩期には調査区IIIで第10号水場遺構が設けられ，調査区Vの第4号水場遺構や調査区VIの第6号水場遺構・杭列も構築されている。縄文時代晩期から弥生時代中期の遺構としては，調査区VIの第1・2号木道がある。

　調査区ごとに遺構の詳細をみていくと，調査区Iで検出された第11号水場遺構では木材の集積は確認されるものの，構築プランは同定されていない。3mほどの大型木材や加工木も含まれ

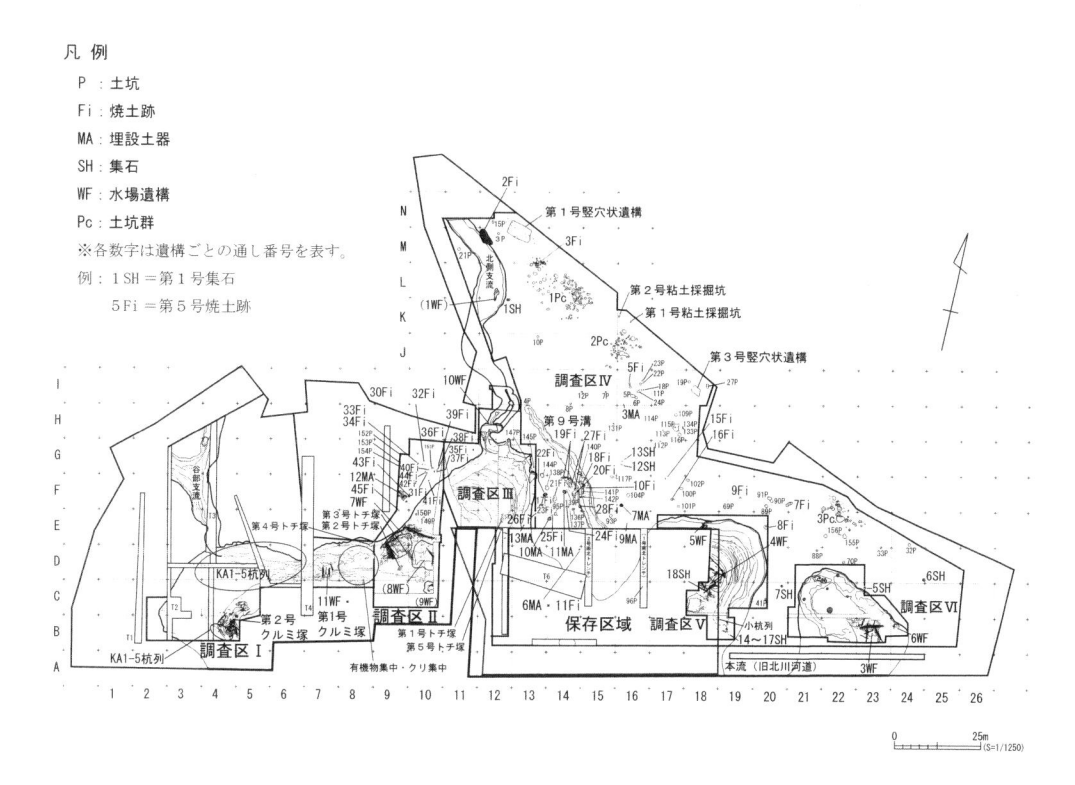

第5.8.図　下宅部遺跡遺構分布図

るため，人為的に集積された可能性があろう。2点の材が年代測定され，縄文時代中期前半と推定されている。第11号水場遺構の下部，大型木材に沿う形で第1号クルミ塚が検出されている。クルミ塚の規模は，長軸約2m，短軸約1m，深さ約0.5mである。3,000点以上のクルミ破砕片が出土した。第2号クルミ塚はこの上流部に形成され，約10×6mの範囲に分布が認められる。堆積の厚さは最大で約0.4mである。後期に属すると考えられる杭は1,096本出土し，河道をほぼ覆っている。流路1に沿う杭列の単位と流路に直交する杭列の単位が復元されている。第4号トチ塚は長軸1.2m，短軸0.38m，厚さ0.05mと小規模であり，時期は後期前葉とされる。第7号水場遺構の西に隣接している。調査区Ⅰではドングリが詰まったままの網代製品が出土した。

　調査区Ⅱでは後期中葉と考えられる第7号水場遺構が検出された。257点の材を用いた大型の木組遺構であるが，3つの形成段階が想定されている。はじめに流路に直交する杭列が設けられ，次に，護岸のためであろうが流路の端に沿って丸太材が敷設されている。最後に，流路に直交する杭列に4m以上の構成材をかけ，大型礫石器の破片・礫で周囲を覆っている。補修された可能性があり，一度にすべてが構築されていないようである。第7号水場遺構の南東で検出された第8号水場遺構は後期前葉から中葉と考えられる木組遺構である。規模は約6×8mである。第2号トチ塚は長軸1.51m，短軸1.1m，厚さ0.11mである。3mほど離れて，第3号トチ塚

があり，長軸 3m，短軸 0.8m，厚さ 0.1m である。2 基のトチ塚は後期中葉から後葉に属するとされる。

調査区Ⅲは調査区Ⅱの北西に位置し，北から流れ込む支流が検出されている。第 1 号トチ塚は長軸 1.55m，短軸 0.77m，厚さ 0.04m である。第 5 号トチ塚は第 1 号トチ塚の南約 3m に位置し，長軸 1.03m，短軸 0.72m，厚さ 0.12m である。トチの年代測定から，どちらも縄文時代後期中葉から後葉に属すると考えられている。第 1 号トチ塚と周囲には杭群が検出されているが，プランは確認されていない。第 10 号水場遺構は後期後葉から晩期中葉に属する木組遺構と考えられる。長軸 6.2m，短軸 2.8m，確認面からの深さ 0.4m の掘り込みを有する。方形の木枠が設けられていたと考えられるが，四辺にわずかに材が検出されたのみである。土器は後期後葉から晩期の土器が主体であり，掘り込みの下部に後期後葉の土器が集中し，晩期の土器はこれよりも上部で出土しているものが多い。

調査区Ⅳでは土坑・焼土遺構・集石遺構・竪穴状遺構が多数検出されているが，明確に縄文時代に属する水場遺構は検出されていない。

調査区Ⅴは調査区Ⅳの南東に位置し，後期初頭から晩期中葉までの 2 つの流路が確認されている。調査区の範囲は狭いものの，弓と獣骨の集中がみられる。調査区南側に連続して検出された第 14～17 号集石は河床に設けられたとされる。南北約 6.5m の範囲に，やや湾曲して配列される。時期は後期前葉から中葉に属すると考えられる。集積した礫は被熱痕をもたない。第 18 号集石は後期前葉から中葉に属するとされる。北西－南東方向に約 7m，幅約 1～2m の範囲で礫・石皿・磨石・打製石斧などが出土している。石棒，赤色顔料が付着した磨石，腕輪状土製品など特殊な遺物が出土していることから，意図的な廃棄の場ともとらえられている。第 14～17 号集石の西側では「八」字状の杭の配列が確認され，漁獲施設である魞（エリ）の可能性が指摘されている。杭材の年代測定から，後期初頭から前葉に属すると考えられる。第 4 号水場遺構は木組とこの南に隣接する直径約 5m，深さ約 0.5m の掘り込みによって構成される。層位的にみて，掘り込みの方が木組遺構よりも新しい。木組には杭がともなわず，直径約 0.15～0.4m，長さ約 2～5m の丸太材が，10m×8m の範囲で出土した。材の年代測定によれば，縄文時代晩期前葉となる。南側の材が移動したと仮定すれば，本来は短辺約 4m の方形の遺構であった可能性もあろう。第 5 号水場遺構は縄文時代晩期と考えられ，調査区Ⅴの北端に位置する。約 3×2m の範囲で丸太材・枝材・樹皮が検出された。第 4 号水場遺構と同様に杭は検出されていない。丸太材の年代測定では，晩期前葉の結果が得られている。

調査区Ⅵの第 3 号水場遺構は後期前葉から後期中葉にかけて形成されたと考えられる。流路内の落ち込みと 3m 以上の加工材を含む木材の集中部から構成される。ほかにも，木製容器 2 点，皿状木器 1 点，漆器 3 点，編組製品などの製品も出土しているので，材を保管するだけでなく，作業場の性格も有していたと推定されている。落ち込みは 4.1m×4.5m，深さ 0.2m の不整形を呈する。第 6 号水場遺構は後期後葉から晩期中葉に属すると考えられる。2 基の土坑より構成され，第 1 号土坑の方が新しいとされている。このうち第 1 号土坑の上面では分割材と枝材

で編まれた構造物の一部が出土した。年代測定の結果では後期後葉とされる。第1号土坑は約1.7mの円形で，深さは0.21mをはかる。第2号土坑は長軸2.1m，短軸1.3m，深さ0.38mである。調査区Ⅵでは流路に直交する木道が検出され，年代測定によって縄文時代晩期の結果が得られている。

　下宅部遺跡出土材のうち3,326点が樹種同定された（能城ほか2006）。ここでもクリが多用される傾向があり，第7号水場遺構では60%を占めるなど，水場遺構との関連が強い。クリ材の木材全体に占める割合は後期の20.6%が最大であり，それほど高くない。中期から晩期までの傾向をみてみると，縄文時代中期には木組遺構が少ないせいか，クリ材は386点中40点（10.4%）である。後期の構造材では36点中24点，割材の杭では305点中156点でクリが用いられている。晩期においてはクリよりもカエデ属が若干多く，構築物の小型化と関連すると推測された。人為的な樹種選択の変化も考えられるが，クリ林が水辺ではなく丘陵上に予測され，カエデ属が林縁・川縁に生育することが多いことから，環境の影響もあったと推測されている。

### 赤山陣屋跡遺跡（埼玉県川口市）

　赤山陣屋跡遺跡は大宮台地南端部の谷津奥部に形成された（第5.9.図）。縄文時代早期・前期の遺構も検出されているが，後期初頭には谷津頭付近に住居跡が構築され，後期前葉には大型住居も出現する。低地部で検出された水場遺構は後期前葉から晩期前葉に位置づけられている（金箱1996;2003，金箱ほか1989）。後期前葉には8基の木道の一部および魞状遺構が構築された。後期前葉の大型住居からは多量の焼土とともに石棒など祭祀遺物が出土している。また，台地上では深さ3mほどの土坑が直径約20mの環状に配置されていた。後期前葉までも低地部は利用されていたが，後期後葉以降は様相が異なっており，「トチの実加工場跡」，板囲い遺構，トチ塚が検出され，これらの構築時期は縄文時代後期末から晩期前葉と考えられている。「トチの実加工場跡」は木組遺構であり，規模は長さ約9m，幅約1.4～1.9mで，遺構確認面から0.3～0.5mの深さをもつ（第5.10.図）。構成材にはクリが多用され，イヌガヤも用いられている。横木が設けられ，5つの方形区画が確認された。杭の打ち込みの深さや材の選定において遺構の南部と北部に差がみられることから，本遺構が一度に構築されたのではなく，増築されたと推定されている。遺構南半の軸が若干異なることも，増築された可能性を示唆している。「トチの実加工場跡」から1mほど離れて，遺構の軸と平行に5号木道が設けられている。木道の北東側に2基のトチ塚が検出された。どちらも直径約2mの範囲内で不整形にトチの種皮が堆積している。「トチの実加工場跡」の南約16mでは丸木舟の廃材を利用した板囲い遺構が出土した（第5.11.図）。約5.0m×2.0m，深さ約0.88mの方形の掘り込みに，側板と底板を配してある。板囲い遺構に隣接して1号加工材集積遺構が検出されている。板囲い遺構と同時期の後期末から晩期前葉とされ，約1.6×1.0m，深さ約0.2mの浅い掘り込みに加工材が集積していた。2号加工材集積遺構は「トチの実加工場跡」の北側に位置し，東西5.4m，南北11mにわたって加工材が確認された。材のほとんどは丸材とされる。この下部には杭が不規則に打ち込まれており，

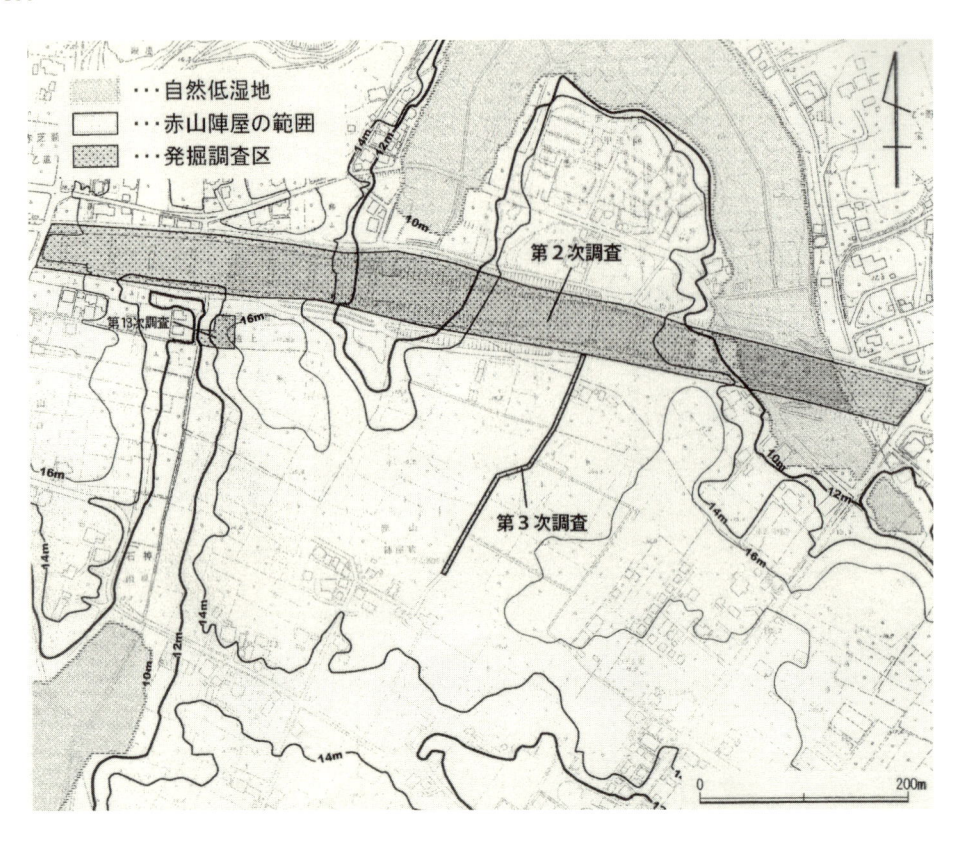

第5.9.図　赤山陣屋跡遺跡

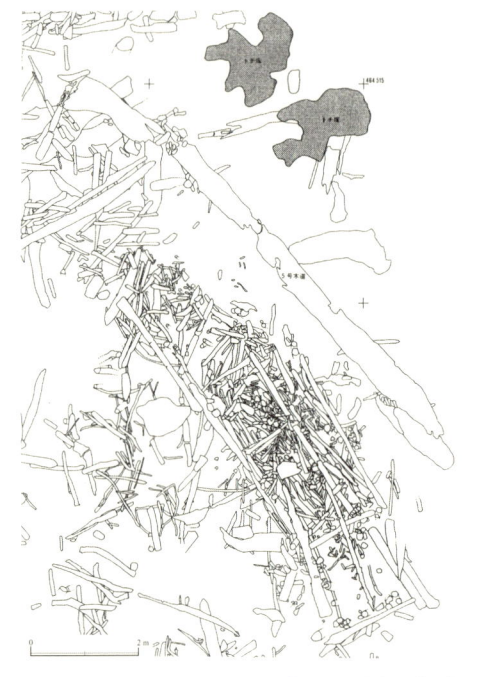

第5.10.図　赤山陣屋跡遺跡「トチの実加工場跡」　　第5.11.図　赤山陣屋跡遺跡板囲い遺構

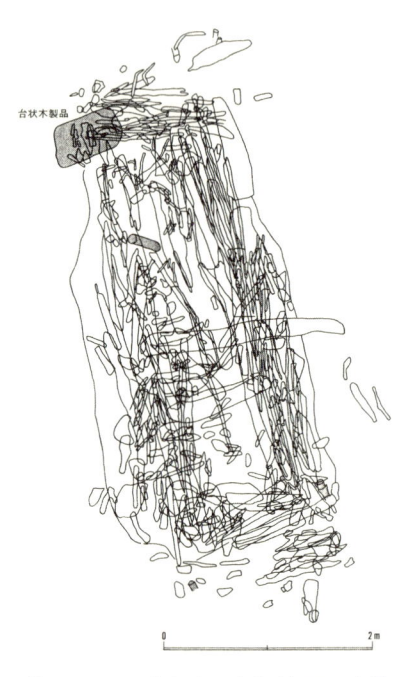

集積場以外の機能を有していた可能性が指摘されている。

　このほか，石神貝塚（埼玉県川口市），赤城遺跡，三ノ耕地遺跡（埼玉県比企郡吉見町），三輪野山貝塚（千葉県流山市）でも縄文時代後・晩期に属する水場遺構が検出されている。石神貝塚では2基の水場遺構が検出され，どちらも縄文時代晩期に属するとされる（佐々木・山崎2001）。

　赤城遺跡において水場遺構と考えられるのは，標高の最も低くなるE区北西部で検出された1号竪穴状遺構である（新屋ほか1988）（第5.12.図）。当遺構には溝状遺構と環状のピットが付帯しており，調査中に湧水が認められていることから水の管理と関連すると考えられる。遺構からは杭・木材が出土し，本来木組であった可能性がある。掘り込みは約3.0×4.2mである。出土した土器は縄文時代後期中葉から後葉に属し，安行1式が主体となる。木材以外の植物遺存体ではトチとクルミが出土している。使用された木材は，杭26点のうち9点がクリ，ヤマウルシが4点，ムクノキが3点となり，クリが多いものの，多様な樹種が利用されている。構造材65点中では，エノキ属16点，クリ15点，ニワトコ7点が主に用いられている。

　三ノ耕地遺跡は比企丘陵の東端に位置し，標高は約15～16mである（弓1998）。水場遺構は溝・掘り込み・足場状の段差によって構成され，13.5×7.3mの面積で確認されているが，掘り込みは調査区外にも続く。掘り込みの深さは最大で約1.8mをはかる。水場遺構の時期は縄文

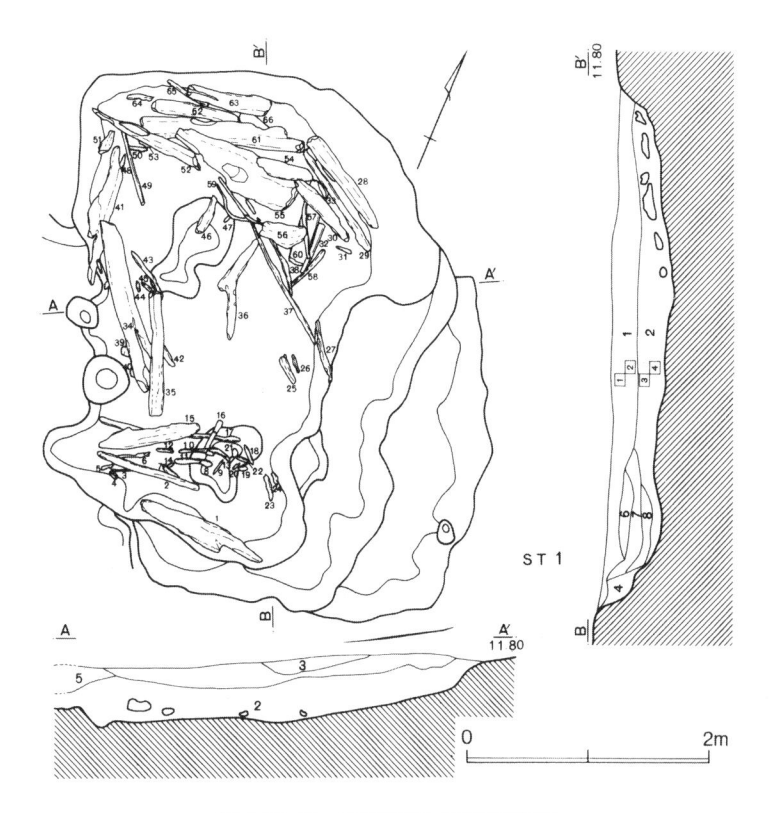

第5.12.図　赤城遺跡1号竪穴状遺構

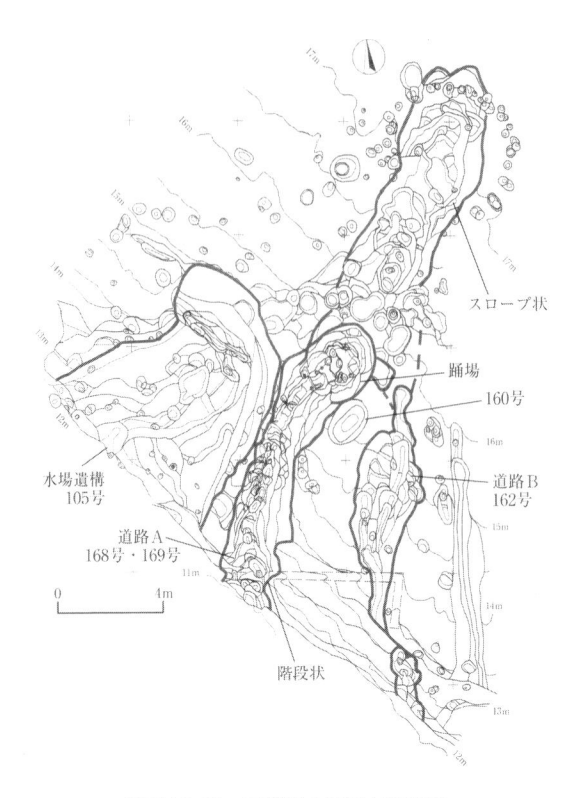

第 5.13. 図　三輪野山貝塚水場遺構

時代晩期とされる。遺構の下部からは，トチ・クルミ・加工材・編組製品が出土している。

　三輪野山貝塚では遺跡西部の斜面部に水場遺構が構築されている（小栗ほか 2008）（第 5.13. 図）。この水場遺構は，谷津奥部や谷部の湧水を利用するのではなく，低地から斜面を削り取るように構築されている点が特徴的である。斜面を U 字状に掘り込んであり，幅約 8m，奥行き約 7.5m，遺構東側の壁の高さは 2.5m をはかる。出土した土器は縄文時代後期前葉から晩期中葉に属する。木組や材の出土は報告されていない。水場遺構の南に隣接して，階段状の土器敷がなされた道路状遺構が検出されており，水場遺構が頻繁に利用されたことを示すと考えられる。

## 第 3 節　水場遺構と堅果類の可食化

　関東平野における水場遺構を検討し，木組をもつ水場遺構は縄文時代後期以降に出現するとともに急激に増加することを確認してきた。後期以降に属する木組遺構の多くは，構築や利用の時期を特定することが難しい。これは長期にわたる木組遺構の使用を示唆すると考えられ，木組などの水場遺構が同一地点に複数構築されていることから，維持・管理が計画的におこなわれていたと考えられる（金箱 1996，佐々木 2007a）。これらの水場遺構ではどのような活動がおこなわれたのだろうか。水場遺構の用途は食料だけでなく繊維を得るためのサラシなど多岐にわたると考

トチモチ

採集→虫殺し→乾燥→保存→ふやかし→水さらし→灰合わせ→米などと蒸す→つく

トチのコザワシ

採集→虫殺し→乾燥→保存→ふやかし→皮剥き→煮沸→つき砕き→水さらし→水切り→調理

第 5.14. 図　トチのアク抜き法

えられるが（高橋 2004，武藤 2007），縄文時代後・晩期に多く出土するトチの加工法についてみておこう。

　アク抜きの技術はかつて日本列島の植生と関連付けて解釈されていた。東日本では落葉広葉樹のナラ，西日本では常緑性広葉樹のカシが主に分布することから，堅果類の可食化法にも差が存在すると考えられた（松山 1972;1977;1982，西田 1981，佐々木 1986）。加熱処理は東日本でおこなわれ，水さらしは西日本の技術であるととらえられてきた。しかし，アク抜き技術は利用する堅果類の種類によって限定されるわけではなく，実際には加工する食品が粒のままであるか，または粉にされるかという形状によってアク抜きの方法が異なる事例が指摘されている（辻 1988:59）。同じ地域においても，アク抜きには多様な方法が認められるのである。

　渡辺（1975;1989）は民俗資料を用いて，縄文時代における堅果類の可食化法について復元を試みた。トチの調理に関して，トチモチとコザワシという 2 種が存在することを明らかにし，それぞれのアク抜き法の聞き取りをおこなった。その調査にもとづき，アク抜きしたトチを米と混ぜるトチモチの事例が紹介されているが，トチのデンプンを抽出するコザワシは当時ほとんどおこなわれなくなっていた。近年では民俗資料の再検討が進み，新たなアク抜き法も提示されている。渡辺が収集した事例は加熱・加灰によるものであったが，トチのアク抜きに直接の加熱が必要ではないことが明らかにされた（武藤 2007）。この非加熱処理には灰汁が用いられている。さらに，名久井（2006）はトチのアク抜き法の民俗資料を，灰の利用ではなくトチの形状と工程によって 4 分類している。「発酵系あく抜き」方式は発酵を利用するもので，トチを種皮付きのまま細かくつぶす工程が含まれることから，遺跡から出土する種皮の小破片との関連が想定されているようであるが，民俗資料の事例はごく少数である。「水晒し系あく抜き」と「はな（澱粉）取り系あく抜き」方式はトチが粉砕されてから処理されている。これら 3 方式は灰を用いる事例と用いない事例の両者を含んでおり，灰は必ずしも必要とされてるものではない。「灰汁合わせ系あく抜き」は剥き身のトチを用いるが，その理由は灰と合わせたり煮沸する際にトチが小さいと溶けてしまうことがあるからとされる。

　トチの可食化には多様な方法がとられることは民俗資料から明らかであり，縄文時代にも時期や地域によって複数の方法がおこなわれたであろうが，共通する部分はある。トチの可食化の工程を整理すると，大まかには第 5.14. 図のようになる。トチを採集し，乾燥して保存するか，生のままアク抜きをおこなう。乾燥保存の場合には長期間保存することができるという（渡辺

1975)。通常は殻付のまま乾燥保存されるが，トチのコザワシの場合で採集後すぐにアク抜きをしない場合は，乾燥すると殻をむきにくくなるので乾燥を防ぐために短期間土中に埋めておくこともあったようだ（渡辺 1975:151）。乾燥したトチは，種皮を柔らかくするため，水につけるか煮沸される。次の段階では，種皮を剥いて粉砕するか，種皮ごと粉砕される。これを水にさらす，煮沸する，灰汁と合わせるという処理がなされる。

　民俗資料をみると，縄文時代に想定できるアク抜き方法は多く，特定することは難しい。アク抜きの道具だけでなく，遺跡から出土するトチの形状に注目することで，民俗資料との対応関係がより明らかになるだろう（名久井 2006）。出土したトチは，種皮付子葉，種皮大破片，種皮小破片，子葉のみに分類される。子葉のみが出土している例があることから，アク抜きの前に粉砕せずに種皮を剥く場合があったことがわかる。これに対して，小破片となった種皮の存在が示すのは，柔らかく戻したトチを種皮ごと粉砕するという工程である。縄文時代において，両者とも東北から北陸にかけて分布している。種皮の剥き方から考えると，種皮の剥かれた子葉と種皮の大破片が対応関係にあるといえるだろう。名久井の収集した民俗資料によれば，トチを種皮のまま粉砕しないのは「灰汁合わせ系あく抜き」に分類されており，煮沸しない場合でも熱い灰汁を利用する。また，トチを種皮ごと粉砕する場合には，フルイや目の粗い布などで粉砕された種皮を取り除く必要があり，流水にさらすか水を頻繁に交換しなければならない。種皮を粉砕しても灰を用いる事例はあり，縄文時代において灰を全く使用しなかったとは考えにくい。赤山陣屋跡遺跡のトチ塚からは炭化物が出土しており（金箱 1996），木組遺構の内部からも灰層が検出されているので（高橋 2004:43），灰が用いられた可能性が高いだろう。木組の構造をみると，単体の木枠もあるし，水の流れに沿って木枠が複数連結しているものもある。底部に敷材が設けられ濁りのない水を得ようとしていることは，虫殺しのために種皮ごと水に浸けるだけではなく，種皮を剥いたり粉砕した状態のトチが木組遺構内で扱われていたことを示唆している。寺野東遺跡SX048の資料の分析によれば，堅果類の表層に存在するアク成分である分岐アルコールが多量に検出されている（江原ほか 2001）。

　民俗資料を参照すると，トチの可食化に基本的に必要な縄文時代の道具は，石皿・台石類，磨石・敲石類，煮沸用容器，灰，植物製容器などが候補として挙げられる。これらの道具はいずれも縄文時代の遺跡から出土している。木組を含む水場遺構に想定される，水にさらす「トチダナ」だけが縄文時代後期以降の特徴である。名久井（2006）はトチ利用の起源について，土器出現以前にも可食化が可能であるとの見解を示しており，技術的にはアイヌ民族が用いていた樹皮製容器でもアク抜きができるという。たしかに，煮沸を必要としないアク抜き法が存在していることからすると（武藤2007），煮沸具としての土器が必ず必要であるといえない。種皮を剥く道具は民俗資料によくみられるが，聞き取りの中でかつては歯で剥いたという事例もある（名久井 2006:83, 渡辺 1975）。歯で種皮を剥く方が早いとされ，縄文時代にも特別な道具は用いていなかったかもしれない。トチのアク抜きには手間と時間を要することはたしかだが，アク抜きに際して道具はそれほど必要がないということが近年の民俗資料の収集によって明らかになりつつあ

る。この点を考慮すると，縄文時代後期に出現する木組遺構を構築する理由は見当たらない。木組遺構の利点は，水を恒常的に利用できること，効率的に一度にアク抜きができることであろう。しかし，木組遺構の構築・維持には相当の労働力が必要である。それにもかかわらず，木組遺構は複数の遺跡で確認され，晩期まで改築・補修をしながら継続的に利用されている。やはり，大量の食料を可食化できるという木組遺構のもつ利点が優先されたと考えるべきだろう。

　トチのアク抜きに関する研究では，加熱・加灰・水さらしの日数などに焦点が当てられており，道具についての詳細な記述は少ない。しかし，トチのコザワシに用いられるトチダナは，縄文時代の木組遺構の機能を考える上で参考になるかもしれない（高橋1992:200）。トチダナは岐阜県などの山間部で観察されており，トチのコザワシの際に利用されている（渡辺1975;1989）。トチのコザワシの場合には，トチを水にさらす前に細かく砕くためか，1〜3週間を要するトチモチに比して水にさらす期間は1〜3日と短い。渡辺（1989）の収集した事例をもとに，規模の明らかなトチダナについて整理してみる。

　事例A1（岐阜県揖斐郡揖斐川町：旧徳山村）では2本の角材に7本の板や竹をわたし，ビニール製のすだれを敷く。ここに径0.06mのワラのマクラを四方に置く。内径は約0.52×0.72mである。これで2升のトチをためることができる。昔は約1.5m四方，深さ0.15mで1斗5升（約2週間分）のトチを処理できたという。トチが無くなるころに脇にもう1基のトチダナを設け，トチを切らさないようにしていた。トチダナの上にはトチの粉が抜けないようにサラシを敷いている。この事例では庭先にトチダナを設置し，水道水を利用している。事例B5（岐阜県大野郡白川村）では約0.7m四方，深さ約0.15mの箱を2段重ね，間に木綿の布を敷く。下の箱は底板があるが，上の箱には水を通すために桟を渡してスノコを敷いている。谷水を引いて利用している。事例B8（岐阜県山県市：旧美山町）は集落の水場利用を示す興味深い事例である。16戸からなる仲越集落では，トチの実が落ちるころに谷川沿いの特定の地点に16基のトチダナを設置した。水は樋を用いて分け合っている。トチダナは約0.6m四方，深さ約0.12mであり，5・6人家族の2日分の容量である。底には割竹を敷き，0.9m四方のヌノズをかける。事例10（岐阜県旧徳山村）は約0.9×1.2mのトチダナを用いており，1斗のトチだと0.09〜0.12mほどたまる。事例B11（岐阜県旧徳山村）では約0.9m四方のタナにマクラを置き，カケイで水をかけている。事例B12（岐阜県旧徳山村）は約0.9×1.2mのタナにマクラを置き，底に竹製のスノコを敷いている。0.1mの深さがあれば1斗のトチが入る。トユで水をかける。事例B18（岐阜県旧徳山村）では地下水の出るところにトチダナを設けている。長い棒の上に，約1.2×1.2mのタナの底に竹製のスノコを敷く。水はトイを用いてかけている。

　これらの資料によると，トチダナは0.6m四方から1.5m四方までみられるが，1.5m四方という事例は，聞き取り調査時以前におこなわれていたものである。トチを常食していた時点，または家族の人員が多い場合には，大型のトチダナを設けていたと考えられる。縄文時代の木組遺構との比較の際に重要なのは，民俗資料にみられるトチダナが一時的に設置されるものであって，各戸がそれぞれ所有している点である。ただ，岐阜県本巣市越波の事例によると（野本2005），

個人のトチダナのほかに5ヶ所の共同のトチダナが存在していた。記述から推定すると昭和初期までは存在していたようであるが、3日交替で5軒での利用であった。3日という期間であることから、コザワシが主におこなわれていたと推察されている。共同のトチダナがいつから利用されていたのかについては明らかではなく、水場に適した地形が少ないなど、地域的な要因も影響しているのかもしれない。また、共同のトチダナの規模や構築方法については記載がない。越波集落の現在のアク抜き方法では、谷水の水場に丸太で台を作り、約0.7mの竹簀を敷く。この上に額縁状の木枠を載せ、さらに麻布を敷くというものである。これは、規模・構築方法ともに旧徳山村の事例と同様である。旧徳山村で観察されたトチダナの構造は簡易であり、縄文時代の木組遺構のように大型の材を水場に固定するわけではない。角材などの上に木の板や割竹を並べる構造が一般的のようであり、ここにワラなどを巻いたマクラが置かれ0.1mほどの深さが確保される。共同のトチダナは各戸が交替で利用するのであるから、一回の処理容量が大きかったわけではないだろう。水場が共同であっても、各戸でトチの可食化をおこなう点では、個人所有のトチダナと同様の機能を果たしていたようである。

　民俗資料にみられるトチダナの構築方法は、縄文時代の木組遺構に比べるとかなり簡易であり、規模も小さい。聞き取りによる最大のトチダナでも1.5×1.5m、深さ0.15mであり、構造は現代のものと変わらないと考えられる。コザワシの場合の水の供給方法は樋などでトチダナに直接水をかける方法であり、縄文時代の木組遺構にそのまま対応させることはできない。民俗資料は山間部で収集されているため、川の高低差を利用して樋で水を引くことが容易であると考えられるが、関東地方の縄文時代後・晩期における木組遺構は水の流れの勾配が少ない地点に設置されている。木組遺構は地面を掘り込んで設けられる事例が多く、湧いてくるか緩く流れる水を確保することが主要な機能であると考えられる。このため、コザワシに必要な水量を得ることができなかった可能性がある。木組遺構の容量の利点は、虫殺しなどのために大量のトチを水に浸ける工程にあるといえるだろう。収穫したトチなどの堅果類は虫殺しのために水に浸けられるが、深さのある木組遺構はこの用途には適している。また、乾燥保存したトチの種皮を柔らかくするためにも適している。

　先述した縄文時代の木組遺構の規模を整理すると、民俗資料におけるトチダナとの相違が明瞭となる（第5.2.表）。平面形では短辺でも1m以上であり、赤山陣屋跡遺跡の木組遺構は長辺が9mに達している。長辺は改築などによって、構築当初よりも長くなることはあるが、トチダナよりも大型であることは間違いない。縄文時代の木組遺構はトチダナのように一時的に設けるのではなく、大型の木材を用いた恒久的な施設となっており、掘り込みをともなうことも民俗資料とは異なる。掘り込みが確認された木組遺構のうち、浅いもので0.4mほどであり、深いものでは約2mをはかる。掘り込みが特に深い木組遺構は谷の底部から外れて設けられている例が多いようであり、水をためることが主要な機能であったのかもしれない。規模の大きな木組遺構はほとんどが標高の最も低い谷底に位置することから、掘り込みの深い木組遺構とは用途が異なる可能性があるだろう。掘り込みが確認されていない木組遺構であっても、後に材の抜き取りがおこ

第 5.2. 表　縄文時代木組遺構とトチダナ

縄文時代の木組遺構

| 遺跡 | 木組遺構 | 平面（m） | 深さ（m） |
|---|---|---|---|
| 寺野東 | SX077 | 3.0 × 5.2 | |
| | SX048 | 14.5 × 4.6 | 0.4 |
| | SX053 | 4.5 × 1.0 〜 2.5 | |
| | SX054 | 2.7 × 1.1 | |
| | SX041 | 1.3 × 1.3 | 0.5 |
| | SX075 | 2.0 × 2.0 | 0.5 |
| 明神前 | | 2.0 × 1.8 | 0.4 |
| 後谷 | 第 1 号 | 4.4 × 1.1 | |
| | 第 2 号 | 1.5 〜 1.9 × 1.0 | |
| | 第 3 号 | 1.7 × 0.8 | |
| | 第 4 号 | 1.0 × 1.0 | 0.8 |
| 下宅部 | 第 7 号 | 4.0 | |
| | 第 8 号 | 6.0 × 8.0 | |
| | 第 10 号 | 6.2 × 2.8 | 0.4 |
| 赤山陣屋跡 | 第 4 号 | (4.0 × 4.0) | |
| | 加工場 | 9.0 × 1.4 〜 1.9 | 0.3 〜 0.5 |
| | 板囲い | 5.0 × 2.0 | 0.9 |

トチダナ

| 事例 | 平面（m） | 深さ（m） | トチの量 | 文献 |
|---|---|---|---|---|
| A1 | 1.5 × 1.5 | 0.15 | 1 斗 5 升 | （渡辺 1989） |
| B4 | 0.45 × 0.45 | | 2 升 | |
| B5 | 0.7 × 0.7 | 0.15 | | |
| B8 | 0.6 × 0.6 | 0.12 | | |
| B10 | 1.2 × 0.9 | 0.9 〜 0.12 | 1 斗 | |
| B11 | 0.9 × 0.9 | | | |
| B12 | 1.2 × 0.9 | 0.1 | 1 斗 | |
| B18 | 1.6 × 1.6 | | | |
| 越波 | 0.7 × 0.7 | | | （野本 2005） |

なわれたであろうから，構築当時は検出時よりも深さを有していたと考えられる。

　1.2 × 0.9m の大きさのトチダナには，1 斗のトチを処理すると約 0.1m たまるとされる（渡辺 1975）。0.6m 四方，深さ約 0.12m のトチダナでは 5 〜 6 人家族の 2 日分のトチを可食化でき（渡辺 1989），共同の水場では同様の規模のトチダナを 3 日交替で使用していたので（野本 2005），一日に必要なトチの量を推定することができるだろう。トチを常食していた地域では，一世帯で一日あたり 3 〜 5 升のトチが消費されることがわかる。聞き取りによる最大のトチダナは 1.5m 四方，深さ 0.15m で，約 1 週間分とされる 1 斗 5 升のトチをアク抜きすることができた。聞き取りによる数値なので深さに関しては多少の誤差があるとしても，1.5m 四方のトチダナは 0.6m 四方のものの 6.25 倍の面積となるが，実際に処理されていたトチは 1.5 倍である。家族の人数や食事の回数によって消費の量は異なるのであろうが，1.5m 四方のトチダナの場合には 0.15m の深さがあるだけで，最大限の容量までトチをためていなかったのだろう。

　仮に，縄文時代の木組遺構がコザワシに用いられたとして，その処理能力を推定してみる。赤山陣屋跡遺跡の「トチの実加工場跡」のすべてが同時に機能したとすると，深さが 0.6m 四方のトチダナの約 3 〜 5 倍あり，面積が約 41 倍となるため，概算であるが約 120 倍以上の容量を有している。5 〜 6 人家族の約 8 ヶ月分のトチの量である。コザワシのようにトチを粉砕せず

粒のまま水にさらす場合には，一回に処理できるトチの量は減るであろうが，いずれにしても縄文時代の木組遺構は一世帯が消費する分量よりもはるかに大きな容積を有していることがわかる。

先述のように，縄文時代の木組遺構がトチのアク抜きにのみ使われたわけではないので，トチのアク抜き専用のトチダナとの比較がそもそも適していないのかもしれない。しかしながら，実際に水場遺構からトチ種皮などが出土しているので，トチのアク抜きがおこなわれたことは確実と考えられる。縄文時代にトチがどの程度日常的に利用されていたかについて明らかではないが，各遺跡からの出土数が少ないため世帯ごとに木組遺構を有していたとは考えられず，木組遺構は共同で用いられていたのであろう。しかも，コザワシのように短期間（1〜3日）でアク抜きができないとすれば，各世帯が交替で利用するために交替期間中に消費する大量のトチを一度に処理しておく必要がある。この場合，世帯当たりの作業に対してかなりの労働力が要求されると予測される。だが，縄文時代後・晩期における通常の住居跡の規模は中期とそれほど大きく変化しておらず，すべての世帯が北米北西海岸における拡大家族のように人員を有していたとは想定しにくい。したがって労働力の点からすると，縄文時代の木組遺構の利用に関して，世帯ごとに交替で利用していたのではないと考えるのが妥当であろう。縄文時代にはトチ以外にも様々な植物が利用されていたことを考慮すれば，むしろ，共同でアク抜きの作業をおこなっていたと考えられるのである。縄文時代中期中葉にはすでにトチが遺跡から出土しているので（佐々木 2007b），木組遺構がなくともトチのアク抜きはできると考えられ，木組遺構が出現する背景には一度に大量にアク抜きをおこなう需要があったからであると考えられる。

## 第4節　焼土遺構

トチの可食化に注目すると，大量に処理するのであれば火も同様に必要であることが予測される。加熱法であれ非加熱法であれ，少なくとも灰を必要とする事例が多いからである。水場遺構に居住域が隣接しない遺跡があることから，通常の屋内炉が加熱や灰の生成に関して十分な機能を有するとは想定しがたい。効率性を考慮すれば食料加工用の炉が水場遺構の近くに設けられるはずである。下宅部遺跡では調査区ⅡおよびⅣにおいて，丘陵部と水場の間のやや平坦な場所から37基の焼土遺構が検出されている。これらの規模は大小様々であるが，住居跡にともなうものではない。調査区Ⅱでは15基の焼土跡が検出され，第43号焼土跡以外は直径10mほどの範囲内に集中する。第43号焼土跡は南北約4m，東西約3mの範囲で，被熱により硬化した厚みが約0.2mとされる。第43号焼土跡の下部からは後期中葉の埋設土器が出土した。これ以外の焼土跡は小型のものが多く，直径0.2〜1m程度の焼土跡が確認されている。調査区Ⅱ丘陵縁辺部では縄文時代後期初頭から後葉までの土器が出土し，埋設土器と同様に後期中葉の土器が主体となることから，焼土跡の多くは同時期と推定されている。

調査区Ⅳでは焼土跡21基のほか，竪穴状遺構2基，粘土採掘坑2基，第1土坑群（159基），

第 2 土坑群 (77 基), 土坑 87 基, 集石 7 基, 埋設土器 7 基, 溝 1 条が検出されている。出土した土器は後期前葉から中葉が最も多く, 後期後葉の土器も比較的出土量が多い。調査区北側には第 1 号竪穴状遺構, 第 2・3 号焼土跡, 第 1 号土坑群が近接する。後期前葉から中葉とされる第 1 号竪穴状遺構には炉跡がないため作業場と考えられており, 第 1 土坑群は縄文時代の掘立柱建物の可能性があることから, 作業場的な性格が想定される。流路沿いの第 2 号焼土跡は後期中葉から晩期と考えられており, 規模は約 5×2.5m である。第 3 号焼土跡は後期前葉から中葉に属し, 2.5×2.5m の範囲をもつ。もう一基の竪穴状遺構は調査区東端に位置し, 後期前葉に属するとされる。集石は掘り込みをもつものともたないものがある。後期中葉とされる集石は 7 基中 3 基であり, 集石の時期がすべて同じだとしても, 規模・形態に差があるため同一の機能は想定できない。第 1 号集石は漆塗りの耳飾が出土したことから, 配石墓と推定されている。ほとんどの焼土跡は, 調査区南西部の溝の西側に集中して分布する。規模の大きい焼土跡は, 調査区南東に位置する第 7 号 (2.2×1.0 m), 溝付近では第 10 号 (1.65×0.85m), 第 19 号 (3.8×3.5m), 第 20 号 (2.75×2.2m), 第 21 号 (2.0×1.2m), 第 22 号 (1.3×1.0m), 第 25 号 (3.2×1.5m), 第 27 号 (2.1×0.9m) が挙げられる。溝からは大量の土器片が出土したが, 多くは磨耗の著しい小片である。溝の構築時期は後期初頭から前葉とされる。

　寺野東遺跡では 18 基の焼土遺構が出土した。このうち 12 基は環状盛土遺構南西部に位置する H4 区から検出されている。H4 区の北東隅には住居跡が 2 軒確認されており, この付近で焼土遺構が検出されている。どちらも後期後葉の安行 1 式期とされ, SI219 は少なくとも 2 軒の重複がある。焼土遺構もほぼ同じ時期の層から検出された。すべての焼土遺構が同一時期ではないかもしれないが, 安行 2 式の SX020 が焼土を切っているため, 安行 2 式期以前に属する焼土が存在することは確実である。H4 区の断面図からは 2 つの焼土遺構を観察することができる。両者とも多量の骨片・骨粉を含むとされ, 焼土 2 には炭化物・炭化材も含まれている。焼土が集中する H4 区は谷部の木組遺構群から南東に約 80m 離れている。後期後葉に属する住居跡は谷部西側で 5 軒検出されており, 木組遺構に近接しているものの, 住居跡付近において焼土遺構は検出されていない。

　先述した縄文時代のトチの可食化には灰が用いられていた可能性があり, トチの煮沸または灰汁の作製などの工程がおこなわれていたと考えられる。焼土遺構と対応する煮沸用の遺物として考えられるのは粗製土器である。下宅部遺跡の焼土遺構群付近から出土した土器は後期中葉が主体であり, 後期中葉には焼土と粗製土器の関連を観察することができる。赤山陣屋跡遺跡では水場遺構周辺の低湿地で主に晩期の大型粗製土器が大量に出土している (金箱 1996)。トチ塚から炭化物や骨片が出土しており, アク抜きに用いられた灰に含まれていたものであろう。赤山陣屋跡遺跡の水場において焼土遺構群は確認されていないが, 大型粗製土器は煮沸に用いられたと考えるのが妥当であろう。寺野東遺跡における木組遺構周辺の出土遺物をみると, 赤山陣屋跡遺跡と比べて精製土器の出土率が高く, 精製土器であってもススやコゲが付着していると指摘されており (江原ほか 1998), 各遺跡や時期によって活動内容に多様性がみられるようである。

## 第5節　儀礼と食料の消費

　以上，堅果類の加工について，主にトチの可食化について述べてきた。木組遺構を中心とする水場の食料加工施設は後期から発達し，トチなどの堅果類の可食化に用いられたことは間違いないだろう。先述のように，水場でのトチの可食化は共同でおこなわれたと考えられる。水場遺構，焼土遺構など食料加工量の増加に関する考古学的証拠が確認されていることから，食料の消費量も比例的に増加していると予測される。食料の加工施設が構築された理由としては，消費量の増加による食料加工の需要が発生したからであると考えられるが，この背景をどのように解釈すればよいのであろうか。第3章で検討したように，縄文時代後期以降の人口増加の痕跡は確認されておらず，食料加工量の増加の原因は人口増加以外にあると考えるべきだろう。多量に食料が消費される機会のひとつに，饗宴がある。饗宴はそれ自体をおこなうことが目的ではなく，儀礼や祭祀の一部として催されている。饗宴では動物や栽培穀物のようにその社会において価値のある食料が重要な役割を果たしている。これに加え，饗宴で提供される食料の量も重要であり，日常的な食料の場合には通常よりも多量に調理される。トチなどの堅果類は日常的な食料に分類されるかもしれない。民俗資料によれば，トチの食し方は季節によっても異なるとされ，コザワシは秋に限定されるという（渡辺 1989:22）。この事実から，コザワシをケの食物，トチモチをハレの食物とする見解（松山 1977，辻 1988）に対し，渡辺は否定的である。しかしながら，渡辺の調査によってもトチモチを新・旧の正月と節句などに食べるという情報が得られている（渡辺 1975:129）。野本（2005:33-34）は生のままコザワシにすることには収穫を祝う意味合いがあり，乾燥保存したトチにはケの性格があるとしている。また，トチモチは正月につかれるものの，時期がさかのぼるにつれトチの配合率が低下する点が指摘されている。おそらく，多くの場合トチモチにはコメを混ぜることから，モチと同様の価値が生じたと考えられ，この意味でハレの場面で食されることが多かったと推察される。したがって，縄文時代におけるトチの食制に民俗資料にみられるハレやケの概念を対応させることは難しいが，保存が容易であり大量に加工できるというトチの特性を考慮すれば，饗宴のような特別な機会に利用されたと考えてよいだろう。

　高橋（1992:178-182）は堅果類からデンプンを抽出する加工法に着目し，携行食や非常食としてのデンプンの有用性について述べている。デンプン加工は，粒や粉の状態に加工するよりも加工後のカロリーの回収率は悪い。しかし，デンプンのほうが同じ重量でも高カロリーであり，保存が利き，調理も簡単であるという利点をもつ。デンプン加工は機能的なだけではなく，価値の高い食品としても扱われていた。デンプンは祭りのようなハレの状況において提供され，また，換金することのできる貴重な加工品でもあった（岡 1987）。同一地域におけるひとつの食材に関して，いくつかの加工方法がおこなわれており，縄文時代の食料加工法が地域ごとに単一であると想定することはできない。実際にはいくつかの加工法がおこなわれていたのだろう。

　トチが大量の食料を用意するために適した食材であることはたしかだが，トチだけが饗宴の主

要な食材となったわけではないだろう。各地の事例を参照すれば（Hayden 2003），縄文時代における饗宴の主要な食材としては，やはり動物の役割が大きかったと考えられる。縄文時代後・晩期の遺跡からは動物骨，特に焼骨が多く出土することが知られている。肉を食べるためだけならば，骨が変色するほど加熱する必要がないことから，焼骨は儀礼と関連するととらえられている（西本1997）。第2章で述べたように，祭祀・儀礼と饗宴は相関して発達する傾向にあり，儀礼を分析することで饗宴の存在をより具体的に示すことができると考えられる。縄文時代後・晩期には土偶や石棒などの祭祀遺物が増加することはよく知られているが，これらの祭祀遺物は大宮台地・下総台地などの環状盛土遺構を有する遺跡から特に多く出土する（Kawashima 2005;2008，阿部2007c）。祭祀遺物は遺跡内でも偏在する傾向があり，「祭祀遺構」・「祭祀遺物集中地点」・「大型住居」といった遺構からまとまって出土することがある。縄文時代後期以降に認められる祭祀的性格を有する遺構には，大型住居・祭祀遺物集中地点・配石がある。これらの祭祀遺構は饗宴の存在を間接的に裏付けるものではあるが，食料消費行為としての饗宴の痕跡を示していない。このため，消費の結果としての廃棄物や堆積物について検討をおこなうことが必要であろう。縄文時代後・晩期にみられる焼土遺構は食料の加工・調理に関連すると考えられ，土坑からは特殊な廃棄状況が観察されることがある。饗宴の考古学的痕跡（第3.2.表）を参考にすると，縄文時代における饗宴の痕跡としては第5.3.表のような遺構・遺物が想定される。縄文時代中期においても，小規模であるとしても饗宴は存在したであろうから，饗宴と関連する遺物が多少は認められる。しかし，後期以降のように饗宴に関連する遺物が安定的・継続的に出土するわけではない。後期以降では，食料加工具・加工施設，供膳具，特殊な遺構などが一度に出現または増大するのである。以下，後・晩期におけるこれらの考古資料が饗宴とどのように結びつくのか検討していこう。

## （1）焼土と獣骨

焼土がトチのアク抜きの結果形成されることも考えられるが，これ以外にも焼土を生じさせる活動がある。下宅部遺跡などでは焼獣骨の出土が多く，加熱が必要と考えられることから，焼土遺構が動物の調理にも用いられた可能性が高い。焼土遺構は水場遺構が検出された遺跡のみにみられるわけではなく，貝の花貝塚（千葉県松戸市）のように水場遺構が検出されていない遺跡にも焼土遺構は存在する。これらの遺跡でも低地部から水場遺構が今後見つかるかもしれないが，少なくとも環状盛土遺構の存在が想定されるような後・晩期遺跡からは焼土遺構が検出されているのである。

水場遺構近くで焼土遺構が多数検出された下宅部遺跡では，植物遺存体だけでなく焼骨を含む多量の獣骨が出土している。獣骨が主に低地から出土しているのは，良好な遺存状態が保たれたことが影響しているだろう。出土量が特に多い調査区Ⅱ・Ⅲでは，支流や低地部からの焼骨の出土が多くみられ，骨が焼かれた遺構は特定されていないものの焼土遺構群と焼骨の分布は近接している。獣骨の出土量の割には骨角器が少なく，4点のみである。動物種の構成はシカ・イノシ

第 5.3. 表　関東地方縄文時代中〜晩期に想定される饗宴の痕跡

| | 想定される饗宴の痕跡 | 縄文時代中期 | 縄文時代の遺物・遺構 |
|---|---|---|---|
| 食料残滓 | 稀少性または集約労働を要する動植物／特別な「嗜好品」／多量の食料／食料廃棄の証拠 | — | トチ塚，堅果類，サケ・マス，カジキ，塩 |
| 調理用の容器 | 特殊な器種／通常より大型・多量 | — | 粗製土器，木器，磨石，石皿，編組製品 |
| 供膳容器 | 特別な質や材料／通常より大型・多量の供膳容器 | — | 精製土器，漆器 |
| 食料加工施設 | 通常より大型の施設／通常より多数の施設／特殊な位置や構造 | — | 木組遺構，焼土遺構，製塩遺構 |
| 特殊な食料廃棄遺構 | 骨の集積／饗宴関連遺物を含む特別な焼土／饗宴の廃棄物の集積 | — | 焼土遺構，製塩土器をともなう土坑 |
| 饗宴施設 | 高位のゲストとホストのため，または多人数のための特別な一時的・恒久的構築物／特別な展示施設，野外ステージ，柱などの遺構 | — | 大型住居，祭祀遺物集中地点，環状列石，環状木柱列 |
| 特殊な出土状況 | 明らかに集落遺跡ではない墓場や隔離された場所／核世帯，共住世帯，大規模な饗宴廃棄物の集積，中央共同空間と関連する場所 | — | 祭祀遺物集中地点，焼土遺構 |
| 威信財 | 異なる種類の饗宴において典型的に用いられる威信財の有無と相対的多量性／富や威信財の破壊 | 土偶，大型石棒 | 垂飾，土偶，石棒，耳飾 |
| 儀礼用具 | タバコやほかの麻薬用具／威信的飲料のための儀礼的容器 | （有孔鍔付土器） | （注口土器） |
| 公共的儀礼のための個人的所持品 | 舞踏用仮面または衣装的要素 | 耳飾，垂飾 | 耳飾，石棒，垂飾 |
| 権力志向者の存在 | 厚葬，社会的または遺跡の階層，一人当たりの貯蔵量が大きい大型住居 | — | （大型住居） |
| 記録手段 | 付札，計数具，象形文字の有無とその頻度 | — | （土製円盤） |
| 饗宴の絵や文字記述 | | — | — |
| 食料貯蔵施設 | 小屋，貯蔵穴，穀物倉 | フラスコ形土坑 | 低湿地型貯蔵穴 |
| 資源的特徴 | 豊富さ，集約的開発，乱獲への耐性 | 堅果類（クリ主体） | 堅果類（トチ主体） |

シが主体となり，成獣の大型個体が狩猟の対象となったようである（金子・亀井 2006）。生骨ではイノシシが 53 個体，シカは 34 個体となっているが，同定された焼骨ではイノシシが圧倒的に多いとされる。焼骨はほとんど全身の部位が対象となっており，破損も著しいことから骨髄食がおこなわれたと推定されている。

　前窪遺跡（埼玉県さいたま市）では多量の焼骨が出土したが，この 92% にあたる 1,160g は台地縁辺部と隣接する谷部から出土した（青木ほか 1996）。谷部の中では東側に特に集中して焼骨が分布する。谷部からは晩期の遺物が多く出土しており，捨て場の様相を呈する。谷部における活動

と関連しそうなのが，谷部に接して構築された晩期の住居である。3基の重複が認められ，いずれも約5mの規模をもち，後2者は焼失住居とされる。最も新しい時期は晩期中葉と考えられているが，前2者のプランが方形であることから，晩期前葉にはこれらの住居跡の構築がはじまっていたと考えてよいだろう。

　第3章でも触れたが，寺野東遺跡において獣骨は小片または骨粉として環状盛土遺構の土層中から確認されている。環状盛土遺構を構成する堆積土は2種に大別されている。堆積土①は骨片・骨粉，炭化物を多く含む茶褐色土でロームはやや少ないこと，堆積土②はローム質褐色土を主体とし，間に漆黒色土や焼土などをはさむことがそれぞれ特徴とされる（江原 1997:738）。寺野東遺跡における獣骨の集中出土は確認されていないが，堆積土中に少なからず観察されている点は他の遺跡と共通する傾向である。

　饗宴にはしばしば動物が食料として用いられる（Hayden 1995;2003）。特に家畜の場合に提供される量が多くなり，ニューギニアの起業社会ではリーダーが100～150頭のブタを饗宴のために用意するという。家畜が確認されていない縄文時代においてこれほどの頭数の動物を頻繁に消費するとは想定できないが，民族誌にもとづく一般的傾向から考えると，饗宴において動物が重要な要素であった蓋然性は高い。加曽利南貝塚出土の動物骨によれば，後期前葉から中葉にかけてニホンジカの比率の増加とイノシシの減少が認められるが，後期中葉の動物骨出土量は増加している（金子 1976:44）。この傾向は東京湾岸の貝塚で共通する特徴であるとされる。

### （2）祭祀遺物の集中

　縄文時代後期以降，祭祀遺物が遺跡内の特定の場所から出土する事例が増加する。金生遺跡（山梨県北杜市），天神原遺跡（群馬県安中市）のように，山地の遺跡では配石をともなう事例が知られているが，平野部においても祭祀遺構が検出されている（Kawashima 2008，山内 2002）。

　赤城遺跡ではE区北東部から，完形土器集中地点とよばれる完形に近い土器が10×15mほどの範囲に集中する地点が検出された（第5.15.図）。出土した土器をみると，注口土器，浅鉢，台付鉢などの器種が目立っている。残存度の高い土器は，縄文時代後期末から晩期中葉に属するものに限られる。ここからは，対で出土したものを含む耳飾8点，土版1点，土偶1点，石棒1点なども出土している。このほか，赤城遺跡では祭祀遺物集中地点が確認され，同じE区の北端に位置する。約3.5×2.5mの範囲から多量の遺物が出土した。土器片791点のうち注口土器は113点，台付鉢35点，ミニチュア土器25点であり，深鉢が圧倒的多数を占める平均的な土器組成とは異なっている。縄文時代中期後葉から晩期前葉までの土器が出土し，晩期前葉の土器が主体となる。土製品では，土偶48点，耳飾11点が出土した。土偶には精巧な造りの遮光器系土偶がかなり含まれている。石器は，石棒7点，石剣11点，独鈷石1点などが出土している。ここからは礫・破砕礫が332点出土しており，配石のような様相を呈している。

　環状盛土遺構を有する遺跡には，盛土の内側に存在する窪地に記念物または高まりをもつものがある。寺野東遺跡では窪地のほぼ中央部においてマウンド状の遺構が検出された（江原ほか

完形土器集中地点

祭祀遺物集中地点

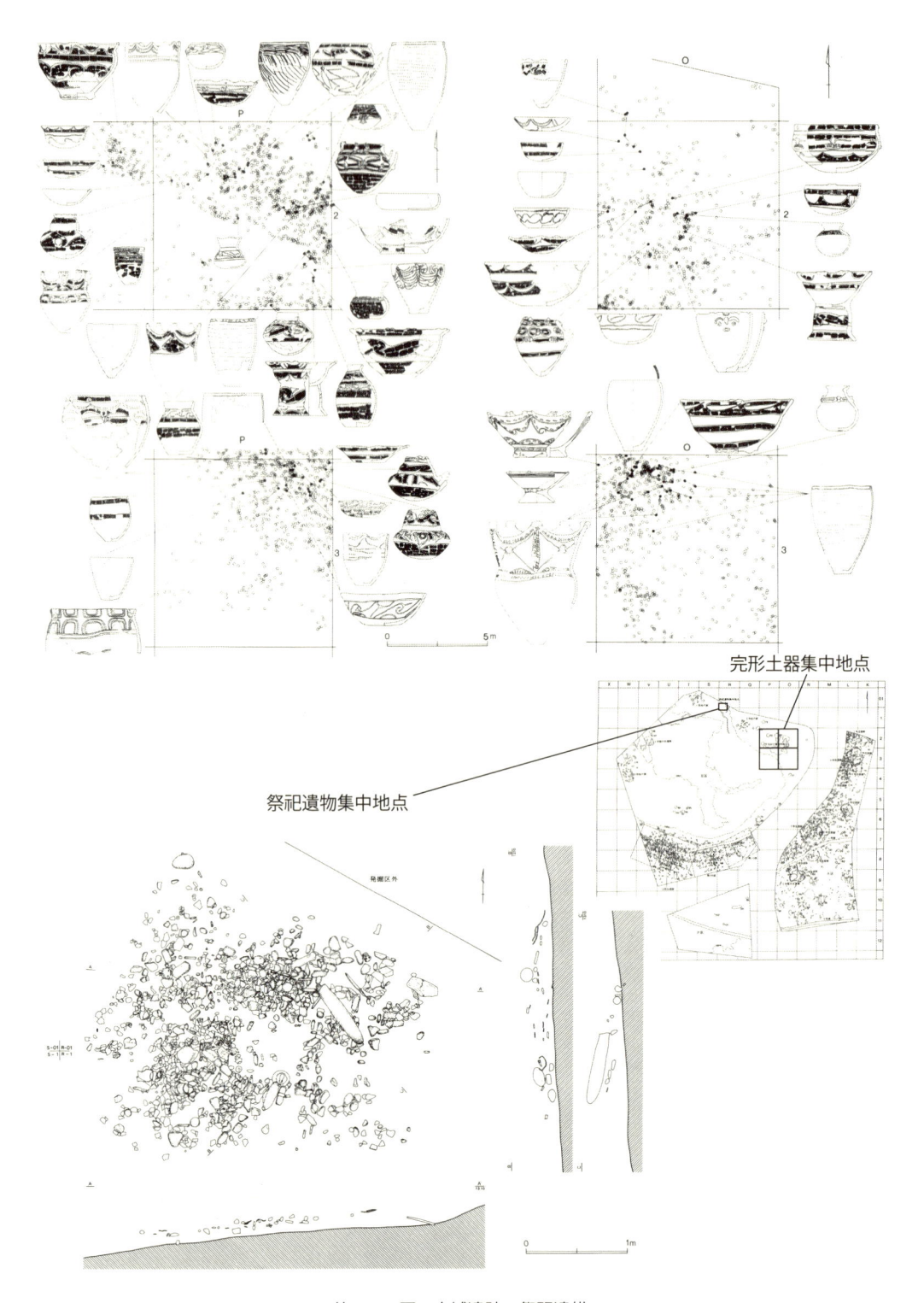

第5.15.図　赤城遺跡の祭祀遺構

1997)（第3.2.図）。これは石敷台状遺構として報告され，土を盛るのではなく窪地の削り残しによって形成されている。平面形は東西約15m，南北約10mの楕円形を呈し，高さ約0.7mをはかる。遺構表面には0.05〜0.1mほどの礫が敷かれており，いくつかのブロック状の集中もみられた。礫には被熱痕が観察されたものも含まれている。当遺構から出土した遺物は少数であり，縄文時代後期前葉から晩期中葉の土器が出土した。同様の遺構は井野長割遺跡の窪地内でも確認されている。マウンド状の遺構以外にも記念物ととらえられる遺物が出土する場合がある。三輪野山貝塚の中央窪地の中央部では遺構分布が希薄であるが，窪地底面から約0.25×0.25×0.75m，約70kgの石が出土した（小栗ほか2008）。石材は渡良瀬川流域に分布する流紋岩類とされ，遺跡外からの搬入品であろう。

　水場遺構では生産用具が出土するだけでなく，祭祀遺物の集中も報告されている。下宅部遺跡調査区Ⅴの水場では，シカ・イノシシの生骨とともに弓の集中出土が確認された（千葉ほか2006）。弓の中には成形が粗いものや樹皮を残した未成品も含まれており，これらは実用品であるとはみなしがたい。実用品であっても未成品であっても折れた状態で出土し，イノシシの下顎骨など大型の獣骨が伴出することから，動物を解体する際の狩猟儀礼との関連が指摘されている。三ノ耕地遺跡では水場遺構が半分ほど埋没した段階で多量の遺物が廃棄されている（弓1998）。遺物のほとんどは粗製土器であるが，イノシシ形土製品2体が出土している。遺構内の下層からはシカ・イノシシの骨が多く出土したが，このうちのいくつかは焼骨であった。水場の底面では2ヶ所の遺物の集中がみられ，北側の集中地点からは石剣・手燭形土製品・土製耳飾が，南側の集中地点からは土偶が出土した。

### （3）大型住居

　房総半島を中心に縄文時代後期中葉から増加する大型住居は，祭祀遺物を多出することから祭祀がおこなわれた場としてとらえられている（阿部2001;2003，高橋2001a;2003，吉野2007）（第5.16.図）。吉野は房総半島の縄文時代中期後葉から晩期中葉の住居跡の床面積を計測し，大型住居が後期中葉加曽利B式期に出現することを明らかにした上で，一部の住居跡のみが大型化することを指摘した。大型住居には時期的な変化があり，後期後葉の安行1式期から小型化する傾向がみられ，方形プランの住居の導入期と重なるとされる。後期後葉には大型住居跡以外からも祭祀遺物が出土するようになるが，これらの住居跡のほとんどが方形プランである。方形プランが導入される安行1式期の大型住居には方形プランがみられず，方形住居が大宮台地から伝播したと考えられることから（菅谷1995），大型住居が在地的な建物であったと推定されている（吉野2007:204）。大型住居のプランは円形・楕円形・方形・D字形などが知られ，床面積は約50〜260㎡をはかる。特徴は，複数回の建て替え，壁際など床面の焼土，異形台付土器・石棒など祭祀遺物の出土が比較的共通して認められる（第5.4.表）。また，大型住居は，通常の住居とは離れた地点に構築される傾向があると指摘されている（阿部2001:24，高橋2004:72-73）（第5.17.図）。これらの祭祀遺物の多くが完形に近い状態で床面付近から出土すること，住居跡内の多量

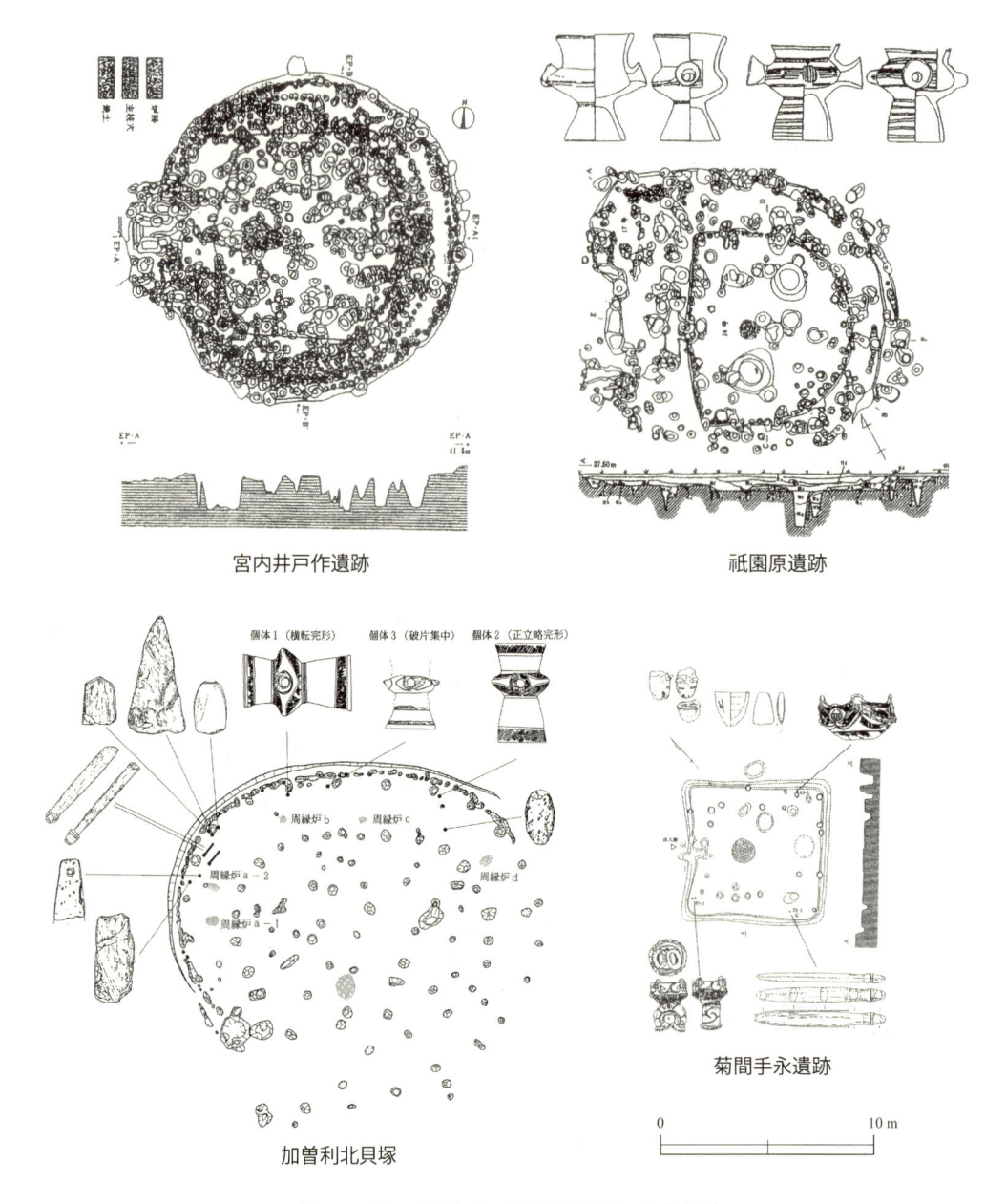

第 5.16. 図　大型住居の例と祭祀遺物の出土状況

の焼土，人為的な埋め戻しがおこなわれていることから，住居廃絶時に祭祀がおこなわれたと考えられている（吉野 2007:206）。吉野は廃絶時の祭祀を強調し，通常の炉も設けられていることから大型住居が居住に用いられたと考え，祭祀をおこなう場としての大型住居の性格には否定的であるが，祭祀をおこなうための建物として大型住居をとらえる意見もある（阿部 2003，高橋 2002:2003）。阿部は大型住居跡に主炉のほかにいくつかの一時的な炉が認められることから，複数集団による祭祀がおこなわれていたと考え，大型住居は複数の集落によって共同で利用

第5章 縄文時代の饗宴　147

第5.4.表　房総半島における縄文時代後・晩期の大型住居

| 遺構名 | 時期 | 面積（㎡） | 平面プラン | 出土遺物 | 特徴 |
|---|---|---|---|---|---|
| 祇園原貝塚50号住居 | 加曽利B3 | 262 | 楕円形 | 復元可能土器多数，吊手土器 | 周縁炉，奥壁に焼土帯，49A住居と重複 |
| 祇園原貝塚51号住居 | 加曽利B1 | 84 | 楕円形 | 特殊遺物なし | 壁柱穴，壁溝 |
| 加曽利貝塚東側傾斜面 JD-20 | 加曽利B | 226 | 楕円形 | 軽石製品，砥石，石棒，異形台付土器 | 周縁炉，壁際に壁柱穴，壁溝 |
| 鹿島台遺跡 DSI-018 | 加曽利B3 | 176 | 円形 | 吊手土器，石棒 | 周縁炉，焼土帯，壁柱穴，壁溝 |
| 三直貝塚 SI-028 | 加曽利B2 | 77 | 楕円形 | 浅鉢，異形台付土器 | 壁柱穴，壁溝，焼土帯，床面の炭化物，ローム埋土 |
| 井野長割遺跡1号住居 | 加曽利B3 | 95 | 円形 | 異形台付土器 | スノコ状敷物痕，焼土帯，住居上に盛土 |
| 祇園原貝塚49A号住居 | 曽谷 | 162 | D字形 | 異形台付土器 | 焼土帯 |
| 祇園原貝塚49B号住居 | 曽谷 | 57 | D字形 | 異形台付土器，石棒，軽石製品 | 49A号住居から縮小 |
| 西広貝塚66号住居 | 曽谷〜安行1 | 172 | D字形 | 異形台付土器3，石棒，復元可能土器多数 | ピット群，複数住居の重複，焼土帯 |
| 中沢貝塚 | 安行2 | 79 | 円形 | 石棒 | 複数回建替 |
| 三直貝塚 SI-004B | 安行2 | 73 | 台形 | 異形台付土器2 | 床面の炭化物，複数回建替，ローム埋土 |
| 三直貝塚 SI-022A | 安行2〜3a | 63 | 方形 | 焼けた小型土器 | 焼土帯，ローム埋土 |
| 宮内井戸作遺跡118号住居 | 安行3a | 171 | 円形 | 異形台付土器 | 柱穴多数，周縁炉，焼土帯 |
| 築地台貝塚03号住居趾 | 安行3a | 57 | 円形 | ミニチュア土器，独鈷石，石棒 | 壁溝，壁柱穴 |
| 三直貝塚 SI-029 | 安行3a | 57 | 円形 | 浅鉢，石棒 | 建替回数少，敷物跡，焼土帯，ローム埋土 |
| 三直貝塚 SI-004B | 安行3a〜3b | 84 | 五角形 | ミニチュア土器，耳飾 | 焼土帯，床面の炭化物，複数回建替 |
| 内野第1遺跡 J-20 | 安行3a〜 | 94 | 円形 | 土偶，耳飾，吊手土器 | 床面被熱，複数住居の重複 |
| 吉見台遺跡6号住居 | | 75<br>45 | 円形<br>方形 | 土偶 | ピット群の中で検出 |

されていたと想定する。日常的に居住していたかどうかについては明確にされていないものの，大型住居で祭祀がおこなわれたという見解である。高橋も祭祀がおこなわれたことに関して同様の立場を示すが，大型住居がリーダーによって管掌されたと想定している点で阿部の見解と異なる。高橋（2004;2007）はパプア・ニューギニアの男子小屋であるハウス・タンバランを援用して，大型住居と単系出自集団を中心とする社会的階層化を関連付けている。

　大型住居の所有形態や大型住居内での活動に関してはいくつかの見解があるものの，祭祀がおこなわれたことは共通して想定されている。通常とは異なる規模の建物が構築されていることは，

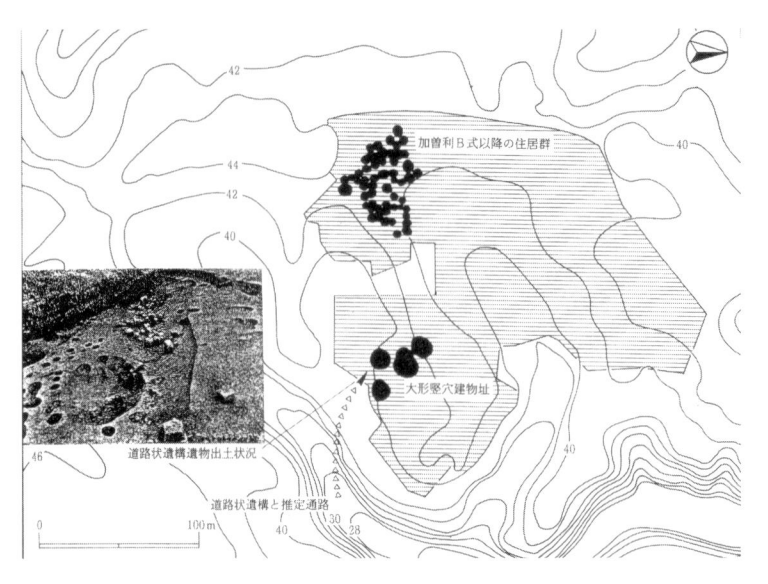

第5.17.図　宮内井戸作遺跡（千葉県佐倉市）における大型住居の位置

　ニューギニアだけでなく，北米北西海岸の複雑化した狩猟採集民社会でも報告されている（Ames and Maschner 1999）。建物の規模のみから大型住居が年齢階梯制における男子小屋であったと特定することはできないが，ひとつの候補となろう。ほかにも，リーダーの住居，秘密結社，公共の場なども候補として考えられ，大型住居の用途には検討の余地が残されている。いずれにしても，大型住居内の祭祀行為に注目すると，大型住居は饗宴の存在を示す根拠となりうる。年齢階梯制，秘密結社，リーダーの存在があれば，比較的社会的複雑化の進んだ社会が想定されることになり，饗宴が開催される機会も増加するからである。阿部が主張するように他複数集落から人々が集まり祭祀をおこなったとしても，これが饗宴の機会のひとつであったことは十分に考えられる。大型住居は焼失している例が多いが，同一地点において複数回建て替えがおこなわれている。建て替えの理由が焼失であったか，また，焼失が意図的であったかどうかは明らかでないが，建て替えが同一地点でおこなわれていることは，集落内での大型住居の位置が意識されていたことを示唆している。祭祀の場と考えられる大型住居が同一地点に存在していたことから，集落内で重要な施設であり，饗宴が催される場所としても利用されたと考えられる。

　大型住居は房総半島・下総台地で発達しているが，特定の住居に祭祀遺物が集中するという現象はより広い地域で確認されている。大宮台地の高井東遺跡（埼玉県桶川市）では，大型住居から出土するものと同様の祭祀遺物が出土しており，高井東遺跡のほか，乙女不動原北浦遺跡（栃木県小山市），能満上小貝塚（千葉県市原市），なすな原遺跡（東京都町田市）では，祭祀遺物や焼骨・焼土が出土する縄文時代後・晩期の住居跡が確認されている（阿部友 1996）。乙女不動原北浦遺跡は寺野東遺跡に比較的近い位置にあり，環状盛土遺構は報告されていないものの，やはり遺跡中央の窪地と周囲の高まりが認められる（江原 1999）。

　上高津貝塚（茨城県土浦市）では北側のC地点において居住域が確認されており（石川ほか

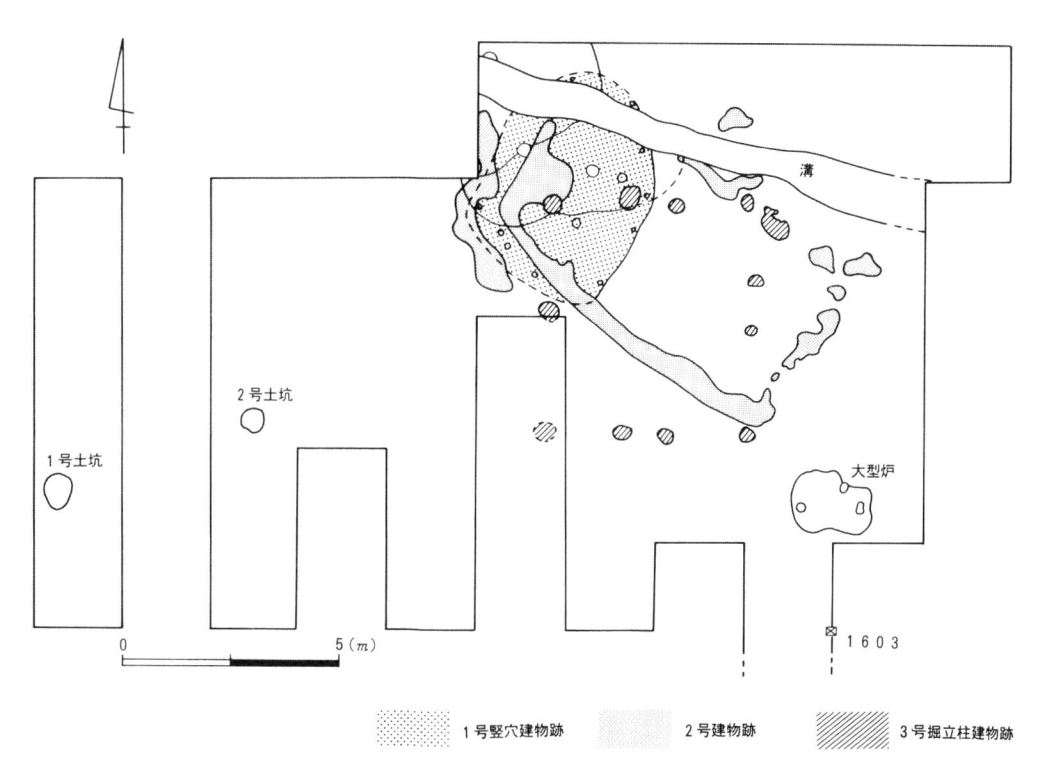

第 5.18. 図　上高津貝塚 E 地点遺構分布図

2006），遺跡南側の E 地点では掘立柱建物跡などの遺構群や製塩との関連が示唆されている大型炉が検出されている（塩谷ほか 2000）（第 5.18. 図）。1 号竪穴建物跡は約 4.9 × 3.6m の楕円形のプランであり，床面出土土器から縄文時代後期初頭に位置づけられている。2 号建物跡は約 8.0 × 4.5m の方形プランを呈し，時期は後期後葉とされる。主柱穴は確認されていないが，床面で方形に焼土が確認されているため，消失した建物の壁を示すと考えられる。壁沿いの 2 ヶ所から獣骨の集中が確認された。3 号掘立柱建物跡は約 5.5 × 4.5m の規模をもち，晩期初頭に属する。4・5 号竪穴建物跡は中期後半から後期初頭に位置づけられている。このほか，大型炉以外に 2 基の土坑が検出されている。約 0.7 × 0.6m の 1 号土坑からはヒトの乳歯が出土しており，子供の墓坑と考えられる。後期中葉に属する。2 号土坑は直径約 0.5m，深さ 0.43m であり，貝殻で充填されていた。貝のほかシカ・イノシシなどの骨も出土している。時期は後期後葉と考えられている。

　上高津貝塚 E 地点では 2,649 点 (4,347.2g) の哺乳類の骨が出土しており，5 種が同定されている。イノシシ・シカの順に出土量が多く，2 号建物跡とその周囲から集中的に出土している。イノシシの骨は 144 点 (1,133.8g)，シカの骨は 133 点 (703.3g) 出土している。特に遺構から出土した骨は，焼骨の占める比率が極端に高くなっている（第 5.19. 図）。2 号建物跡では 2 ヶ所の獣骨集中地点が確認され，焼土内から焼けたイノシシの四肢骨が集中的に出土した。この 2 号建物跡

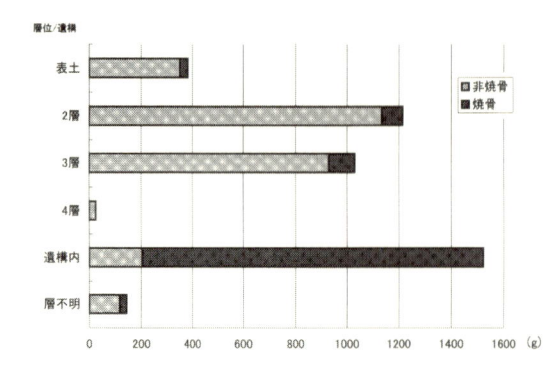

第 5.19. 図　上高津貝塚 E 地点出土獣骨

は焼土が方形に検出されていることから、焼失建物とみなされるが、主柱穴をもたないため通常の掘立柱建物とは異なっている（山田 2000）。規模は通常の住居よりも大きく、推定床面積は約 36㎡ となる。焼土内に小柱穴が存在したことから、壁立ちの住居であると推察されている。祭祀遺物の集積は認められないが、異形台付土器が 1 点出土していることが注目される。

### （4）土偶

　縄文時代の代表的な祭祀遺物である土偶は、後期以降に出土数が増加することが明らかとなっている（八重樫 1992）。土偶の用途については、護符・神像などいくつかの説が提出されているが、玩具説を除けば祭祀との関わりが強いと認識されている。関東平野では後期中葉に山形土偶が（阿部 2007c）、後期後葉からはミミズク土偶が製作されている（Kawashima 2005）。山形土偶は特定の遺跡から多数出土することが知られており（江坂 1960;1990）、土偶出土数が極めて少ない関東平野の縄文時代中期とは異なる状況である。印旛沼周辺において山形土偶が出土する遺跡は、環状盛土遺構を保有する遺跡でもあり、土偶以外の祭祀遺物も複数種類出土している。

　山形土偶出土遺跡と同様に、ミミズク土偶が出土する遺跡も遺物量が多く、長期的に継続する遺跡となっている。大宮台地における安行式期遺跡の分布と土偶の分布を確認した結果（第 3.39. 図）、土偶が出土した遺跡のほとんどは晩期中葉まで継続しており、土偶が出土していない遺跡との相違は明らかである。遺跡数が極端に減少する縄文時代晩期後葉には土偶の出土が報告されていないものの、この時期の遺跡は土偶出土遺跡のみであることから、土偶が出土することと出土した遺跡の長期性には関連がうかがえる。土偶が祭祀に用いられていたのであれば、土偶保有遺跡において祭祀がおこなわれていたことになり、土偶の存在は長期継続的な集落における頻繁な祭祀の催行を示唆している。

　大宮台地を事例として、安行式期の土偶についてもう少し詳しくみてみよう。安行式期の土偶としては、中実で板状のミミズク土偶（後期後葉～晩期中葉）、中空ミミズク土偶（晩期前葉）、東北地方の遮光器土偶を模倣した遮光器系土偶（晩期前葉～中葉）、I 字文土偶（晩期中葉）が知られている（Kawashima 2005）。集成した 77 遺跡のうち 25 遺跡から土偶が出土しており、土偶総個体数

第 5.5. 表　大宮台地の安行式期土偶出土遺跡例

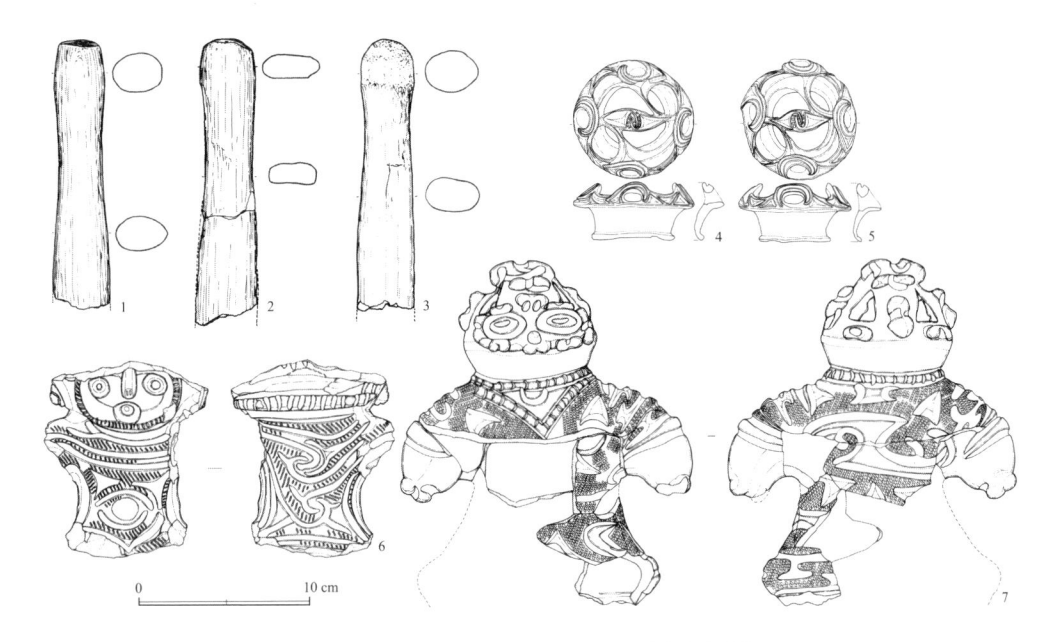

| 遺跡名 | 土偶総数 | 遮光器系土偶数 | 中空ミミズク土偶 |
| --- | --- | --- | --- |
| 赤城遺跡（第 3.39. 図 56） | 86 | 28 | 4 |
| ささら（Ⅱ）遺跡（同 7） | 43 | 2 | 0 |
| 雅楽谷遺跡（同 6） | 42 | 1 | 0 |

第 5.20. 図　赤城遺跡祭祀遺物集中地点出土遺物

は 276 点であった。土偶出土遺跡であっても土偶が均等に分布しているわけではなく，遺跡間の土偶保有数に差が存在する。特に土偶保有数の高い赤城遺跡，雅楽谷遺跡（埼玉県蓮田市），ささら（Ⅱ）遺跡（同市）における土偶の様相を比較してみる（新屋ほか 1988，橋本ほか 1985，橋本ほか 1990）。縄文時代後期の関東平野では在地系の山形土偶やミミズク土偶が製作されていたが，晩期前葉に東北地方の影響を受けた遮光器系土偶が製作されるようになる。遮光器土偶の中でも中空で大型のつくりの土偶からの影響が強く，在知的なミミズク土偶にも影響が及び，大型の中空ミミズク土偶が出現するようになる。しかしながら，製作された土偶の型式には遺跡間に差があり，東北地方の影響を強く受けた遺跡と，在地的なミミズク土偶が主体となる遺跡がある（第 5.5. 表）。

　立地からみると，赤城遺跡は大宮台地の北方に位置しており，大宮台地のほぼ中央に位置するささら（Ⅱ）遺跡・雅楽谷遺跡とは離れている。前述のように，赤城遺跡では祭祀遺物集中地点が検出され，ここから 48 点の土偶，18 点の石棒類，11 点の土製耳飾などが集中的に出土している（第 5.20. 図）。赤城遺跡では祭祀遺構が発達し，遮光器系土偶の比率が高い。大宮台地出土の遮光器系土偶の半数以上が赤城遺跡から出土しており，ミミズク土偶主体の他遺跡とは異なる様相を呈している。土偶の製作地は特定されていないものの，赤城遺跡のように他地域の系統の

土偶を保有する遺跡があることから，土偶の交換はほとんどおこなわれず，基本的に出土遺跡で製作されたと考えてよいだろう。しかしながら，遮光器土偶の模倣がおこなわれていることから，土偶を製作する際の形態・文様などの情報は関東平野に持ち込まれていた。土偶製作上の情報は均等に保有されたのではなく，赤城遺跡のような特定の遺跡に集中したため，出土する土偶の形態に遺跡間の差が生じることになったのであろう。土偶の偏在からは拠点的集落での祭祀の活発化がうかがわれ，さらに，集落間で祭祀の頻度や規模だけでなく，祭祀に必要な道具にも差が生じていたと考えられる。

### (5) その他の祭祀遺物

縄文時代後・晩期に増加する土偶以外の祭祀遺物としては石剣・石刀などの石棒類が挙げられ，長期継続する拠点的集落からの出土例が多い。また，威信財とも考えられるが，土製耳飾が多数製作されるようになる。祭祀と関連しそうな遺物の中では石棒類と耳飾は比較的製作数が多く，生産や交換に関する研究の対象となってきた。石棒類は石材の産地が限定されており，交換によって分布が拡大したといえる。大宮台地周辺では秩父周辺で産出する緑泥片岩が主に用いられており，産地に近い原ヶ谷戸遺跡（埼玉県深谷市）では石棒製作がおこなわれていた（村田ほか 1993）。先述の赤城遺跡，雅楽谷遺跡，ささら（Ⅱ）遺跡は石棒類を多数保有している（第5.6.表）。ただ，使用された石材に注目すると，土偶でみられたように遺跡間の差異が認められる。赤城遺跡は緑泥片岩の産地により近く位置しているためか，80%以上の石棒が緑泥片岩製である。ささら（Ⅱ）遺跡・雅楽谷遺跡では緑泥片岩製の石棒は，どちらも半数程度となっている。大宮台地の集落では，石棒の交換に関して複数の入手先があったことを示唆している。土偶とは異なり石棒は交換によって広く流通したといえるが，製作集落と直接交換するのか，他集落を経由して入手するのかによって，遺跡に残される石棒の石材の比率は異なると考えられる。

耳飾は千網谷戸遺跡（群馬県桐生市）のように精巧な耳飾を生産した遺跡もあり，他遺跡からもこの形態の耳飾が出土しているので，特定の形態の耳飾は交換されていたと考えられている。耳飾は耳朶に孔をあけて装着するため，耳朶孔が拡大するとともにより大きな耳飾を装着するようになる。耳飾の直径に関する研究によれば，2つのピークが確認された。第1のピークは直径が1～2cm台であり，耳朶に孔をあける際に装着され，第2のピークの3～6cm台の耳飾はより大型品への交換と対応すると想定された（金成・宮尾 1996:66）。1～2cm台の耳飾はほとんどすべての耳飾出土遺跡において確認されていることから，成人式のような成長に関連する儀礼に用いられたと推定されている。また，3～6cm台の耳飾保有数は遺跡間で差があるため，婚姻

第5.6.表　石棒類の石材構成

| 遺跡名 | 石棒類総数 | 緑泥片岩製 |
|---|---|---|
| 赤城遺跡 | 36 | 30（83.3%） |
| ささら（Ⅱ）遺跡 | 47 | 23（48.9%） |
| 雅楽谷遺跡 | 37 | 16（43.2%） |

などの機会に持ち込まれたと考えられている。耳飾は個人が装着すると考えられるので、耳飾自体が交換されるほか、婚姻による人の移動にともなった可能性はある。

石棒類と同様に、耳飾は土偶出土遺跡から多量に出土する傾向があり、赤城遺跡で57点、ささら(Ⅱ)遺跡で100点、雅楽谷遺跡で95点が出土している。土製耳飾の分布をみると、利根川上流域を除けば、耳飾の集中する地域が環状盛土遺構や製塩土器の分布と重複することがわかる（第5.21.図）。耳飾が多量に出土する遺跡は利根川上流域に多いものの、平野部では大宮台地で出土数が多くなっている。大宮台地では拠点的な集落が密集しており、それぞれが祭祀遺物を保有している。印旛沼周辺でも同様に、拠点的な集落の分布密度が高いことが指摘されており（阿部 2007c）、平野部に関しては遺跡密度と祭祀遺物の豊富さに相関関係を読み取ることができる。祭祀遺物の出土量が多いことは儀礼が頻繁におこなわれていたことを示唆している。耳飾の分布が婚姻など人の移動を示すのであれば、各集落のみでなく、他集落からのゲストを含めた儀礼がおこなわれていたと考えられる。拠点集落の密集地域では集落間の距離が近く、頻繁な交流があったと想定することができ、儀礼の機会が増加するとともに饗宴が発達していったと考えられる。

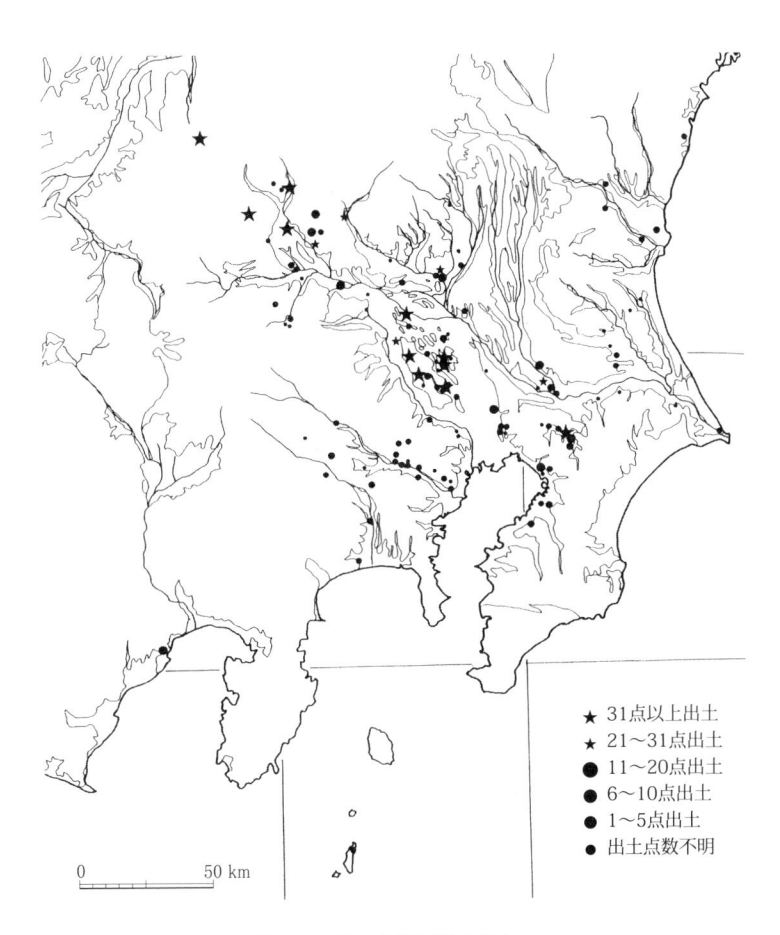

第5.21.図 土製耳飾の分布

## 第6節　縄文時代後・晩期の饗宴

　水場遺構に関する先行研究では，食料加工技術の発展に主に焦点が当てられ，加工された食料がどのような機会に消費されるかに関する言及はほとんどなされていない。しかしながら，食料加工は消費量の増大によって拡大すると考えられ，消費までを含めた議論を進めるべきであろう。ここでは，第2章で述べた饗宴の視点にもとづきながら，縄文時代後・晩期の食料加工・消費に関連する資料を検討してきた。饗宴には多量の食料が必要であり，堅果類の可食化に用いられた縄文時代の木組遺構は饗宴に関連して用いられた可能性がある。トチなどの堅果類は大量に採集することができるため，饗宴の食料として提供されたであろう。饗宴を頻繁におこなう社会では，特定の場所で調理がおこなわれると考えられる。例えば，東南アジアのアカ族の饗宴では，大量の食料を調理するときには通常の調理場の隣に臨時の調理場が設けられる（Clarke 2001:161）。屋外調理の場合でも，調理施設が設けられる場所はほぼ決まっているようである（Hayden 2001:Fig2.3-5., Wiessner 2001:Fig4.3.）。通常の炉よりも大型かつ不整形で，通常の住居外より検出される縄文時代の焼土遺構は，日常的に使用されるというより特定の機会・場所で加工や調理がおこなわれたことを示唆すると考えられる。アク抜きに関する民俗資料によれば，同一地域内または集落であってもいくつかの方法がとられていることから，縄文時代における加熱・加灰を含めた堅果類の可食化には多様な方法がとられていたと考えるべきであろう。下宅部遺跡のように水場遺構に近接して分布する焼土遺構であれば，堅果類の可食化に煮沸や加灰を想定することができる。赤山陣屋跡遺跡の水場遺構ではトチ塚から炭化物が検出されているので，少なくとも加灰がおこなわれていたと考えられるだろう。また，焼けた動物骨が後・晩期の遺跡から出土するので，焼土が堅果類の加工のみに用いられたのではなく，調理や，さらには火を用いた儀礼とも関連した可能性が高い。

　縄文時代後・晩期には祭祀遺物の出土量・種類が増加するだけでなく，特定地点での集積が観察されている。関東平野における祭祀遺物の集中地点では，明確な柱穴がないことから，上屋構造をともなっていたかどうか明らかではない。簡素な構造物をともなったかもしれないが，通常の住居とは異なる場所で儀礼がおこなわれていたと考えられる。屋内における儀礼については，大型住居においておこなわれていたと考えられる。祭祀遺物が多数出土する大型住居は下総台地に主に分布するが，住居跡からの祭祀遺物の出土は他の地域でも報告されている（阿部友 1996）。屋外・屋内にかかわらず，儀礼にともなって饗宴が催されたと考えられる。この際，食料の加工・調理は通常よりも多量であり，屋外でおこなわれたであろう。

　縄文時代中期と比較すると，後・晩期には饗宴の考古学的証拠が増加している。後期以降における祭祀遺物の増加を考慮すると，儀礼などにともなって饗宴の機会が増加していたと考えられる。後期中葉からは土偶・石棒のような祭祀遺物が増え，祭祀の場と考えられる大型住居や祭祀遺構が出現しはじめる。饗宴に必要とされる食料加工施設も構築されており，後期以降，饗宴を

頻繁におこなう社会へと変容したと考えてよいだろう。饗宴の発達が社会的複雑化を示すことから，後・晩期の社会的複雑性が高まっていたことはたしかであると考えられる。

では，後・晩期の饗宴がどの程度発達していたかについて検討してみよう。第2章第2節で検討した饗宴の4段階の区分を用いてみると（Hayden 2001），第2段階の共同体饗宴段階または第3段階の競争的饗宴段階が縄文時代後・晩期社会に適用できそうである。共同体饗宴段階では，大規模な食料加工施設・儀礼用供献具・儀礼用個人的所有物があらわれ，負債という概念もこの段階から発生するという。次の競争的饗宴段階になると，より精巧な祭祀具などが用いられ，数量が増加する。おこなわれる饗宴の種類には変化はないが，より大規模で競争的になるとされている。共同体饗宴段階と競争的饗宴段階の区分基準があいまいであることは問題であるが，文化的に連続する社会における饗宴の発達を検討するための参考にはなるだろう。縄文時代中期には饗宴の痕跡がかなり少ないことを考慮すると，中期から後期への饗宴の変化は，最小認識饗宴段階から共同体饗宴段階への発達を示すととらえることができるだろう。さらに，トランスイガリタリアン社会の中では，縄文時代後・晩期は返礼社会に相当すると考えられる。ヘイデン（Hayden 1995）は縄文時代後・晩期社会をトランスイガリタリアン社会のうち起業社会に位置づけているが，筆者の検討では，饗宴に関する限り後・晩期社会が起業社会に相当するとはみなしがたい。縄文社会において，ブタを大量に消費する饗宴と同程度の行為がおこなわれたとは考えにくいのである。また，ヘイデンはチューマッシュ後期社会も起業社会に含めているが，第4章で検討した生産では，縄文時代土器製塩がチューマッシュ後期社会のビーズ生産ほど労働力の動員をおこなっていないと考えられる。つまり，社会組織の面で縄文時代後・晩期社会は，世襲的階層制をもつチューマッシュ後期社会ほどの社会的複雑性を有していないと推定される。

本章では，縄文時代後・晩期の社会的複雑性を明らかにするために，饗宴の考古学的痕跡を検討してきた。トランスイガリタリアン社会の図式によれば，第4章で得られた結果と同様に，縄文時代後・晩期に社会的複雑性の発達がおこったと考えられる。ただ，ヘイデンが示したトランスイガリタリアン社会のモデルにも問題点は残されており，これに縄文時代後・晩期社会を当てはめるだけで縄文時代後・晩期社会の複雑性を復元できるわけではない。次章では，これらの資料にもとづいて縄文時代後・晩期社会の特質について考察を進めていく。

# 第6章　縄文時代後・晩期社会の複雑化

## 第1節　縄文時代後・晩期における生産と饗宴

　第4章において縄文時代後・晩期の生産について，第5章では食料の加工と饗宴について検討してきた。どちらも社会的複雑化の指標としてとらえられている活動である（Arnold 1996, Hayden 1995;2001a）。第1章で述べておいたように，縄文階層化社会論では主に墓制から社会的複雑化が検討されてきたが，世襲的階層制が存在した証拠は提出されていない。そのため本研究では，世襲的階層制の確立以前の段階に焦点を当て，縄文時代後・晩期社会の社会的複雑化をとらえようと試みた。狩猟採集社会である縄文時代における土器製塩は，生業・交換の視点から研究がおこなわれてきたが（鈴木 1992，鈴木・渡辺 1976，常松 1997，寺門・柴崎 1969），ほとんどの研究は民族誌との比較はなされておらず，経験的解釈が提出されてきた。また，土器製塩の技術のみが注目され（加納 2001，高橋 1996，中村 1996;1998），製塩に関する労働形態や，社会組織まで言及されることはなかった。ここでは，本研究で検討したことを整理し，製塩と社会的複雑性の関連について考察を進めていく。

　まず塩の用途についてであるが，そもそも狩猟採集民は生理的に必要なナトリウムを動物から摂取できるとされ，製塩をおこなう必要はないと考えられている（Meggitt 1958）。関東地方の製塩土器は内陸部にも分布しており，これまで指摘されてきたように海産物の保存のために製塩をおこなったのであれば，製塩土器の内陸部への搬入を説明できない。ニューギニアで観察された簡素な製塩工程のように（石毛 1976，ゴドリエ 1976），初期段階の塩は嗜好品として生産され交換に供されたものであろう。ニューギニアの製塩は焼畑農耕民の事例であるが，特殊な草や塩泉を利用して小規模に生産されている。縄文時代でも土器製塩が開始される以前には，後期前葉において土器を用いない製塩がおこなわれたという指摘がある（加納 2001）。汽水域に分布するアマモに付着する微小貝類が灰層の中から検出されているため，アマモを用いた灰塩が想定されている。したがって，土器製塩は塩をはじめてつくるために開始されたのではなく，塩の生産量を拡大するために開始されたと考えられるのである。霞ヶ浦南岸の製塩遺跡では縄文時代後期後葉から土器による製塩がおこなわれ，製塩に用いられた土器の形態が製塩専用に変化していく過程が読み取れる。製塩土器の破片が大量に出土するだけでなく，製塩炉とされる遺構が検出されるようになり，製塩量が増加していったと考えられるのである。また，製塩土器の製作技法の規格化と製塩遺構の構築は，製塩工程の効率性が高まったことを示している。

　土器製塩における労働形態については，これまでほとんど言及されていない。唯一，製塩の季節性に関する指摘があるだけで，仙台湾沿岸の製塩土器底部に残された木葉痕から製塩が夏季におこなわれたと推定されている（小井川・加藤 1988:31）。近世の日本における塩田でも，冬には製塩がおこなわれていなかったことは（日本塩業大系編集委員会 1977，廣山 1997），日本の冬は製塩に

適さないことを示している。年間を通じて温暖な気候であるニューギニアにおいても，雨の多い時期には製塩がおこなわれていない（Meggitt 1958）。これは灰塩という製塩法のため，湿気を避けているからであるが，理論的に通年の作業が可能であるとしても実際には製塩がなされていないことがわかる。日本では季節的な気候の変化があるため，縄文時代土器製塩は季節的な労働であったと考えられる。製塩の期間が限定されれば，自家消費を超える量の塩を生産するためには集約的な作業が求められる。製塩作業に合わせて製塩土器を製作するなど準備期間も設けなければならない。法堂遺跡（茨城県稲敷郡美浦村）では日常生活の道具がほとんど出土しないことから，製塩作業の場であったことは明らかである。縄文時代の製塩の原料は海水であるため，原料の入手だけを考えるならば製塩をおこなう場所が限定されることはない。しかしながら，土器製塩は法堂遺跡をはじめ汀線に近い微高地に立地する少数の遺跡でのみおこなわれていた。これは，塩の生産が自由におこなわれたのではなく，特定の集団によって生産されたことを示唆している。ニューギニアでは，モニ（Moni）族のように塩泉の近くの集団が，各世帯で製塩をおこなっている事例がある。モニ族は単純な灰塩を生産するのみで，製塩は小規模である。同じくニューギニアのバルヤ（Baruya）族は，塩の草を栽培し，精製した鹹水を竈で煎熬するというやや複雑な製塩をおこなう。この製塩工程においては，世帯単位の労働ではなく，親族を含めた労働力が動員されている。バルヤ族の場合には，栽培した塩の草を利用しているため，製塩の時期が限定されている点も注目される。モニ族とバルヤ族の事例の差を考慮すると，縄文時代土器製塩は製塩土器の製作，季節的な労働，煎熬工程を含むことなどがバルヤ族の製塩法に類似していることがわかる。バルヤ族の事例を参照するならば，縄文時代土器製塩における労働力は世帯ごとではなく，少なくとも親族の労働力を動員する段階に達していたと考えられる。

　縄文時代土器製塩の労働形態が社会的複雑性にどの程度反映されているのかについて検討すると，製塩をおこなうモニ族とバルヤ族をはじめエンガ（Enga）族を含めても，ニューギニアでは世襲的階層制の社会は存在していない。世襲的階層制は非親族労働とともに複雑化狩猟採集民を定義すると考えられており（Arnold 1996），非親族労働は社会的複雑化の発達を示している。北米カリフォルニアのチューマッシュ（Chumash）後期社会におけるビーズ生産では，ビーズ生産と石錐生産が分業されており，さらに製品の交換をリーダーが管理していたとされる（Arnold 2001;2004）。チューマッシュのビーズ生産が島嶼部でおこなわれ，交換の機会と手段が限定されていたことが，リーダーの管理を促進させたと考えられる。これに対して，ニューギニアでの交換は陸路でおこなわれ，製塩集落を訪れることで塩を入手できる。ニューギニアの製塩工程と交換形態，そしてチューマッシュの事例を参考にすると，縄文時代に生産された塩をチューマッシュ後期社会のように集落のリーダーが管理したとは断定できない。縄文時代の塩は陸路で交換されていたと考えられ，チューマッシュのような交換に対する管理は難しい。むしろ，バルヤ族のように親族労働で製塩をおこない，分配や交換がおこなわれていたと考えられる。縄文時代土器製塩が親族労働でおこなわれ，世襲的階層制と密接に関連する非親族労働がみられないならば，土器製塩が縄文階層化社会論で議論されてきたような世襲的階層制の存在を示していると考える

ことはできない。

　しかしながら，世襲的階層制が存在しないとしても，社会的複雑性を達成する社会があることはすでに述べた通りである（Hayden 1995）。世襲的階層制に至るまでの中間的段階とされるトランスイガリタリアン社会は，特に経済的活動の発達度によって3段階に分類されている。饗宴は利益を生じさせる経済的活動のひとつであり，社会的複雑化と相関して発達すると考えられている（Hayden 1995;2001a）。縄文時代の生業に関する研究では，特に堅果類の利用において生態学的な視点（佐々木 1986，西田 1981;1985 など）が中心的位置を占めてきた。食料の獲得が重視され，食料の備蓄や余剰の運用についてはほとんど検討されてこなかった。縄文時代が狩猟採集民社会であることを前提としてきたことが理由のひとつと考えられるが，すでに述べてきたように，狩猟採集民であっても食料の備蓄をおこなうことがある（Binford 2001，テスタール 1995）。特に，縄文時代に利用されていた堅果類は大量に採集でき，北米太平洋岸の民族誌との対比も可能である。本研究では第5章において，縄文時代後・晩期社会における食料加工施設や食料消費行為など饗宴の痕跡を探った。

　縄文時代の水場における堅果類の加工は，栽培ではなく採集であるものの，食料に関する生産活動という側面も有している。食料加工施設である木組遺構は縄文時代後期以降に出現し，出土する植物遺存体の中でトチが主体となることから，トチの可食化と関連付けられている（佐々木 2007a;2007b）。トチの可食化についての民俗資料と比較した結果，縄文時代の木組遺構における可食化には共同作業も含まれていたと考えられる。トチダナは小さく世帯ごとに設置される一時的な構造であるのに対し，木組遺構は大型で恒久的な構造を有している。縄文時代の木組遺構は，トチのコザワシに用いられるトチダナとは構造や設置場所が異なっており，直接的に対比することはできない。トチの可食化の民俗資料によれば，トチを短期間でアク抜きするコザワシという方法には，絶えず水を上からかけなければならず，掘り込みをともなって構築される縄文時代の木組遺構はこの方法をとることはできない。山間部での民俗例とは地理的条件が異なっているため，大量の水をトチの上からかけることは難しいだろう。谷地頭などからの湧水を利用するため，木組を利用して一定量の水を確保する必要があったと考えられる。川にトチを浸すという，トチモチを作る際の方法ではアク抜きに1〜3週間を要するため，一集落内で水場遺構を交替で利用することは難しいだろう。そのため，トチの加工は集落内での共同作業であったと考えられる。アク抜きにはさまざまな方法がとられたと考えられる。完形のトチが出土するだけでなく，水場遺構から細かく破砕されたトチ種皮が出土しているので（名久井 2006），トチを種皮ごと粉砕するアク抜き法もおこなわれていたことはたしかである。これは民俗資料にみられるように，アク抜き法の多様性を示していると考えられる。民俗資料でも，トチモチとコザワシの際に異なる工程がとられているのである。可食化の工程はトチの加工後の状態によって異なると考えられ，木組遺構における可食化の方法を特定することはできない。むしろ，木組遺構の特徴である大型で恒久的な構造が，木組遺構の用途や木組遺構を必要とする社会的背景を示唆すると考えられる。

　木組遺構は掘り込みをもつこと，木組をもつこと，敷石や底板が設けられることなどから，木

組遺構の目的は泥などによる濁りのない水を安定して確保することにあったと考えられる（江原ほか1997:533）。共同作業はアク抜きだけでなく，木組遺構の構築にも想定される。すでに，縄文時代中期からトチは利用されており，世帯ごとのアク抜きのように小規模な作業ならば，恒久的な木組遺構を構築する必要はない。このため，木組遺構は一時的に大量の堅果類のアク抜きをおこなうことが，構築の目的であったと考えられる。各遺跡の事例をみると，改修がおこなわれ，加工材の集積場が検出されている。木組遺構の構築・維持には計画性がうかがわれ，集落全体での作業がおこなわれたと推定される（金箱1996;2003, 佐々木2007a;2007b）。水場遺構における共同作業について，赤山陣屋跡遺跡（埼玉県川口市）の事例では，複数集落による共同利用やアク抜きの共同作業が想定されている（金箱1996;2003）。これは，赤山陣屋跡遺跡において後・晩期の居住域が確認されておらず，周囲に3遺跡が近接して立地していることが根拠となっている。しかしながら，後世の地形改変の影響が大きいものの，赤山陣屋跡遺跡の台地上からは後・晩期の遺物が出土しており（金箱ほか2005），台地上に集落があった可能性を完全に否定することはできない。さらに，周囲の3遺跡のひとつである石神貝塚（埼玉県川口市）からは水場遺構が検出され（佐々木・山崎2001），各集落で水場遺構を保有していた蓋然性が高まったのである。したがって，水場を複数の集落で共同利用したのではなく，各集落が保有する水場遺構で堅果類の可食化がおこなわれたと考えられる。

　食料加工についてもうひとつの事例を挙げてみよう。阿部（2003）は土器の器種組成の視点から，拠点集落のほかに集落から離れた地点での食料加工を想定し，遺跡間での相互補完的な機能分化があったことを示すモデルを提示している。これは台地上の遺跡における土器塚と低地遺跡における水場遺構や粗製土器の集積を組み合わせたモデルである。主に下総台地で報告されている土器塚は，遺跡内の一地点に粗製土器の大量廃棄によって形成された遺構である。特に後期中葉の加曽利B式土器が集中的に堆積している点が注目される（阿部2000）。後期前葉からあらわれる粗製土器は煮沸容器としてとらえられ，アク抜きから調理まで複数の工程を担うとともに，作業の集約化を示唆すると考えられている（阿部1995;1996a）。土器塚は台地上の拠点集落にみられる遺構であり，集積した粗製土器は食料の加工・調理に用いられたと考えられる。一方，大宮台地のような水場遺構は下総台地では検出されていないものの，低地部における粗製土器の集積が下総台地周辺で確認されている。旧河道である西根遺跡（千葉県印西市），低地部に位置する陣屋敷遺跡（茨城県稲敷郡美浦村）からは縄文時代後期中葉の粗製土器が大量に出土し，土器組成の大部分を占めている（小林ほか2005, 中村1996）。下総台地における拠点的集落遺跡から水場遺構が未検出であること，低地遺跡からの粗製土器の大量出土が阿部のモデルの根拠となっているが，遺跡のどの地点を調査したかというバイアスを考慮しなければならないであろう。

　前述したように，大宮台地での事例からは各集落で堅果類の可食化がおこなわれたと考えられるが，下総台地において拠点集落から離れた地点における堅果類の可食化を想定できるだろうか。トチのアク抜きに関する民俗資料によれば，ほとんどがトチを食べる際にアク抜きを集落内でおこなっており，アク抜きしたトチを保存することは極めてまれである。トチは収穫後すぐに食べ

る分を除き，乾燥保存される。乾燥保存であれば，何年でも保存がきくからである。やはり，赤山陣屋跡遺跡の事例と同様に，拠点集落から離れた地点に水場遺構を設けてアク抜きをおこなうことは想定しにくい。少なくともトチに関しては，採集したトチを集落で保存し，食べるときに可食化をおこなうと考えられるのである。下総台地における土器塚は形成期間が後期中葉の加曽利B式に限られ（阿部 2000），後期中葉以降の土器塚は報告されていない。後期中葉に堅果類の集中利用が開始され，これ以降の加工法は粗製土器に依存しない方法がとられたと考えられる。

　以上のように，作業場が台地上でも低地部でも，堅果類の可食化が集落内でおこなわれ，木組遺構や粗製土器によって大量に堅果類の利用がおこなわれることは縄文時代後期中葉以降の特徴といえる。後期以降，遺跡数が減少する傾向に対して，木組遺構の構築や粗製土器の出現と大量使用は集落における食料消費量の増加を示唆すると考えられる。本研究では，食料消費量の増加を饗宴のコンテクストで解釈しようと試みた。人口増加が認められないのであれば，日常的な食料消費のみで後期以降の食料加工の増大を説明できないからである。饗宴は儀礼などの特別な機会に催され，大量の食料を消費する行為である。饗宴の機能は多岐にわたるが，労働力の動員はそのひとつに挙げられている。饗宴の4段階のうち（Hayden 2001），労働力動員に関わる饗宴は第1段階から認められている。この段階では考古資料として残される痕跡が少ないので，饗宴を考古学的に確認できるのであれば，第2段階規模の饗宴とみなすことができるだろう。縄文時代後・晩期の遺跡からは，饗宴の考古学的指標を複数確認することができるが（第5.3.表），労働動員にともなう饗宴を通常の集落遺跡において特定することは難しい。饗宴に関する考古資料は，繰り返しおこなわれた饗宴の痕跡を示しているに過ぎないからである。だが，生産遺跡における祭祀遺物の存在は，そこで饗宴がおこなわれた証拠としてとらえることができる。製塩遺跡である法堂遺跡には日常的道具がほとんど残されていないにもかかわらず，貝輪・耳飾・ミニチュア土器などが出土している（戸沢・半田 1966）。これらのほとんどは製塩遺構が検出された遺跡中央部のc-d区からd-e区にかけて出土している。さらに，この区域においてシカ・イノシシを中心とする鳥獣骨が多く出土し，それらの一部は焼骨であった。法堂遺跡での遺物出土状況は，一部の民族誌を思いおこさせる。例えば，バルヤ族の製塩作業の後には，饗宴が催されている（ゴドリエ 1976:233）。製塩作業に協力した者も協力しなかった者も参加し，多量のサツマイモ・タロイモやサトウキビが提供されるという。法堂遺跡における祭祀遺物や動物骨は，労働への対価という意味を含めた饗宴の痕跡であったと考えられる。バルヤ族の事例は労働後の饗宴であるが，労働力の動員が親族の範囲内であっても饗宴がおこなわれることを示している。同じニューギニアのモニ族による世帯単位の製塩では饗宴がおこなわれないことから，法堂遺跡における饗宴の痕跡は，土器製塩に関わる労働力が世帯を超えて親族に及んでいたことを示している。饗宴の機能のひとつに労働力の動員が挙げられているため，饗宴の発達は生産の拡大とも連動すると考えられる。

　ここまで，縄文時代後・晩期社会における社会的複雑化をとらえるために，土器製塩と饗宴について分析を進めてきた。どちらも，中期より後・晩期において発達しており，後・晩期の社会

的複雑性が発展していたことを確認できた。本研究で対象とした関東地方は，従来縄文階層化社会論の中でとりあげられてこなかった。関東地方の主要な食料は堅果類であると考えられるが，堅果類主体の生業でどのような社会的複雑性が発達するのかについて，次に詳しく考察していく。

## 第2節　縄文時代の生業と社会的複雑性

　階層化した狩猟採集民の生業が海産資源に特化する傾向は以前より指摘されてきた（Binford 2001, テスタール 1995, 渡辺 1990）。これらの狩猟採集民は，北米北西海岸のように高緯度地方に主に分布している。縄文階層化社会論は太平洋北岸の民族誌にもとづいて提唱されているため（渡辺 1990），このモデルを日本列島のすべての地域に適用することはできないという考えがある（安斎 2002;2007a;2007b）。これは渡辺の示した生業分化モデルを前提とした解釈であり，海獣の狩猟や大型魚の捕獲を社会のエリートのみがおこなえたことを想定している。この生業分化には豊富な海産資源の存在が重要であると考えられる。北米北西海岸に代表されるように，階層化した狩猟採集民はサケ科を集中的に利用している。秋に大量に遡上するサケ科は冬の間の食料として重要な役割を果たしたと考えられている。日本では東北地方から北海道において特にサケ科の大量捕獲が可能である。サケ科と堅果類の利用によって，東日本と西日本の縄文遺跡の違いを説明したのがいわゆる「サケ・マス論」である（山内 1964;1969）。ただ，「サケ・マス論」に対しては，遺跡からのサケ科の骨の出土量が少なく主食料となりえないとする批判が提出されてきた（大塚 2006, 渡辺 1967）。しかしながら，魚骨の分析例の増加にともなってサケ科骨の出土量が増加していることから，サケ科の利用を積極的に評価する立場もある（松井 1999）。山内は北米カリフォルニア先住民の事例を援用しており，民族誌を検証することによって「サケ・マス論」の有効性について述べた研究もある（大林 1971, 高橋 2007）。

　大塚（2006）はサケ科の捕獲量が少なく縄文時代の主食料にはなりえないとして「サケ・マス論」を批判している。しかし，社会的複雑化という観点から「サケ・マス論」をとらえてみると，サケ科が主食料であるかどうかは最重要の問題ではない。むしろ，サケ科を大量に捕獲し備蓄のために集中的に加工をおこなうことが社会的複雑化にとって意味をもつ。サケ科利用には一時的に大量に捕獲できるという利点があるが，保存のためには気候のような自然条件に加えて集約的な労働が必要となるからである（Ames and Maschner 1999:216, Tushingham and Bettinger 2013）。資源が豊富であれば必ず複雑な社会が生じるとは限らないものの，豊富な資源は複雑化社会出現の必要条件として認識されている（Hayden 2001b）。本研究で対象とした関東地方ではサケ科の遡上はみられるが，東北地方以北の遡上量と比べると少ない。この点では，関東平野の縄文後・晩期社会は北西海岸のような北太平洋沿岸タイプの生業形態とは異なっていたといえる。

　一方で，「サケ・マス論」のもうひとつの柱である堅果類の利用に関しては，第5章で検討したように縄文時代後・晩期に活発となっていた。高橋（2007）は，北米カリフォルニア先住民の民族誌を参照して，縄文時代の堅果類利用について言及している。カリフォルニア先住民が利用

するのはドングリ類であり，すべてアク抜きを必要とする。採集されたドングリは冬の間の重要な食料となる。アク抜きの方法は，挽き割りにされたドングリを編籠や砂地のピットに入れ，熱湯を注ぐというものである。高橋が引用したのはミウォク（Miwok）族およびユロク（Yurok）族の事例であるが，堅果類のアク抜きについてもうひとつの事例を援用してみよう。カリフォルニア州中部の内陸部，シェラネバダ山脈の西側に居住した西モノ（Western Mono）（またはモナチェMonache）族の，ドングリ獲得の方法と加工方法に関する事例である（Jackson 1991）。クロカシを主体とするドングリの採集は9月後半から10月にかけて，世帯の成員全員でおこなわれる。夏集落周辺で採集がはじまるが，標高の低い冬集落で貯蔵され，通年の食料とされる。西モノ族はドングリを乾燥させ殻と甘皮を剥いた後，粉砕して，アク抜きをおこなっている。粉砕には岩盤に掘られた小ピットが臼として利用されている。磨石にはおおよそ三角形を呈する，4〜6kgほどの河原石が使用される。近隣のヨクツ（Yokuts）族やミウォク族は石製や木製の臼を用いる。荒挽きには5.5cmの深さの臼を，仕上げには5.5〜9.5cmの深さの臼が使用された。ドングリの粉は編籠に集められる。殻が剥かれた状態の2.7kgのドングリを粉にするには3時間を要するとされ，一般的な世帯の2〜3日分を処理するには1日かかるとされている。タンニンの除去には数時間を要し，粉を浅い盆に入れ，水または熱湯を何度もかける。水でアク抜きされた方が味がよく，好まれるようである。ドングリは，高さ1.8mほどの専用の貯蔵庫または地面に掘りこまれた貯蔵庫で乾燥保存されるが，すぐに消費される分は編籠に入れて住居内に保存される（Spier 1978, Jackson 1991）。ジャクソンはドングリの効率的なアク抜き技術の確立と，AD500年以降の人口増加が相関すると指摘する（Jackson 1991:310）。西モノ族の一部には半族があり，半族のそれぞれにリーダーが存在する（Spier 1978:433）。リーダーは世襲されるが，集落全体ではなく半族の長であるため，このリーダーの権力が複数集落に及ぶことはない。この地域ではサケ科が遡上するようであり，利用はされているものの，社会的複雑化の促進と関連付けられるほど大量に利用されていない。西モノ族のリーダーの権力は，カリフォルニアにおいて特別に強力であったとはいえない。カリフォルニアでは，シャスタ（Shasta）族，ミウォク族，チューマッシュ族，ガブリエリノ（Gabrielino）族，ティパイ・イパイ（Tipai Ipai）族，サリナン（Salinan）族において，複数集団にリーダーの権力が及ぶとされている（Bean 1978:675）。このうち，シャスタ族がカリフォルニア北端に居住するものの，その他諸部族はすべてカリフォルニア南半の海岸部に居住している。カリフォルニア南半の河川ではニジマスの一種（*Salmo gairdnerii*）が確認されるのみであり，カリフォルニア北部を除けば大量のサケ科の遡上は期待できない（Baumhoff 1978:16）。すなわち，カリフォルニアは厳密には「サケ・マス論」の地域であるとはいえず，「サケ・マス論」の中では堅果類の集中利用のみが当てはまる。ただ，カリフォルニア南半では第2章でとりあげたチューマッシュ族のように海産資源を利用しているので，海産資源に依存する狩猟採集民が階層化する傾向とは一致している（テスタール 1995, Binford 2001）。これらの民族誌からは，サケ科が遡上しない地域でも堅果類の集中利用によって食料の備蓄がおこなわれ，世襲的階層制を含む社会的複雑化がおこりうると理解することができる。

本研究の対象地域である関東地方は，東北地方における環状列石のような大型の記念物など階層制を連想させるような遺構が少ないため，縄文階層化社会論の対象地域としてはほとんど扱われてこなかった。また，大量のサケ科が遡上するわけではなく，「サケ・マス論」の中心的地域ではないといえる。しかし，縄文時代後期以降構築され，堅果類の集中利用を示す木組遺構からはトチが出土する事例が多いことから，木組遺構の用途はトチのアク抜きに特化していったと考えられる（佐々木 2007a;2007b）。特定の堅果類を大量に採集し加工している背景には，日常的な食料消費以外に，饗宴のような非日常的消費行為が発達していたと考えるのが妥当であろう。

北米太平洋岸の民族誌において饗宴の報告はなされているが，ほとんどの場合，同時におこなわれる儀礼の記述が主体であり，饗宴自体における食料の消費量についての詳細な報告はみられない。しかしながら，日常的な消費よりも大量の食料が消費されることが指摘されており，中でも婚姻と葬送儀礼にともなう饗宴の規模が大きいとされている（Hayden 2001a）。カリフォルニアの西モノ族では葬送儀礼が2度おこなわれ，はじめに死亡した時点で1〜2日を要する葬送儀礼が催される（Spier 1978）。ヨーロッパ人との接触以前には火葬がおこなわれていた。この際にも他集団からの訪問はあるものの，人数は限定されている。2度目の葬送儀礼は，通例初秋に約7日間催される。その年に死者を出した世帯によって，ゲストの食料などすべての費用がまかなわれる。ゲストはほとんど何も持ってこないが，ゲストに対しては贈物がなされる。喪に服する人々は期間中に断食があり，最終日には断食の終了を兼ねた饗宴がおこなわれる。

饗宴をともなう儀礼としては，北米北西海岸のポトラッチが頻繁に引用されている。第2章でもとりあげたが，大規模なポトラッチは数日間おこなわれ，多数のゲストが招待されている。多量の奢侈品の分配や破壊行為が注目されることが多いものの，儀礼期間中の食料消費が通常よりも増加していると考えられる。この食料消費の基盤となるのが，備蓄された食料と食料加工施設であろう。サケ科の場合には，河川での捕獲と保存加工のために特定の期間において集中的な労働が必要である（Ames and Maschner 1999:216）。堅果類は採集できる時期が限られており，保存は比較的容易であるものの，アク抜きに時間と労力が求められる。関東地方の縄文時代後・晩期には堅果類の集中利用がおこなわれており，水場遺構に構築された木組遺構や粗製土器の大量使用によって加工がおこなわれたと考えられる。堅果類の加工に関わるような集中的な労働力の存在は，土器製塩においても推察することができる。堅果類に大きく依存するカリフォルニア南半と生業形態の共通性を有する関東地方縄文時代後・晩期は，複雑な社会が成立する条件を具備しているといえるだろう。ただ，資源が豊富であることが社会的複雑化の前提条件とされてはいるものの，これだけで複雑な社会が出現するわけではない（Hayden 2001b）。資源を貯蔵し，利益を発生させる行為によって，社会的複雑化が進展すると考えられている。饗宴は富を操作し利益を生じさせる手段としての側面を有しているとされており，社会的複雑性をとらえるための指標となっているのである。縄文時代後・晩期社会における饗宴の痕跡と考えられる考古学的証拠は，中期までと比べて確実に増加している。また，饗宴と密接に関連する儀礼についても，以前から指摘されてきた祭祀遺物の増加だけでなく，祭祀遺物が特殊な遺構から集中的に出土する事例が

認められている。縄文時代後期以降において，豊富な食料資源が存在するだけでなく，食料資源を貯蔵し運用していたことは明らかである。したがって，縄文時代後・晩期には饗宴とともに社会的複雑性が発達したと考えられるのであるが，後・晩期社会がどのような，またどの程度の社会的複雑性を達成したのかについて考察を進める。

## 第3節　縄文社会における複雑化過程の特徴

これまで検討してきた考古資料をもとに，縄文時代後・晩期社会の特質について考察を試みる。縄文時代後・晩期のように社会的複雑化の程度を理解するためには，理論的にいくつかの社会進化段階を設定しておくことが必要となる。平等社会と首長制社会の間に位置する部族社会に相当する段階を3細分し，先史社会の長期的な社会の変化との対応をおこないやすくしたことは，トランスイガリタリアン社会という概念の利点のひとつである（高橋 2001b）。第5章で検討したように，縄文時代後・晩期社会はトランスイガリタリアン社会のうち返礼社会に分類することができる。しかしながら，トランスイガリタリアン社会というモデルはニューギニアおよび北米太平洋岸の民族誌をもとに構成されており，すべての社会に適用できるかどうか十分に検証されてきたわけではない。特に，このモデルは民族誌との直接的類推法が可能な北米以外の先史社会には適用されておらず，本研究はヘイデンのモデルを縄文社会の視点から検証するという側面を有している。縄文時代の考古資料から検討してみると，縄文時代後・晩期社会はヘイデンが想定するトランスイガリタリアン社会と完全には一致していないことがわかった。

北米カリフォルニアのチューマッシュ後期社会と同じく，北米太平洋沿岸のブリティッシュ・コロンビア高原の先史時代は起業社会ととらえられている（Hayden 1995）。縄文時代後・晩期社会も起業社会に分類されているのだが，北米においては民族誌に記録された階層制の起源がどこまでさかのぼるのかという視点から研究しているため，直接的類推法を適用できない縄文時代研究の視点とは異なっていることに注意すべきである。トランスイガリタリアン社会という概念の特徴は，生業にとらわれない社会進化の区分を示したことにあるといえる。この区分は，主に経済的な活動によってなされているが，例えば起業社会では多数のブタが饗宴のために用意されるなどの記述をみると，家畜の価値が重視されている。家畜をもたない北米太平洋岸の先史社会が起業社会に分類される主要な理由としては，北西海岸ではポトラッチにともなう饗宴が，カリフォルニアでは工芸品生産としてのビーズ生産が挙げられるものの，同地域の民族誌に階層制の存在が記録されていることも少なからず影響していると考えられる。

第6.1.図にはトランスイガリタリアン社会の各段階において，エリートが権力を増大するために用いる手段がまとめられている。例えば，トランスイガリタリアン社会では，暴君社会で戦争の頻度が高く，起業社会にかけて減少していくとされる（Hayden 1995）。これに対し，暴君社会から起業社会の各段階で，集団間関係の調整が次第に経済的手段によっておこなわれるようになると説明されている。エリートは戦争によって富を操作するのではなく，経済的手段をより重

## 社会的複雑性の発達

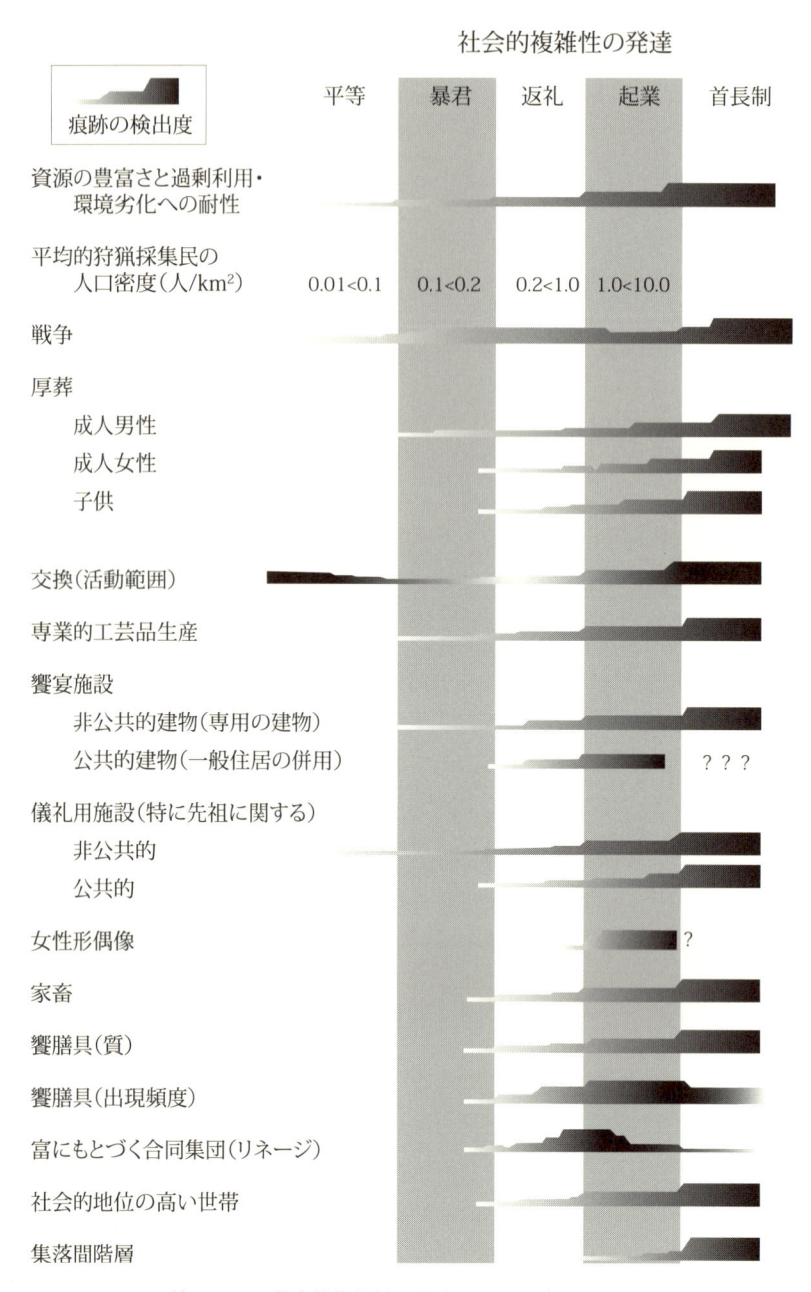

|  | 痕跡の検出度 | 平等 | 暴君 | 返礼 | 起業 | 首長制 |
|---|---|---|---|---|---|---|
| 資源の豊富さと過剰利用・環境劣化への耐性 | | | | | | |
| 平均的狩猟採集民の人口密度(人/km²) | | 0.01<0.1 | 0.1<0.2 | 0.2<1.0 | 1.0<10.0 | |
| 戦争 | | | | | | |
| 厚葬 | | | | | | |
| 　成人男性 | | | | | | |
| 　成人女性 | | | | | | |
| 　子供 | | | | | | |
| 交換(活動範囲) | | | | | | |
| 専業的工芸品生産 | | | | | | |
| 饗宴施設 | | | | | | |
| 　非公共的建物(専用の建物) | | | | | | |
| 　公共的建物(一般住居の併用) | | | | | ？？？ | |
| 儀礼用施設(特に先祖に関する) | | | | | | |
| 　非公共的 | | | | | | |
| 　公共的 | | | | | | |
| 女性形偶像 | | | | | ？ | |
| 家畜 | | | | | | |
| 饗膳具(質) | | | | | | |
| 饗膳具(出現頻度) | | | | | | |
| 富にもとづく合同集団(リネージ) | | | | | | |
| 社会的地位の高い世帯 | | | | | | |
| 集落間階層 | | | | | | |

第6.1.図　社会的複雑性の発達とエリートの用いる手段

視するようになると考えられている。しかし，縄文時代に関しては殺傷痕をもつ人骨の存在が指摘されているものの(鈴木1999)，全出土人骨に占める割合は極めて低い。戦争の考古学的証拠は縄文時代全体を通じて少なく，確実に増加するのは弥生時代以降であると考えられる。縄文時代の社会的複雑化では，戦争によってエリートが富を操作する機会がほとんどなかったといえる。戦争の頻度は各社会の性格によって異なるため，社会的複雑化の確実な指標とはならないだろう。

ヘイデン自身もエリートが用いる手段の組み合わせは，社会や地域によって異なることを認めている（Hayden 1995:72）。

　トランスイガリタリアン社会の各段階は資源の余剰量によって分類されているので，生業活動に注目すると，2種類の資源の利用法が挙げられている。北米北西海岸のように資源を季節的に集中的に利用するタイプと，ニューギニアのように世帯単位で食料を獲得するタイプである。生業と資源の利用法には地域差があり，北米北西海岸では合同集団が発達するのに対し，ニューギニアでは世帯ごとで食料生産をおこなうという，生業に関わる組織の差が存在する。日本列島内では，自然環境の差異によって縄文時代の生業に地域差が存在したことはすでに指摘されている。「サケ・マス論」（山内 1964;1969）や植生の地域差（西田 1981）が代表的である。縄文階層化社会論も生業形態に関与しており，生業分化による階層制のモデル（渡辺 1990）は北太平洋沿岸諸部族の生業形態から構築されたものである。日本においては，北海道が北太平洋沿岸地域と環境が類似していると考えられているが（安斎 2002;2006;2007a;2007b），例えば西日本には，海獣類，ヒグマのような大型獣が生息せず，渡辺が提示した生業分化モデルをそのまま適用するのは難しい（坂口 1999）。坂口は縄文時代の西日本における社会的複雑化に関して否定的な見解を示すものの，西日本でも特に九州においては後・晩期の住居跡が増加しており，低湿地型貯蔵穴のように堅果類の利用を示す遺構が増加している（水ノ江 2007，柳浦 2004，山本 2007）。

　また，関東地方や中部地方ではサケ科魚類の大量利用はおこなわれなかったと考えられるが，縄文時代の遺跡・遺物の分布密度は高く，「サケ・マス論」では縄文文化が発達した地域に含まれている。遺跡や遺物の分布密度から判断して東西で縄文文化が大別されているが，北海道から中部地方までを一括して取り扱うことは，環境や生業の点で難しい。北海道には生業分化モデルを適用できるが，中部地方には適用できないといった地域差が存在するのである。縄文階層化社会論は北太平洋沿岸の民族誌をもとに提出された仮説であることを認識することはたしかに重要である。

　山内（1964;1969）は東日本の生業の主体がサケ科魚類と堅果類にあると考え，遺跡・遺物が東日本で豊富であることの理由としたが，カリフォルニア南半ではサケ科の遡上がないもののチューマッシュ族のように複雑化した狩猟採集民がいくつか報告されている。北米南東部のフロリダ半島では，やはり，サケ科魚類に依存せずに社会的複雑化を達成したカルーサ（Calusa）族が存在した（MacMahon and Marquardt 2004）。関東地方縄文時代後・晩期の社会的複雑性は，サケ科魚類による食料余剰ではなく，堅果類による食料余剰を基盤としていたと考えられるので，生業分化モデルでは説明できない可能性が高い。縄文社会に地域性があり，同時期の社会組織が地域によって異なるのであれば，どの地域の社会にも存在する行為によって社会的複雑性を評価することが重要である。生産活動と饗宴は，規模・頻度の大小はともかく，どの社会にも存在する行為であるため，社会的複雑性の程度を評価する指標として適していることは前にも述べてきた。縄文時代後・晩期における生産活動と饗宴を検討した結果，どちらも中期までとは異なって，発達していたことが確認された。関東地方では大型獣狩猟のような特定の生業によって社会的複雑

化が進展するのではなく，生産や饗宴といった活動が社会的複雑化と関連していたと考えられる。

後・晩期における社会的複雑化は，土器製塩や饗宴という個別の活動だけにみられるのではなく，社会全体の変化としてとらえることができる。第3章で検討したように，後・晩期集落は中期集落と居住形態の面で異なっていた。中期までの集落において，季節的移動によって竪穴住居が頻繁に構築されたのに対し，後・晩期集落ではより定住的な居住形態がとられたと考えられるのである。後期以降の住居跡数・遺跡数の減少と後・晩期集落から出土する多量の遺物は，定住的な居住形態への変化を示唆している。

縄文時代後期以降において居住形態が変化したことは，集落を形成する集団組織の変化をも意味するだろう。中期から後期前葉までの埋葬から集団組織の変化に触れてみよう。中期の環状集落では土坑墓や廃屋墓のような一次葬が主たる葬制であった。草刈貝塚（千葉県市原市）における廃屋墓の分析によれば，廃屋墓の被葬者は世帯の家長であると考えられている（高橋 2004;2007）。人骨が床面付近から出土しているので，被葬者の死後に居住していた住居に埋められたと解釈できる。北米の民族誌を援用して廃屋墓の事例を解釈すれば，住居は家長の死とともに，新しく別地点に構築されたと考えられる（武藤 1995）。被葬者の世帯の構成員は被葬者を埋葬するものの，別地点に移動してしまうことから，特定の墓域を形成しなかった。このため，埋葬後におこなわれる祭祀は比較的未発達であったといえる。

後期前葉には下総台地を中心として二次葬である多遺体埋葬墓が出現しており，集落の再編にあたって集団組織の変化がともなったと考えられる。中期社会では比較的小さな集団が想定されているのに対し，後期の社会では母系制にもとづくより大きな集団が形成されると考えられている（高橋 2007，谷口 2007）。縄文時代後期前葉には下総台地を中心に多遺体埋葬がおこなわれるようになるが（山田 1995;2008，高橋 2004），人骨の mtDNA の分析によって母系的な組成が確認されている（篠田ほか 1998，西本ほか 2001）。同じ資料を用いながら，山田（2008）は多遺体埋葬例で男性骨が多いこと，男性のもつ mtDNA の多様性から，後期中葉は夫方居住婚にもとづく父系制社会であったと推定しており（山田 2008:317），解釈がわかれている。いずれにしても，世帯ごとではなくより大きな社会集団の単位で特定の場所に埋葬がおこなわれることが後期前葉の葬制の特徴といえる。

多遺体埋葬がおこなわれるのは，中期の環状集落が解体し，中期末から後期初頭に短期間の小集落が形成された後の時期である。これは，環状盛土遺構の形成開始の時期にあたり，後・晩期の長期的な集落の初期に相当する。新たな葬制である多遺体埋葬は後期前葉だけの一時的現象であり，後期の集団への過渡期におこなわれたととらえることができる。多遺体埋葬は二次埋葬であることから，共通の祖先を崇拝することにより，当該集団への帰属意識を高めるための行為であったと考えられている（山田 1995）。そうであれば，多遺体埋葬がおこなわれたことで，定住的な集落における集団組織が確立されていったと考えることができる。

後期前葉以降に集団組織が変化したことは，本研究で検討してきた生産や饗宴の大規模化からも裏付けることができる。後期前葉には木組遺構や粗製土器が出現し，饗宴のための食料加工が

おこなわれるようになる。同時に，供膳具と考えられる浅鉢や注口土器などの精製土器が発達する。後期中葉には山形土偶を中心とする祭祀遺物が増加し，祭祀遺物が多出する大型住居のような祭祀遺構も構築されている。多遺体埋葬がおこなわれた後期前葉よりも，中葉において祭祀や饗宴の痕跡が明瞭となる。加曽利B式土器が主体となって形成される土器塚は，食料加工量の急激な増加を示す事例のひとつである。木組遺構は晩期まで構築されているので，堅果類を中心とする食料加工は後期以降継続しておこなわれていた。晩期にも祭祀遺物が多数製作され，赤城遺跡（埼玉県鴻巣市）のように祭祀遺構はより発達する傾向をみせている。祭祀を含めて，饗宴に関する考古学的証拠は，縄文時代後期前葉から増加しているのである。

　饗宴の発達と並行して，生産活動も後・晩期に活発化している。第4章で述べた土器製塩のほか，貝輪・石棒・耳飾などが生産され，交換の対象となった。ベンケイガイなどを材料とする貝輪の生産は，後期前葉にはすでにおこなわれており，古作貝塚（千葉県船橋市）では土器に納められた複数の貝輪が出土している。後期以降に増加する貝輪は，後期中葉においてより細く加工されるという形態上の変化が指摘され，海岸部では余山貝塚（千葉県銚子市）のような生産遺跡が出現したと考えられている（阿部2007a）。製塩に関しても同様に，後期前葉には灰塩の生産がはじまり（加納2001），後期後葉から土器製塩に移行している。製塩土器は後期末から晩期前葉にかけて，製作技法に規格化がみられ，集約的に大量の塩が生産されるようになったと考えられる。後・晩期の生産活動の特徴は，自給量を超えた集約的な生産形態にあるといえる。製塩工程の分析では，生産量だけでなく生産形態が変化しており，世帯単位の労働から親族を動員する労働形態に発展していたと考えられる。

　大量に生産された塩や貝輪などの生産物は，純粋に交換されるわけではない。交換活動を媒介する行為として，儀礼や饗宴がおこなわれることはすでに述べてきた通りである。中期までとは異なり，後期以降の社会は定住性を増したことで，特定の集落で専業的な生産がおこなわれるようになったと考えられる。労働力の動員や生産物の交換の際に饗宴が必要とされ，また，定住的な集落内では祭祀を催す機会が増加すると考えられるので，後・晩期において饗宴の規模・頻度が増加したと解釈できる。本研究では，饗宴と生産の視点から後・晩期社会の考察をおこなったが，どちらも後期以降に発達が認められた。従来，漠然と考えられてきた後・晩期の祭祀的要素は，饗宴の視点からとらえ直すと，整然と理解することができる。後期以降の集落形態の変化は生産と饗宴の発達と密接に関連しており，中期までよりも社会的複雑性が進展した社会へと変貌していたのである。

## おわりに

　第1章で論じたとおり，現在議論されている縄文階層化社会論にはいくつかの問題点が存在する。第1に，世襲的階層制の有無に議論の焦点があること，第2に考古資料の扱い方，第3に縄文時代における地域性についての問題である。

　第1の問題については，縄文時代後・晩期におこなわれた土器製塩と饗宴を分析した結果，関東地方縄文時代後・晩期社会の複雑性は中期よりも高まっているが世襲的階層制が確立するほどではなかったことが確認できた。したがって，縄文時代の社会的複雑性を検討するには，階層制の有無よりもトランスイガリタリアン段階の社会に焦点を当てなければならない。ほとんどの研究者が認めるように，縄文時代後・晩期には祭祀遺物など社会的複雑性を示す考古資料が増加している（中村 2002）。しかし，縄文時代のような狩猟採集民社会の社会的複雑性の定義について整理されていないことが原因となって，縄文時代後・晩期社会の複雑化が議論の対象となっていない。本研究で整理したように，社会的複雑性にはいくつかの段階を設定でき，縄文社会の複雑化を検討することは可能であり，本研究の手法によって縄文階層化社会論に関して詳細な議論を展開することができる。

　第2の問題は，第3の問題とも関連しているが，縄文時代の中で時期・地域を限定して考古資料の分析をおこなうことで解決できるものである。渡辺仁（1990）は縄文時代における階層化と関連する考古資料を提示するために，時期・地域を特定せずに広範な資料を扱った。当然ながら，地域により社会的複雑化の過程・程度は異なるはずであり，時期ごとにも変化はあったと考えられる。渡辺のモデルが生業の面で縄文時代の各時期・地域に適用できなかったことが問題の一因となっている。より詳細に考古資料の分析を進めることは重要であるが，分析結果を評価できる枠組みが必要である。生業や地域にかかわらず社会的複雑化が発達するというトランスイガリタリアン社会のような枠組みは，縄文時代の社会的複雑性を考察するために有用な概念である。北米カリフォルニアの事例によれば，堅果類を主体とする生業形態であっても制度化された社会的不平等が存在したことが知られている。チューマッシュ（Chumash）族の場合には，工芸品製作の考古学的証拠から複雑化社会の出現が指摘されている。カリフォルニアの事例を考慮すると，類似した環境に位置する関東地方や西日本でも縄文時代に社会的複雑化が発展する可能性はある。ただ，縄文時代の地域差を考慮すると，縄文社会階層化論は一様に語られるべきものではなく，多様な社会的複雑化の過程を想定することができる。渡辺の示したモデルは，社会的複雑化のひとつの事例であるといえる。

　これらの問題を解決するために，第2章において複雑化狩猟採集民やトランスイガリタリアン社会という概念を援用し，縄文時代の社会的複雑性を考察する際の基準を整備した。社会的複雑性と関連する様々な活動の中で，生産と饗宴はほとんどの社会で観察されており，また，社会的複雑性の指標として研究の蓄積がある。社会的複雑化の考古学的特徴は各社会によって異なっ

てあらわれる可能性があるため，本研究では生産と饗宴の両者を通じて縄文時代後・晩期社会の複雑性の分析を試みた。

第3章でとりあげたのは，関東地方の後・晩期集落である。縄文時代中期に比べて，住居跡検出数や遺跡数は減少する傾向にあるが，長期にわたり連続する土器型式が出土し，遺物の種類・出土量は多い。中期の平面的な環状集落と異なり，後・晩期の環状盛土遺構は集落周縁部の高まりであり，集落中央部は窪地となる。この環状盛土遺構の形成過程が近年議論されており，盛土の堆積土が壁土のような住居の構築材に由来し，高まり部分が居住域であったと指摘されてきた（阿部 1996;2007 など）。これに対し筆者は，盛土の堆積過程が投棄によるもので，堆積土中に焼土・炭化物・骨片が多量に含まれる層があり，集落内に通常の炉より大型の焼土遺構が検出されていることから，集落内における饗宴のような行為が環状盛土遺構形成の一因であると考えた。環状盛土遺構の発達と同時期に，低地部に木組をもつ水場遺構が構築されはじめる。木組遺構からはトチが出土することが多く，堅果類の可食化施設であるととらえられており，第5章で詳述したように，一時に大量の食料を加工することができる。トチ自体は中期からすでに利用され，木組遺構を利用しなくともアク抜きをおこなうことはできるので，木組遺構は日常的な堅果類の可食化だけでなく饗宴のような非日常的な食料消費を想定して構築されたと考えられる。食料加工施設である木組遺構だけでなく，食料加工容器または調理容器としての粗製土器も後期前葉に出現し，大量に製作・消費され下総台地では土器塚として検出されている。縄文時代後期以降にあらわれる饗宴の考古学的痕跡として，焼獣骨や焼土遺構，多様な祭祀遺物，特殊な祭祀遺構，大型住居などが挙げられる。饗宴は通常，儀礼にともなって催されることから，祭祀的な遺物の増加や特殊な出土状況は饗宴の主要な痕跡としてとらえられる。

饗宴がおこなわれる機会は多岐にわたるが，その中に労働力の動員も含まれ，生産の拡大にともなう労働力の動員手段として饗宴が用いられると考えられている。第4章で扱った生産は社会的複雑性の指標のひとつであり，本研究では縄文時代後・晩期における生産として土器製塩を分析対象とした。狩猟採集民が土器製塩をおこなう事例はこれまでに報告されておらず，後・晩期社会の生産の労働形態を考察するための重要な資料であると考えられる。製塩土器の観察をおこなった結果，霞ヶ浦南岸地域と内陸部出土の製塩土器口縁部の調整技法が異なることが確認できた。製塩遺跡においてはヘラ切りの口縁部が大量に出土し，時期が下るとともにヘラ切りの口縁部の比率が増加しており，規格的に土器製作がおこなわれ土器製塩の効率性が向上したと考えられる。海水を原料としながらも，一部の地域でのみ大量に製塩がおこなわれたことや，内陸部から製塩土器が出土していることから，生産された塩は交換されたと考えてよいだろう。ニューギニアの製塩を参考にすると，縄文時代土器製塩の労働形態は親族労働の範囲にあると考えられ，後期社会における集約的な生産の労働形態を示している。

本研究は，縄文階層化社会論の問題点を解決するための方法を提示し，さらに議論を進めるための基礎的作業と位置づけることができる。先行研究においては，墓制からは階層化が明確とはいえないものの，配石・環状土籬のような遺構や祭祀遺物が増加することから，何らかの社会的

変化は漠然と認識されていた。しかし，縄文社会のような狩猟採集民の社会的複雑性に関する枠組みが整備されてこなかったため，これらの議論が有意義な結果を残したとはいえない。本研究で述べてきたように，縄文時代後・晩期社会の複雑性は首長制社会のように明確な階層制が確立する段階ではないため，縄文社会に適切な社会的複雑性の指標を検討しなければならないのである。関東地方の縄文時代後・晩期では，堅果類を主な生業の基盤としながら，生産と饗宴が活発化していたことが確認された。北太平洋沿岸のような生業分化モデルではなく，関東地方ではカリフォルニアのような植物質食料を多用する生業形態をとっていたと考えられる。特に，水場遺構の発達，トチ利用量の増加，粗製土器の出現が植物質食料への依存が高まったことを示している。縄文時代後・晩期の社会は，季節的な親族労働による土器製塩をおこなうことができ，堅果類の集中利用のために木組遺構を構築し，中期よりも大規模な饗宴を催すという段階に達していたのである。後期以降に集落数が減少することは文化的停滞ととらえられたこともかつてはあったが，饗宴と生産という視点からはむしろ社会政治的な発展期として理解できることが明らかとなった。饗宴から社会の復元をするならば，後期以降定住的となった集落間・集落内の集団関係が緊密となり，これを維持するために余剰食料によって規模の大きな饗宴を催すようになったと考えられる。生産としての土器製塩をみても，後期後葉に集約的な労働がおこなわれるようになることから，労働を統括する人物が存在したと推定される。また，生産された塩が交換されていることから，後・晩期における儀礼痕跡の増加傾向は儀礼的交換の活発化を示唆していると考えられる。これらの活動は定住的な居住形態への変化とも結び付いていたと考えられ，定住的な集落へと移行することにより，集落内における活動痕跡が増加したといえよう。集落内の活動の中でも，後・晩期社会を特徴付けるのは祭祀とこれにともなう饗宴であり，饗宴をひとつの手段として威信を獲得していくような社会体系が構築されたと考えられる。本研究において生産と饗宴を軸として縄文後・晩期社会の社会的複雑性について検討した結果，中期社会から後・晩期社会への推移には大きな文化的変容がともなっていたと考えられるのである。

# 引用文献

〈英語文献〉

Aldenderfer, M.S. 1993 Ritual, Hierarchy, and Change in Foraging Societies. *Journal of Anthropological Archaeology 12 (1): 1-40.*

Ames, M.A. and H.D.G. Maschner 1999 *Peoples of the Northwest Coast: Their Archaeology and Prehistory.* Thames and Hudson, London.

Arnold, J.E. 1992 Complex hunter-gatherer-fishers of prehistoric California: Chiefs, specialists, and maritime adaptations of the Channel Islands. *American Antiquity* 57:60-84.

　　　1993 Labor and the rise of complex hunter-gatherers. *Journal of Anthropological Archaeology* 12:75-119.

　　　1995 Transportation innovation and social complexity among maritime hunter-gatherer societies. *American Anthropologist* 97(4):733-747.

　　　1996 The archaeology of complex hunter-gatherers. *Journal of Archaeological Method and Theory* 3:77-126.

　　　2001 The Channel Islands project: History, objectives, and methods. In J.E. Arnold (ed.), *The Origins of a Pacific Coast Chiefdom: The Chumash of the Channel Islands*, pp21-52. University of Utah Press, Salt Lake City.

　　　2004 A Transcontinental perspective on the evolution of hunter-gatherer lifeways on the Plateau. In W.C. Prentiss and I. Kuijt (eds.), *Complex Hunter-Gatherers: Evolution and Organization of Prehistoric Communities on the Plateau of Northwestern North America*, pp171-181. The University of Utah Press, Salt Lake City.

Arnold, J.E., and A.P. Graesch 2001 The Evolution of Specialized Shellworking among the Island Chumash, In J.E. Arnold (ed.), *The Origins of a Pacific Coast Chiefdom: The Chumash of the Channel Islands*, pp71-112. The University of Utah Press, Salt Lake City.

Arnold, J.E. and A.Munns 1994 Independent or attached specialization: The organization of shell bead production in California. *Journal of Field Archaeology* 21(4):473-489.

Arnold, J.E., A.M. Preziosi, and P. Shattuck 2001 Flaked stone craft production and exchange in island Chumash territory. In Arnold, J.E. (ed.), *The Origins of a Pacific Coast Chiefdom: The Chumash of the Channel Islands,* pp21-52. University of Utah Press, Salt Lake City.

Baumhoff, M.A. 1978 Environmental background, In R.F. Heizer (ed.), *Handbook of North American Indians.* Vol.8, pp16-24. Smithsonian Institution, Washington DC.

Bean, L.J. 1978 Social organization, In R.F. Heizer (ed.), *Handbook of North American Indians.* Vol.8, pp673-682. Smithsonian Institution, Washington DC.

Binford, L.R. 1971 Mortuary practices: Their study and their potential. In J.A. Brown (ed.), Approaches to the Social Dimensions of Mortuary Practices. *Memoirs* 25. pp6–29. Society for American Archaeology, Washington, DC.

    2001 *Constructing Frames of Reference: An Analytical Method for Archaeological Theory Building Using Ethnographic and Environmental Data Sets*. California University Press, Berkeley and Los Angeles.

Birket-Smith, K. 1967 *Studies in Circumpacific Culture Relations I. Potlatch and Feasts of Merit. Det Kongelige Danske Videnskabernes Selskab Historisk-filosofiske Meddelelser* 42(3). Munksgraard, København.

Brown, I. 1980 Salt and the Eastern North American Indian: An Archaeological study. *Lower Mississippian Survey Bulletin* No.6. Harvard University, Cambridge.

Brown, J.A. 1985 Long-term trends to sedentism and the emergence of complexity in the American Mid-west. In T.D. Price and J.A. Brown (eds.), *Prehistoric Hunter-Gatherers: The Emergence of Cultural Complexity*, pp201–231. Academic Press, Orlando.

Brumfiel, E.M. and T.K. Earle 1987 Specialization, exchange, and complex societies: An Introduction. In E.M. Brumfiel and T.K. Earle (eds.), *Specialization, Exchange, and Complex Societies*, pp1–9. Cambridge University Press, Cambridge.

Campbell, G. 1978 Eastern Coastal Chumash, In R.F. Heizer (ed.), *Handbook of North American Indians*. Vol.8, pp509–519. Smithsonian Institution, Washington DC.

Clarke, M.J. 2001 Akha Feasting: An ethnoarchaeological perspective. In M. Dietler and B. Hayden (eds.), *Feasts: Archaeological and Ethnographic Perspectives on Food, Politics, and Power*, pp114–167. Smithsonian Institution Press, Washington, DC.

Clark, J.E. 1995 Craft specialization as an archaeological category. *Research in Economic Anthropology* 16:267–294.

Clark, J.E. and W.J. Perry 1990 Craft specialization and cultural complexity. *Research in Economic Anthropology* 12:289–346.

Cohen, M.N. 1985 Prehistoric hunter-gatherers: The meaning of social complexity. In T.D. Price and J.A. Brown (eds.), *Prehistoric Hunter-Gatherers: The Emergence of Cultural Complexity*, pp99–119. Academic Press, Orlando.

Colten, R.H. 2001 Ecological and economic analysis of faunal remains from Santa Cruz Island. In J.E. Arnold (ed.), *The Origins of a Pacific Coast Chiefdom: The Chumash of the Channel Islands*, pp199–220. University of Utah Press, Salt Lake City.

Costin, C.L. 1991 Craft specialization: Issues in defining, documenting, and explaining the organization of production, *Archaeological Method and Theory* 3:1–56.

    2001 Craft production systems, In G. M. Feinman and T.D. Price (eds.), *Archaeology at the Millennium: A Sourcebook*, pp273–327. Kluwer Academic/Plenum Publishers, New York.

Coupland, G. 2004 Complex hunter-gatherers of the southern California coast: A view from one thousand miles north, In J.E. Arnold (ed.), *Foundations of Chumash Complexity* (Perspectives in California Archaeology 7), pp173–183. University of California, Los Angeles.

Crumley, C.L. 1995 Heterarchy and the analysis of complex societies. In R.M. Ehrenreich, C.L. Crumley and J.E. Levy (eds.), *Heterarchy and the Analysis of Complex Societies*, Archeological Papers No.6, pp1–6. American Anthropological Association, Washington, DC.

Davenport, D., J.R. Johnson and J. Timbrook 1993 The Chumash and the swordfish. *Antiquity* 67:257–272.

Dietler, M. and B. Hayden (eds.) 2001 *Feasts: Archaeological and Ethnographic Perspectives on Food, Politics, and Power*. Smithsonian Institution Press, Washington, DC.

Dietler, M. and I. Herbich 2001 Feasts and labor mobilization: Dissecting a fundamental economic practice. In M. Dietler and B. Hayden (eds.), *Feasts: Archaeological and Ethnographic Perspectives on Food, Politics, and Power*, pp240–264. Smithsonian Institution Press, Washington, DC.

Delaney-Rivera, C. 2001 Groundstone tools as indicators of changing subsistence and exchange patterns in the coastal Chumash Region, In J.E. Arnold (ed.), *The Origins of a Pacific Coast Chiefdom: The Chumash of the Channel Islands*, pp165–182. University of Utah Press, Salt Lake City.

Dumas, A.A. 2007 *The Role of Salt in the Late Woodland to Early Mississippian Transition in Southwest Alabama* (Doctoral Dissertation). The University of Alabama, Tuscaloosa.

Earle, T. 1981 Comment on P. Rice, Evolution of specialized pottery production: A trial model. *Current Anthropology* 22:230–231.

Elwin, V. (ed.) 1969 *The Nagas in the Nineteenth Century*. Oxford University Press, Oxford.

Feinman, G.M. and T.D. Price (eds.) 2001 *Archaeology at the Millennium: A Sourcebook*. Kluwer Academic/Plenum Publishers, New York.

Fitzhugh, B. 2003 *The Evolution of Complex Hunter-Gatherers: Archaeological Evidence from the North Pacific*. Kluwer Academic/Plenum Publishers, New York.

Flad, R.K. 2005 Evaluating fish and meat salting at prehistoric Zhongba, China. *Journal of Field Archaeology* 30(3):231–253.

Flad, R.K. and Z.X. Hruby 2007 "Specialized" production in archaeological contexts: Rethinking specialization, the social values of products and the practice of production. *Archaeological Papers of the American Anthropological Association* 17: 1–19.

Furer-Haimendorf, C. 1955 *Himalayan Barbary*. Butler & Tanner, London.

Habu, J. 2004 *Ancient Jomon of Japan*. Cambridge University Press, Cambridge,

Hayden, B. 1995 Pathways to power: Principles for creating socioeconomic inequalities. In T.D. Price and G.M. Feinman (eds.), *Foundations of Social Inequality*, pp15–85. Plenum Press, New York.

1998 Practical and prestige technologies: The evolution of material systems. *Journal of Archaeological Method and Theory* 5:1–55.

2001a Fabulous feasts: A prolegomenon to the importance of feasting. In M. Dietler and B. Hayden (eds.), *Feasts: Archaeological and Ethnographic Perspectives on Food, Politics, and Power*, pp23-64. Smithsonian Institution Press, Washington, DC.

2001b Richman, poorman, beggarman, chief: The dynamics of social inequality. In G.M. Feinman and T.D. Price (eds.), *Archaeology at the Millennium: A Sourcebook*, pp231-272. New York: Kluwer Academic/Plenum Publishers.

2003 Were luxury foods the first domesticates? Ethnoarchaeological perspectives from Southeast Asia. *World Archaeology* 34(3):458-469.

Hayden, B. and R. Adams 2004 Ritual structures in transegalitalian communities. In W.C. Prentiss and I. Kuijt (eds.), *Complex Hunter-Gatherers: Evolution and Organization of Prehistoric Communities on the Plateau of Northwestern North America*, pp84-102. The University of Utah Press, Salt Lake City.

Hayden, B. and S.M. Cousins 2004 The social dimension of roasting pits in a winter village site. In W.C. Prentiss and I. Kuijt (eds.), *Complex Hunter-Gatherers: Evolution and Organization of Prehistoric Communities on the Plateau of Northwestern North America*, pp140-154. The University of Utah Press, Salt Lake City.

Heider, K. 1970 *The Dugum Dani: A Papuan Culture in the Highlands of West New Guinea*. Wenner-Gren Foundation for Anthropological Research, Chicago.

Jackson, T.L. 1991 Pounding acorn: Women's production as social and economic focus. In J.M. Gero and M.W. Conkey (eds.), *Engendering Archaeology: Women and Prehistory*, pp301-325. Blackwell, Oxford.

Kan, S. 1989 *Symbolic Immortality: The Tlingit Potlatch of the Nineteenth Century*. Smithsonian Institution Press, Washington, D.C.

Kawashima, T. 2005 Another aspect of figurine function. *Documenta Praehistorica* 32:177-185.

2008 Feasting and inter-village networks. *Documenta Praehistorica* 35:205-213.

2010 Mounds and rituals in the Jomon Period. *Documenta Praehistorica* 37:185-192.

2012 Emerging craft production and local identity: a case of the Late Jōmon Period. *Documenta Praehistorica* 39:263-268.

2015 Prehistoric salt production in Japan. In Brigand, R. and Weller, O. (eds.), *Archaeology of salt. Approach to an invisible past*. Sidestone, Leiden.

Kennett, D.J. 2005 *The Island Chumash; Behavioral Ecology of Maritime Society*. University of California Press, Berkeley.

Kroeber, A.L. 1925 *Handbook of the Indians of California*. Bureau of American Ethnology Bulletin 78. Smithsonian Institution, Washington, D.C.

Lee, R.B. and I. DeVore (eds.) 1968 *Man the Hunter*. Aldine, Chicago.

Lewis, B.S. 1996 The role of attached and independent specialization in the development of sociocultural complexity. *Research in Economic Anthropology* 17: 357-388.

MacMahon, D.A. and W.H. Marquardt 2004 *The Calusa and Their Legacy: South Florida People and Their

*Environments*. University Press of Florida, Gainsville.

Malinowski, B. 1922 *Argonauts of the Western Pacific*. Routledge and Kegan Paul, London.

Martin, S.L. and V.S. Popper 2001 Paleoethnobotanical investigations of archaeological sites on Santa Cruz Island. In J.E. Arnold (ed.), *The Origins of a Pacific Coast Chiefdom: The Chumash of the Channel Islands*, pp245–259. University of Utah Press, Salt Lake City.

McArthur, M. 1972 Salt. In *Encyclopedia of Papua and New Guinea*. Vol.3, pp1026–1028. Melbourne University Press in association with the University of Papua and New Guinea, Melbourne.

McCarthy, F.D. and M. McArthur 1960 The food quest and the time factor in aboriginal economic life. In C.P. Mountford (ed.), *Records of the Australian-American Scientific Expedition to Arnhem Land*, Vol.2, Anthropology and Nutrition. pp145–194. Melbourne University Press, Melbourne.

McKillop, H. 2005 Finds in Belize document Late Classic Maya salt making and canoe transport. *Proceedings of the National Academy of Sciences of the United States of America* 102(15):5630–5634.

McLendon, S. and R.L. Oswald 1978 Pomo: Introduction. In R.F. Heizer (ed.), *Handbook of North American Indians*. Vol.8, pp16–24. Smithsonian Institution, Washington, DC.

Meggitt, M. 1958 Salt manufacture and trading in the western highlands of New Guinea. *The Australian Museum Magazine* 12(10):309–13.

Netting, R.M. 1972 Sacred power and centralization: Aspects of political adaptation in Africa. In B. Spooner (ed.), *Population Growth: Anthropological Implications*. MIT Press, Cambridge.

Parry, N.E. 1932 *The Lakhers*. Macmillan, London.

Parsons, J.R. 2001 *The Last Saltmakers of Nexquipayac, Mexico: An Archaeological Ethnography*. Museum of Anthropology, University of Michigan, Ann Arbor.

Peacock, D.P.S. 1982 *Pottery in the Roman World*. Longmans, London.

Pearson, R. 2007 Debating Jomon social complexity. *Asian Perspectives* 46(2):361–388.

Perodie, J.R. 2001 Feasting for prosperity: A study of southern Northwest Coast feasting. In M. Dietler and B. Hayden (eds.), *Feasts: Archaeological and Ethnographic Perspectives on Food, Politics, and Power*, pp185–214. Smithsonian Institution Press, Washington, DC.

Pletka, S.M. 2001a Bifaces and the institutionalization of exchange relationships in the Chumash sphere. In J.E. Arnold (ed.), *The Origins of a Pacific Coast Chiefdom: The Chumash of the Channel Islands*, pp133–149. University of Utah Press, Salt Lake City.

Pletka, S.M. 2001b The economics of island Chumash fishing practices. In J.E. Arnold (ed.), *The Origins of a Pacific Coast Chiefdom: The Chumash of the Channel Islands*, pp221–244. University of Utah Press, Salt Lake City.

Pletka, S.M. 2004 Bead types on Santa Cruz Island, In J.E. Arnold (ed.), *Foundations of Chumash Complexity* (Perspectives in California Archaeology 7), pp 75–95. University of California, Los Angeles.

Potts, D. 1984 On salt and salt gathering in ancient Mesopotamia. *Journal of the Economic and Social History of the Orient* 27(3):225-271.

Prentiss, W.C. and I. Kuijt (eds.) 2004 *Complex Hunter-Gatherers: Evolution and Organization of Prehistoric Communities on the Plateau of Northwestern North America.* The University of Utah Press, Salt Lake City.

Price, T.D. 1995 Social inequality at the origins of agriculture. In T.D. Price and G. M. Feinman (eds.), *Foundations of Social Inequality*, pp129-151. Plenum Press, New York.

Price, T.D. and J.A. Brown (eds.) 1985 *Prehistoric Hunter-Gatherers: The Emergence of Cultural Complexity.* Academic Press, Orlando.

Sassaman, K.E. 2004 Complex hunter-gatherers in evolution and history: A North American perspective. *Journal of Archaeological Research* 12(3):227-280.

Sahlins, M. 1972 *Stone Age Economics.* Aldine Publishing Company, New York.

Saxe, A.A. 1970 *Social Dimensions of Mortuary Practices.* Ph.D. dissertation, Department of Anthropology, University of Michigan, Ann Arbor.

Service, E. 1962 *Primitive Social Organization.* Random House, New York.

Spielmann, K.A. 2002 Feasting, craft specialization, and the ritual mode of production in small-scale societies. *American Anthropologist* 104(1):195-207.

Spier, R.F.G. 1978 Monache, In R.F. Heizer (ed.), *Handbook of North American Indians.* Vol.8, pp426-436. Smithsonian Institution, Washington, DC.

Suttles, W. 1960 Affinal ties, subsistence, and prestige among the Coast Salish. *American Anthropologist* 62:296-305.

Tosi, M. 1984 The Notion of craft specialization and its representation in the archaeological record of early states in the Turanian Basin. In M. Spriggs (ed.), *Marxist Perspectives in Archaeology*, pp22-52. Cambridge University Press, Cambridge.

Tushingham, S. and R.L. Bettinger 2013 Why foragers choose acorns before salmon: Storage, mobility, and risk in aboriginal California. *Journal of Anthropological Archaeology* 32:527-537.

Wiessner, P. 2001 Of feasting and value: Enga feasts in a historical perspective (Papua New Guinea). In M. Dietler and B. Hayden (eds.), *Feasts: Archaeological and Ethnographic Perspectives on Food, Politics, and Power*, pp115-143. Smithsonian Institution Press, Washington, DC.

Wright, H.T. 1977 Recent research of the origins of the state. *Annual Review of Anthropology* 6:379-397.

〈日本語文献〉

阿部友寿　1996　「Ⅶ 谷における遺物出土状態の評価」『前窪遺跡発掘調査報告書（第3次）』浦和市遺跡調査会　131-135頁

阿部芳郎　1995　「縄文時代の生業―生産組織と社会構造―」『展望考古学』考古学研究会　47-55頁

　　　　　1996a　「食物加工技術と縄文土器」『季刊 考古学』第55号　21-26頁

　　　　　1996b 「縄文のムラと「盛土遺構」:「盛土遺構」の形成過程と家屋構造・居住形態」『歴史手帖』第24巻第8号　名著出版　9-19頁

　　　　　2000 「縄文時代における土器の集中保有化と遺跡形成―千葉県下総台地中央部における後期の遺跡群と土器塚の形成―」『考古学研究』第47巻第2号　85-104頁

　　　　　2001 「縄文時代後晩期における大形竪穴建物址の機能と遺跡群」『貝塚博物館紀要』第28号　11-29頁

　　　　　2003 「遺跡群と生業活動からみた縄文後期の地域社会」『縄文社会を探る』学生社　74-100頁

　　　　　2005 「遺丘集落の類型化と後晩期の遺跡群」「『環状盛土遺構』研究の到達点」「馬場小室山遺跡に学ぶ市民フォーラム」実行委員会　21-28頁

　　　　　2006 「「環状盛土遺構」研究の現在」『考古学ジャーナル』No.548　3-7頁

　　　　　2007a 「内陸地域における貝輪生産とその意味―貝輪づくりと縄文後期の地域社会―」『考古学集刊』第3号　43-64頁

　　　　　2007b 「縄文後晩期の集落構造―「谷奥型環状遺丘集落」と「谷面並列型遺丘集落」の占地と展開―」「『環状盛土遺構』研究の現段階―馬場小室山遺跡から展望する縄文時代後晩期の集落と地域―」「馬場小室山遺跡に学ぶ市民フォーラム」実行委員会　57-77頁

　　　　　2007c 「山形土偶の型式と地域社会」『縄文時代』第18号　83-105頁

阿部芳郎ほか　2001 「佐倉市草刈堀込遺跡と縄文後晩期の集落景観」『貝塚博物館紀要』第28号　千葉市加曽利貝塚博物館　30-41頁

阿部芳郎ほか　2004 「縄文時代後・晩期における谷奥型遺丘集落の研究―千葉県佐倉市曲輪ノ内貝塚の調査方法を考える―」『駿台史学』第122号　明治大学史学地理学会　83-108頁

安斎正人　2002 「北方猟漁採集民の社会―後期の北海道」『縄文社会論』（下）同成社　51-102頁

　　　　　2006 「"縄紋式"階層化社会の一事例―生業分化モデルの検証―」『生業の考古学』同成社　56-72頁

　　　　　2007a 『人と社会の生態考古学』柏書房

　　　　　2007b 「円筒下層式土器期の社会―縄紋時代の退役狩猟者層―」『縄紋時代の社会考古学』同成社　27-58頁

石井　寛　1994 「縄文後期集落の構成に関する一試論―関東地方西部域を中心に―」『縄文時代』第5号　71-94頁

石毛直道　1976 「Kumupaの塩―イリアン・ジャヤ中央高地の物質文化（1）―」『国立民族学博物館研究報告』第1巻第2号　357-373頁

石坂　茂　2011 「配石遺構にみる階層的様相」『考古学ジャーナル』no.612　22-26頁

今村啓爾　1997 「縄文時代の住居址数と人口の変動」『住の考古学』同成社　45-60頁

　　　　　2002 『縄文の豊かさと限界』山川出版社

江坂輝彌　1960 『土偶』校倉書房

　　　　　1990 『日本の土偶』六興出版

江原　英　1997 「第5章 第4節 環状盛土遺構調査の提起した諸問題」『寺野東遺跡Ⅴ 水場の遺構・環状盛土遺

　　　　　　　構編』栃木県教育委員会・(財) 栃木県文化振興事業団　738-743 頁

　　　　1999a　「寺野東環状盛土遺構の類例―縄紋後・晩期集落の一形態を考える基礎作業―」『研究紀要』第 7
　　　　　　　号 (財) 栃木県文化振興事業団埋蔵文化財センター　1-56 頁

　　　　1999b　「遺構研究 環状盛土遺構」『縄文時代』第 10 号第 3 分冊　縄文時代文化研究会　227-240 頁

　　　　2005　「寺野東遺跡の調査と環状盛土遺構」『『環状盛土遺構』研究の到達点』「馬場小室山遺跡に学ぶ市
　　　　　　　民フォーラム」実行委員会　1-11 頁

大塚達朗　2006　「「サケ・マス論」とは何であったか」『生業の考古学』同成社　39-55 頁

大林太良　1971　「縄文時代の社会組織」『季刊 人類学』第 2 巻第 2 号　3-81 頁

岡　恵介　1987　「北上山地―山村におけるアク抜き技術―民俗社会の中での生態学的位置」『岩手の民俗』第 7
　　　　　　　号　93-107 頁

小川岳人　2001　『縄文時代の生業と集落―古奥東京湾沿岸の社会―』未完成考古学叢書 3 ミュゼ

沖松信隆　2005　「縄文時代後・晩期集落における中央窪地の形成について―千葉県内の事例を中心に―」『研究
　　　　　　　紀要』第 24 号　(財) 千葉県文化財センター　25-58 頁

小栗信一郎・小川勝和・宮川博司　2008　『三輪野山貝塚発掘調査概要報告書』流山市教育委員会

金子昭彦　2004　「東北北部縄文晩期における副葬品の意味 (予察)」『縄文時代』第 15 号　95-116 頁

　　　　2005　「階層化社会と袋状転用墓―縄文時代晩期の東北地方北部の様相―」『縄文時代』第 16 号　143-
　　　　　　　174 頁

金箱文夫　1996　「埼玉県赤山陣屋跡遺跡―トチの実加工場の語る生業形態―」『季刊 考古学』第 55 号　66-71
　　　　　　　頁

　　　　2003　「低地の開発と縄文後・晩期の生業―大宮台地を中心に―」『縄文社会を探る』学生社　53-73 頁

金成南海子・宮尾　亨　1996　「土製耳飾の直径」『國學院大學考古学資料館紀要』第 12 輯　49-88 頁

加納哲哉　2001　『微小動物遺存体の研究』國學院大學大学院

川島尚宗　2004　「縄文時代 1. 土器・土製品・石製品・貝製品」『茨城県新治郡　霞ヶ浦町遺跡分布調査報告書―
　　　　　　　遺物編―』筑波大学考古学研究室・霞ヶ浦町教育委員会　29-38 頁

　　　　2007　「平三坊貝塚測量報告―環状盛土遺構検出の実践と課題―」『筑波大学 先史学・考古学研究』第
　　　　　　　18 号　53-67 頁

　　　　2008　「霞ヶ浦周辺地域の縄文時代後・晩期遺跡と「環状盛土遺構」」『物質文化』第 85 号　33-52 頁

　　　　2009　「縄文時代後・晩期における食料加工・消費の増大」『Asian and African Studies』13:257-282 頁

川島尚宗・村上尚子・鈴間智子　2008　「茨城県かすみがうら市平三坊貝塚発掘調査報告」『筑波大学 先史学・考
　　　　　　　古学研究』第 19 号　47-73 頁

北林八洲晴　1994　「青森県」『日本土器製塩研究』青木書店　103-121 頁

君島武史　1999　「東北地方の製塩土器―三陸北部を中心に―」『北上市立埋蔵文化財センター紀要』第 1 号
　　　　　　　11-22 頁

河野広道　1955　「斜里町先史時代史」『斜里町史』斜里町

小井川和夫・加藤道男　1994　「宮城県・岩手県」『日本土器製塩研究』青木書店　72-102 頁

小杉　康　1991　「縄文時代に階級社会は存在したのか」『考古学研究』第 37 巻第 4 号　97-121 頁
小林達雄　1986　「原始集落」『岩波講座 日本考古学 4 集落と祭祀』岩波書店　37-75 頁
　　　　　1988a　「身分と装身具」『古代史復元 3 縄文人の道具』講談社　128-129 頁
　　　　　1988b　「日本文化の基層」『日本文化の源流』学生社　7-70 頁
　　　　　1996　『縄文人の世界』朝日新聞社
　　　　　2000a　『縄文人追跡』日本経済新聞社
　　　　　2000b　「縄文時代のムラと社会と世界観」『日本考古学を見直す』学生社　101-124 頁
駒井和愛　1959　『音江』慶友社
小山修三　1984　『縄文時代―コンピューター考古学による復元』中公新書
近藤義郎　1962　「縄文時代における土器製塩の研究」『岡山大学法文学部学術紀要』第 15 号　1-28 頁
　　　　　1984　『土器製塩の研究』青木書店
　　　　　1994　『日本土器製塩研究』青木書店
後藤和民　1973　「縄文時代における東京湾沿岸の貝塚文化について」『房総地方史の研究』　雄山閣
　　　　　1988　「縄文時代の塩の生産」『考古学ジャーナル』No.298　21-27 頁
後藤守一　1952　「上代に於ける貴族社會の出現」『日本民族』岩波書店　83-99 頁
　　　　　1953　『大湯町環状列石』文化財保護委員会
ゴドリエ・M.（山内　昶訳）　1976　『人類学の地平と針路』紀伊國屋書店（原著：Godelier, M. 1973 Horizon, Trajets Marxistes en Anthropologie. Librairie François Maspero, Paris）
坂口　隆　1999　「西日本縄文時代狩猟採集民モデルのための試論―渡辺仁著『縄文式階層化社会』の再検討を通して―」『動物考古学』第 12 号　17-37 頁
　　　　　2007　「北米北西海岸の先住民社会―エリート層の機能と多様性の検討から―」『季刊 考古学』第 98 号　72-76 頁
佐々木高明　1986　『縄文文化と日本人―日本基層文化の形成と継承―』小学館
佐々木藤雄　1973　『原始共同体論序説』共同体研究会
　　　　　2002　「環状列石と縄文式階層社会―中・後期の中部・関東・東北」『縄文社会論』（下）同成社　3-50 頁
佐々木由香　2007a　「水場遺構」『縄文時代の考古学 5 なりわい―食料生産の技術―』同成社　51-63 頁
　　　　　2007b　「種実と土木用材からみた縄文時代中期後半～晩期の森林資源利用―関東平野を中心として―」『縄文時代の社会考古学』同成社　211-237 頁
佐藤　誠　2000　「古鬼怒湾における貝塚の形態的特徴」『貝塚研究』第 5 号　59-69 頁
佐原　眞　1985　「奴隷をもつ食料採集民」『歴史公論』第 11 巻第 5 号　47 頁
　　　　　1986　「家畜・奴隷・王墓・戦争」『歴史科学』第 103 号
　　　　　1987　『大系 日本の歴史 1 日本人の誕生』小学館
佐原　眞・小林達雄　2001　『世界史のなかの縄文』新書館
篠田謙一・松村博文・西本豊弘　1998　「DNA 分析と形態データによる中妻貝塚出土人骨の血縁関係の分析」『動

物考古学』第 11 号　1-11 頁

清水芳裕　1984　「縄文時代後・晩期土器の胎土分析」『千葉県文化財センター 研究紀要』8　千葉県文化財センター　205-214 頁

菅谷通保　1995　「竪穴住居から見た縄紋時代後・晩期―房総半島北部（北総地域）を中心とした変化について―」『帝京大学山梨文化財研究所研究報告』第 6 集　97-142 頁

杉田静雄　1994　「19-1 スケールとスラッジ」『海水の科学と工業』東海大学出版会　600-619 頁

鈴木隆雄　1999　「本当になかったのか 縄文人の集団的争い」『最新 縄文学の世界』朝日新聞社　36-47 頁

鈴木正博　1992　「土器製塩と貝塚」『季刊 考古学』第 41 号　47-51 頁

　　　　　2005　「高井東遺蹟から馬場小室山遺蹟へ―「焼獣骨角小片群」，「住居址空間多目的利用」，そして「敷土遺構」から所謂「環状盛土遺構」へ―」『埼玉考古』第 40 号　埼玉考古学会　3-24 頁

　　　　　2007　「「環堤土塚」と馬場小室山遺蹟，そして「見沼文化」への眼差し」『「環状盛土遺構」研究の現段階―馬場小室山遺跡から展望する縄文時代後晩期の集落と地域―」「馬場小室山遺跡に学ぶ市民フォーラム」実行委員会　78-112 頁

鈴木正博・鈴木加津子　1979　「中妻貝塚における「製塩土器」形態の基礎的研究」『取手と先史文化 ―中妻貝塚の研究―』上巻　取手市教育委員会

鈴木正博・渡辺裕水　1976　「関東地方における所謂縄紋式『土器製塩』に関する小論」『常総台地』第 7 号　15-46 頁

高田和徳　2000　「土葺き屋根の竪穴住居」『季刊 考古学』第 73 号　57-59 頁

高橋　満　1996　「土器製塩の工程と集団―製塩土器分布圏の成り立ち―」『季刊 考古学』第 55 号　38-43 頁

高橋　満・中村敦子　1999　「茨城県広畑貝塚出土の縄文時代晩期の土器 ―直良信夫氏調査の N トレンチ資料―」『茨城県史研究』第 82 号　1-32 頁

　　　　　2000　「茨城県広畑貝塚出土の縄文時代晩期の土器（二）―直良信夫氏調査の N トレンチ資料―」『茨城県史研究』第 84 号　98-128 頁

高橋龍三郎　1992　「四万十川流域におけるヒガンバナ・木の実の食習」『民俗文化』第 4 号　125-209 頁

　　　　　2001a　「縄文後・晩期社会の複合化と階層化過程をどう捉えるか―居住構造と墓制よりみた千葉県遺跡例の分析―」『早稲田大学大学院文学研究科紀要』第 47 輯第 4 分冊　61-75 頁

　　　　　2001b　「総論：村落と社会の考古学」『現代の考古学 6 村落と社会の考古学』朝倉書店　1-93 頁

　　　　　2003　「縄文後期社会の特質」『縄文社会を探る』学生社　101-137 頁

　　　　　2004　『縄文文化研究の最前線』早稲田大学文学部

　　　　　2007　「縄文社会の変革と堅果類利用」『民俗文化』第 19 号　275-303 頁

田辺一元　2000　「縄文時代における『土器製塩』の諸問題」『歴史と構造―文化人類学的研究―』第 28 号　39-47 頁

ターナー・V（冨倉光雄訳）　1974　『儀礼の過程』新思索社（原著：Turner W. V. 1969 The Ritual Process: Structure and Anti-structure. Aldine Publishing Company, Chicago.）

谷口康浩　1998　「縄文時代集落論の争点」『國學院大學考古学資料館紀要』第 14 輯　43-88 頁

　　　　　2001　「縄文時代遺跡の年代」『季刊 考古学』第77号　雄山閣　17-21頁
　　　　　2003　「縄文時代中期における拠点集落の分布と領域モデル」『考古学研究』第49巻第4号　39-58頁
　　　　　2007　「縄文時代の社会―分節的部族社会から階層化社会へ―」『季刊 考古学』第98号　27-32頁
塚原正典　1987　『配石遺構』ニュー・サイエンス社
　　　　　1989　「縄文時代の配石遺構と社会組織の復元」『考古学の世界』新人物往来社　53-70頁
辻　秀人　1994　「福島県」『日本土器製塩研究』青木書店　65-71頁
辻　稜三　1988　「日韓堅果食小考」『地理』第33巻第9号　55-63頁
常松成人　1994　「関東各都県」『日本土器製塩研究』青木書店　28-64頁
　　　　　1997　「古鬼怒湾「製塩遺跡」を中心とした安行式集団の動態」『茨城県史研究』第78号　茨城県立歴史
　　　　　　　　館　22-42頁
テスタール・A（山内　昶訳）　1995　『新不平等起源論：狩猟＝採集民の考古学』法政大学出版局（原著：
　　　　　　　　Testart, A. 1982 Les Chasseurs-Cueilleurs ou l'Origine des Inegalites）
寺門義範　1983　「製塩」『縄文文化の研究2 生業』雄山閣　240-251頁
　　　　　1986　「製塩」『千葉県生産遺跡群詳細分布調査報告書』千葉県教育委員会　57-67頁
寺門義範・芝崎のぶ子 1969　「縄文後，晩期にみられる所謂『製塩土器』について」『常総台地』第4号　5-14
　　　　　　　　頁
土井義夫　1985　「縄文時代集落論の原則的問題―集落遺跡の二つのあり方をめぐって―」『東京考古』第3号
　　　　　　　　1-11頁
中村敦子　1996　「縄文時代土器製塩に関する一試論―遺構による製塩工程の復元―」『史観』第135冊　82-94
　　　　　　　　頁
　　　　　1998　「縄文時代の製塩土器をめぐる諸問題―関東地方を中心に―」『シンポジウム　製塩土器の諸問題
　　　　　　　　―古代における塩の生産と流通―』塩の会シンポジウム実行委員会　145-152頁
中村　大　1993　「身分階層」『考古学の世界2 関東・中部』ぎょうせい　104-105頁
　　　　　1999　「墓制から読む縄文社会の階層化」『最新 縄文学の世界』朝日新聞社　48-60頁
　　　　　2000　「狩猟採集民の副葬行為 縄文文化」『季刊 考古学』第70号　19-23頁
　　　　　2002　「階層社会」『季刊 考古学』第80号　38-41頁
中村哲也　1996　「生業活動と遺跡群」『季刊 考古学』第55号　56-61頁
永田誠吾　1993　「Ⅴ．淡路島の土器製塩実験について」『兵庫県生産遺跡調査報告　第2冊製塩遺跡Ⅰ（津名郡）』
　　　　　　　　兵庫県教育委員会　54-56頁
名久井文明　2006　「トチ食料化の起源―民俗例からの遡源的考察」『日本考古学』第22号　71-93頁
西秋良宏　2000　「工芸の専業化と社会の複雑化―西アジア古代都市出現期の土器生産―」『西アジア考古学』
　　　　　　　　Vol.1　1-9頁
西田正規　1981　「縄文時代の人間－植物関係―食料生産の出現過程」『国立民族学博物館研究報告』第6巻2号
　　　　　　　　234-255頁
　　　　　1985　「縄文時代の環境」『岩波講座 日本考古学2 人間と環境』岩波書店　111-164頁

西本豊弘　1997　「前田村遺跡出土の動物遺体について」『伊奈・谷和原丘陵部特定土地区画整理事業地内埋蔵文化財調査報告書2 前田村遺跡C・D・E区（中巻）』（財）茨城県教育財団　303-311頁

西本豊弘・篠田謙一・松村博文・菅谷通保　2001　「DNA分析による縄文後期人の血縁関係」『動物考古学』第16号　1-16頁

日本塩業大系編集委員会　1977　『日本塩業大系』日本専売公社

能城修一・佐々木由香・高橋　敦　2006　「1. 下宅部遺跡から出土した木材の樹種同定」『下宅部遺跡』Ⅰ（1）東村山市遺跡調査会　322-339頁

野本寛一　2005　『栃と餅：食の民俗構造を探る』岩波書店

林　謙作　1995　「階層とは何だろうか？」『展望考古学』考古学研究会

　　　　　1998　「縄文社会は階層化社会か」『古代史の論点4 権力と国家の戦争』小学館　87-110頁

　　　　　2000　「縄紋時代史39―定住社会の成立と普及（9）」『季刊 考古学』第70号　91-96頁

「馬場小室山遺跡に学ぶ市民フォーラム」実行委員会　2007　『「環状盛土遺構」研究の現段階―馬場小室山遺跡から展望する縄文時代後晩期の集落と地域―』「馬場小室山遺跡に学ぶ市民フォーラム」実行委員会

廣山堯道　1997　「諸般の塩生産」『近世日本の塩』雄山閣　1-171頁

藤本　強　1994　『モノが語る日本列島史―旧石器時代から江戸時代まで―』同成社

藤本英夫　1971　『北の墓』学生社

古谷　渉　2006　「「環状盛土遺構」研究の現状と課題」『考古学ジャーナル』No.548 13-16頁

ファン＝ヘネップ・A（綾部恒雄・綾部裕子訳）　1977　『通過儀礼』弘文堂（原著：Gennep A. V. 1960 The rites of Passage. Routledge and Kegan Paul, London.）

堀越正行　1995　「中央窪地型馬蹄形貝塚の窪地と高まり覚書」『史館』第26号　1-19頁

　　　　　2007　「「環状盛土遺構」以前の集落の立地と構成」『「環状盛土遺構」研究の現段階―馬場小室山遺跡から展望する縄文時代後晩期の集落と地域―』「馬場小室山遺跡に学ぶ市民フォーラム」実行委員会　38-56頁

本多昭宏　1995　「土器製塩の実験考古学」『筑波大学 先史学・考古学研究』第6号　79-86頁

　　　　　2000　「7-2 大型炉と製塩」『上高津貝塚E地点』土浦市教育委員会　70-79頁

本多勝一　1967　『極限の民族』朝日新聞社

益子待也　1994　「ポトラッチ」『文化人類学事典』弘文堂　707頁

　　　　　1999　「「ポトラッチ」の観念について（上）」『金沢学院大学文学部紀要』第4集　1-21頁

　　　　　2002　「「ポトラッチ」の観念について（下）」『金沢学院大学文学部紀要』第7集　50-70頁

松井　章　1999　「生存保障のために試みられた多様な工夫」『最新 縄文学の世界』朝日新聞社　158-167頁

松木武彦　2000　「階層」『現代考古学の方法と理論』Ⅱ　同成社　25-30頁

　　　　　2006a　「階層」『現代考古学辞典（縮刷版）』同成社　41-43頁

　　　　　2006b　「首長制」『現代考古学辞典（縮刷版）』同成社　217-221頁

松山利夫　1972　「トチノミとドングリ―堅果類の加工方法に関する事例研究―」『季刊 人類学』第3巻第2号

　　　　　　　　　69-101頁

　　　　　　1977　「野生堅果類，とくにトチノミとドングリ類のアク抜き技術とその分布」『国立民族学博物館研究報告』第2巻第3号　498-540頁

　　　　　　1982　『木の実』法政大学出版局

水ノ江和同　2007　「低湿地型貯蔵穴」『縄文時代の考古学5 なりわい―食料生産の技術―』同成社　75-87頁

南木陸彦　1994　「縄文時代以降のクリ（Castanea crenata Sieb. et Zucc.）果実の大型化」『植生史研究』第2巻第1号　3-10頁

宮内慶介・古谷　渉・吉岡卓真　2005　「茨城県部室貝塚採集の縄文後晩期の土器」『玉里村立史料館報』Vol.10　玉里村立史料館　89-117頁

武藤康弘　1995　「民族誌からみた縄文時代の竪穴住居」『帝京大学山梨文化財研究所』第6集　267-301頁

　　　　　　1999　「縄文，階層化した狩猟採集民」『考古学研究』第45巻第4号　24-25頁

　　　　　　2007　「堅果類のアクヌキ法」『縄文時代の考古学5 なりわい―食料生産の技術―』同成社　41-50頁

メトカーフ・P，ハンティントン・R　1996　『死の儀礼：葬送習俗の人類学的研究』（第2版）未來社（原著：Metcalf, P. and R. Huntington 1991 Celebrations of Death: The Anthropology of Mortuary Ritual [Second Edition]）

八重樫純樹ほか　1992　『土偶とその情報』国立歴史民俗博物館研究報告第37集　国立歴史民俗博物館

柳浦俊一　2004　「西日本縄文時代貯蔵穴の基礎的研究」『島根県考古学会誌』第20・21合併号　131-156頁

山田康弘　1995　「多数合葬例の意義―縄文時代の関東地方を中心に―」『考古学研究』第42巻第2号　52-67頁

　　　　　　2000　「第7章第1節2号建物跡（長方形焼土遺構について）」『上高津貝塚E地点』土浦市教育委員会　68-69頁

　　　　　　2003　「「子供への投資」に関する基礎的研究―縄文階層社会の存否をめぐって―」『関西縄文時代の集落・墓地と生業』六一書房　125-139頁

　　　　　　2005　「北米北西海岸における先史時代の墓制」『縄文時代』第16号　175-200頁

　　　　　　2008　『人骨出土例にみる縄文の墓制と社会』同成社

　　　　　　2010　「縄文時代における「階層性」と社会構造」『考古学研究』第56巻第4号　18-19頁

山内利秋　2002　「解体する山と海岸平野の社会―晩期の関東」『縄文社会論』（下）同成社　139-191頁

山内清男　1964　「日本先史時代概説」『日本原始美術1 縄文式土器』講談社　135-147頁

　　　　　　1969　「縄文文化の社会：縄文時代研究の現段階」『日本と世界の歴史 第1巻 古代』学習研究社　86-97頁

山本暉久　2004　「柄鏡形（敷石）住居址をめぐる最近の研究動向について」『縄文時代』第15号　193-216頁

　　　　　　2005　「縄文時代階層化社会論の行方」『縄文時代』第16号　111-142頁

山本直人　2007　「縄文時代の植物食利用技術」『縄文時代の考古学5 なりわい―食料生産の技術―』同成社　17-30頁

吉野健一　2003　「三直貝塚の遺構分布と盛土遺構の断面」『研究連絡誌』第65号　（財）千葉県文化財センター

			23-31頁

		2005 「古鬼怒湾南岸地域における縄文時代後晩期集落の立地と貝層分布」『研究紀要』第24号 （財）千葉県文化財センター 59-81頁

		2007 「関東地方における縄文時代後・晩期の大形住居」『縄紋時代の社会考古学』同成社 189-210頁

渡辺 仁 1990 『縄文式階層化社会』六興出版

渡辺 誠 1967 「日本石器時代文化研究における『サケ・マス』論の問題点」『古代文化』第18巻第2号 33-36頁

		1975 『縄文時代の植物食』雄山閣

		1989 「トチのコザワシ」『名古屋大学文学部研究論集史学』vol.35 53-77頁


**報告書類**

Akazawa, T. 1972 Report of the investigation of the Kamitakatsu shell-midden site. Bulletin 4. The University Museum. The University of Tokyo. Tokyo.

青木健二 2004 『明神前遺跡』日本窯業史研究所

青木義脩・鈴木加津子・阿部友寿ほか 1996 『前窪遺跡発掘調査報告書（第3次）』浦和市遺跡調査会

新屋雅明 2000 『石神貝塚』（財）埼玉県埋蔵文化財調査事業団

新屋雅明・元井 茂 1997 『石神貝塚』（財）埼玉県埋蔵文化財調査事業団

新屋雅明ほか 1988 『赤城遺跡』（財）埼玉県埋蔵文化財調査事業団

石川 功・窪田恵一・塩谷 修・福田礼子ほか 2006 『上高津貝塚C地点―史跡整備事業に伴う発掘調査報告書―』土浦市教育委員会

石坂俊郎・藤沼昌泰ほか 2004 『後谷遺跡 第4次・第5次発掘調査報告書 第1分冊』 桶川市教育委員会

石田守一 2000 「下ヶ戸宮前遺跡」『千葉県の歴史 資料編 考古1（旧石器・縄文時代）』千葉県 980-992頁

市川 修・田部井功 1974 『高井東遺跡調査報告書』埼玉県遺跡調査会

犬塚俊雄 1990 『鎌ヶ谷市内遺跡群発掘調査概報 平成元年度』鎌ヶ谷市教育委員会

上野真由美・渡辺清志ほか 2005 『雅楽谷遺跡Ⅱ』（財）埼玉県埋蔵文化財調査事業団

江原 英ほか 1997 『寺野東遺跡Ⅴ 環状盛土遺構・水場の遺構編』栃木県教育委員会・（財）栃木県文化振興事業団

江原 英ほか 1998 『寺野東遺跡Ⅳ 谷部編』栃木県教育委員会・小山市教育委員会・（財）栃木県文化振興事業団

江原 英ほか 2001 『寺野東遺跡Ⅲ 縄紋時代住居跡編』栃木県教育委員会・（財）とちぎ生涯学習文化財団

大宮市教育委員会社会教育課 1971 『小深作遺跡』大宮市教育委員会

岡村道雄ほか 1982 『里浜貝塚Ⅰ』東北歴史資料館

小川勝和・小栗信一郎 2003 「三輪野山貝塚」『考古学ジャーナル』No.509 ニュー・サイエンス社 23-26頁

小倉和重　2003　『宮内井戸作遺跡発掘調査概報』(財)印旛郡市文化財センター

忍澤成視・菅谷通保・西田泰民ほか　1999　『祇園原貝塚(本文編1・2)―上総国分寺台遺跡調査報告Ⅴ―』(財)市原市文化財センター

金子裕之　1979　「茨城県広畑貝塚出土の後・晩期縄文土器」『考古学雑誌』第65巻第1号　17-71頁

　　　　　　1996　「Ⅰ 曽谷貝塚資料」『曽谷貝塚資料 山内清男考古資料7』奈良国立文化財研究所　1-24頁

金子浩昌　1976　「第5章 加曽利南貝塚の動物」『加曽利南貝塚』中央公論美術出版　38-59頁

金子浩昌・亀井和美　2006　「7-8 動物・昆虫遺体1. 下宅部遺跡の骨角加工品と動物遺体」『下宅部遺跡』Ⅰ(1)東村山市遺跡調査会　380-410頁

金箱文夫ほか　1989　『赤山　本文編』第1・2分冊　埼玉県川口市遺跡調査会

金箱文夫ほか　2005　『赤山陣屋跡遺跡』川口市遺跡調査会

川島尚宗　2004　「Ⅱ. 縄文時代(早期〜晩期)」『霞ヶ浦町遺跡分布調査報告書―遺物編―』霞ヶ浦町教育委員会・筑波大学考古学研究室　29-38頁

小井川和夫・加藤道男　1988　『里浜貝塚Ⅶ』東北歴史資料館

小井川和夫ほか　1983　『里浜貝塚Ⅱ』東北歴史資料館

小林　孝・飯島一生　1999　『伊奈・谷和原丘陵部特定土地区画整理事業地内埋蔵文化財調査報告書5 前田村遺跡J・K区(下巻)』(財)茨城県教育財団

小林信一・大田文雄・小宮　孟ほか　2005　『印西市西根遺跡』(財)千葉県文化財センター

小宮山克己　1994　「十四番耕地遺跡(第3次調査)」『上尾市文化財調査報告』第42集　上尾市教育委員会

近藤　敏　1992　「2. 根田祇園原貝塚遺跡(5次調査)」『第7回市原市文化財センター遺跡発表会要旨』

斎藤　忠(編)　1979　『茨城県資料 考古資料編 先土器・縄文時代』茨城県

佐々木由香・山崎真治　2001　「川口市石神貝塚(第14次)の調査」『第34回遺跡発掘調査会報告 発表要旨』埼玉県考古学会　6-9頁

酒詰仲男・広瀬榮一　1948　「常陸國安食平貝塚」『日本考古学』日本考古学研究所　1-11頁

佐藤孝雄・大内千年ほか　1994　『上高津貝塚A地点―史跡整備事業に伴う発掘調査報告書―』土浦市教育委員会

塩谷　修ほか　2000　『上高津貝塚E地点』土浦市教育委員会

下谷津達男・戸辺慶成・横川好富・佐藤武雄・塩野　博・庄野靖寿・富樫泰時・金子浩昌　1965　『中沢貝塚』鎌ヶ谷町史編纂委員会

杉原荘介・戸沢充則　1965　「茨城県立木遺跡」『考古学集刊』第3巻第2号　35-72頁

杉原荘介ほか　1976　『加曽利南貝塚』中央公論美術出版

鈴木加津子・鈴木正博・荒井幹夫　1989　「正網遺跡―荒川右岸における縄紋式後晩期遺跡の研究―」『富士見市遺跡調査会 研究紀要』第5号　富士見市遺跡調査会　1-73頁

関　俊彦・鈴木正博・鈴木加津子　1983　「大森貝塚出土の安行式土器(三)」『史誌』19　大田区史編さん委員会　14-60頁

高橋龍三郎・井出浩正・森下壽典ほか　2006　「千葉県印旛郡印旛村戸ノ内貝塚第2次発掘調査概報」『早稲田大

学大学院文学研究科紀要』第 4 分冊　第 52 輯　75-95 頁

高橋龍三郎・小高敬寛・大松しのぶほか　2004　「千葉県印旛郡印旛村戸ノ内貝塚測量調査概報」『早稲田大学大学院文学研究科紀要』第 4 分冊　第 50 輯　29-45 頁

高橋龍三郎・小高敬寛・馬場匡浩ほか　2005　「千葉県印旛郡印旛村戸ノ内貝塚第 1 次発掘調査概報」『早稲田大学大学院文学研究科紀要』第 4 分冊　第 51 輯　85-101 頁

高橋龍三郎・菊地有希子・井出浩正ほか　2007　「千葉県印旛郡印旛村戸ノ内貝塚第 3 次発掘調査概報」『早稲田大学大学院文学研究科紀要』第 4 分冊　第 53 輯　61-85 頁

田中英世　1997　『千葉市園生貝塚―平成 5 年度・平成 6 年度調査報告書―』千葉市教育委員会・(財) 千葉市文化財調査協会

近森　正ほか　1983　『佐倉市吉見台遺跡発掘調査概要Ⅱ』佐倉市遺跡調査会

千葉敏朗・石川正行・小川直裕・秋本雅彦・金山由美・金子弓絵ほか　2006　『下宅部遺跡』Ⅰ (1)・(2)　東村山市遺跡調査会

土浦市遺跡調査会　1992　『国指定遺跡　上高津貝塚の発掘　―史跡整備に伴う調査の概要―』土浦市教育委員会

戸沢充則　1979　「立木貝塚」『茨城県資料 考古資料編 先土器・縄文時代』茨城県　218-220 頁

戸沢充則・半田純子　1966　「茨城県法堂遺跡の調査―「製塩址」をもつ縄文時代晩期の遺跡―」『駿台史学』第 18 号　57-95 頁

戸谷敦司ほか　2004　『井野長割遺跡 (第 4 次調査)』(財) 印旛郡市文化財センター

永岡弘章　2000　「栃木県鹿沼市明神前遺跡」『考古学ジャーナル』No.457　27-31 頁

永岡弘章ほか　2002　『明神前遺跡―発掘調査概要報告書―』鹿沼市教育委員会

永松　実・斉藤　隆・渡辺昌宏ほか　1976　『小山台貝塚』国書刊行会

新津　健ほか　1989　『金生 Ⅱ 縄文』山梨県教育委員会

橋本　勉ほか　1985　『ささら (Ⅱ)』埼玉県埋蔵文化財調査事業団報告書　第 47 集

橋本　勉ほか　1990　『雅楽谷遺跡』(財) 埼玉県埋蔵文化財調査事業団

林田利之ほか　2000　『吉見台遺跡 A 地点 (本文編)』(財) 印旛郡市埋蔵文化財センター

藤本弥城　1988　「茨城県広畑貝塚出土の晩期縄文土器」『考古学雑誌』第 73 巻第 4 号　1-35 頁

堀越正行　1976　『曽谷貝塚 C 地点発掘調査概報』市川市教育委員会

町田公雄・河合　勝・新田　充ほか　1957　「茨城県新治郡出島村大字安飾安食平貝塚発掘報告」『Archaeology』24　慶應義塾高等学校考古学会　1-20 頁

宮内良隆・西本豊弘ほか　1995　『中妻貝塚発掘調査報告書』取手市教育委員会

宮崎朝雄ほか　1976　『黒谷田端前遺跡』岩槻市遺跡調査会

村田章人・藤沼昌泰・吉岡卓真ほか　2007　『後谷遺跡 第 4 次調査報告書』第 3 文冊　桶川市教育委員会

村田章人ほか　1993　『原ヶ谷戸・滝下』(財) 埼玉県埋蔵文化財調査事業団

安井健一・鶴岡栄一・西野雅人・櫻井敦史・金子浩昌・鷹野光行　2005　『市原市西広貝塚Ⅱ』(財) 市原市文化財センター

八幡一郎ほか　1973　『貝の花貝塚』松戸市教育委員会

弓　明義　1998　「埼玉県吉見町三ノ耕地遺跡の水場遺構について」『祭祀考古』第 11 号 15-16 頁

横堀孝徳　1997　『伊奈・谷和原丘陵部特定土地区画整理事業地内埋蔵文化財調査報告書 2 前田村遺跡 C・D・E 区（上巻・中巻）』（財）茨城県教育財団

吉川國男・田部井功ほか　1979　『後谷遺跡』後谷遺跡発掘調査会

米田耕之助・鷹野光行・西田道世・金子浩昌・牛沢百合子・三森喜知子　1977　『西広貝塚－上総国分寺台遺跡調査報告Ⅲ―』市原市教育委員会・市原市国分寺台土地区画整理組合

渡辺　誠ほか　1991　『茨城県福田（神明前）貝塚　古代學研究所研究報告第 2 輯』（財）古代学協会・古代學研究所

# 図表出典

（図）

第2章

第2.1. 図　Kennett 2005:Map5 より作成

第2.2. 図　Kennett 2005:Map14 を再トレースして作成

第2.3. 図　Kennett 2005:Map15 を再トレースして作成

第2.4. 図　Hayden and Cousins 2004:Figure9.8. を再トレースして作成

第3章

第3.1. 図　著者作成

第3.2. 図　江原ほか 2007 第7図に加筆・修正

第3.3. 図　吉川ほか 1979 第3図より

第3.4. 図　市川ほか 1974 図版4より

第3.5. 図　上野・渡辺 2005 第4図より

第3.6. 図　「馬場小室山遺跡に学ぶ市民フォーラム」実行委員会 2007 討論補足資料（2）より

第3.7. 図　新屋ほか 1988 第91図より

第3.8. 図　大宮市教育委員会社会教育課 1971 第4図より

第3.9. 図　宮崎ほか 1976 第2図より

第3.10. 図　新屋 2000 第3図より

第3.11. 図　近森・山岸 1983 第2図より

第3.12. 図　戸谷ほか 2004 第4図より

第3.13. 図　阿部ほか 2004 第2図より

第3.14. 図　小倉 2003 第2図より

第3.15. 図　髙橋ほか 2005 図3より

第3.16. 図　杉原ほか 1976 第1図より

第3.17. 図　田中 1997 第2図より

第3.18. 図　金子 1996Fig.2 より

第3.19. 図　犬塚 1990Fig.3 より

第3.20. 図　安井・鶴岡ほか 2005 第6図より

第3.21. 図　忍澤ほか 1999 第5図より

第3.22. 図　八幡ほか 1973 別図1より

第3.23. 図　小川・小栗 2003 図3より

第3.24. 図　石田 2000 図2より

第3.25. 図　川島2007第3図より
第3.26. 図　佐藤2000第1図を改変
第3.27. 図　石川ほか2006第3・7図より作成
第3.28. 図　宮内ほか2005第2図より
第3.29. 図　斎藤編1979縄文時代貝塚実測図16を改変
第3.30. 図　斎藤編1979縄文時代貝塚実測図9より
第3.31. 図　斎藤編1979縄文時代貝塚実測図9より
第3.32. 図　戸沢1979第80図より
第3.33. 図　小林ほか1999第361図を改変
第3.34. 図　横堀1997第4図を改変
第3.35. 図　石川ほか2006第4・6図より作成
第3.36. 図　八幡編1973別図3を改変
第3.37. 図　八幡編1973別図9を改変
第3.38. 図　阿部1996第6図より
第3.39. 図　Kawashima 2005Fig.3-4を改変
第3.40. 図　吉野2003第4図より

第4章
第4.1. 図　著者作成
第4.2. 図　常松1994第2図より作成
第4.3. 図　高橋・中村2000より作成
第4.4. 図　高橋・中村2000を参考に作成
第4.5. 図　金子1979を参考に作成
第4.6. 図　筆者観察により作成
第4.7. 図　Akazawa 1972より作成
第4.8. 図　筆者観察により作成
第4.9. 図　筆者観察により作成
第4.10. 図　筆者観察による
第4.11. 図　法堂遺跡は戸沢・半田1966より作成
第4.12. 図　筆者観察による
第4.13. 図　戸沢・半田1966第15図より作成
第4.14. 図　塩谷ほか2000第17図より作成

第5章
第5.1. 図　佐々木2007a第2図より

第5.2.図　江原ほか 1997 第9図より

第5.3.図　江原ほか 1998 第24図より

第5.4.図　江原ほか 1998 第162図より

第5.5.図　永岡 2000 第5図より

第5.6.図　永岡 2000 第5図より

第5.7.図　村田ほか 2007 第43図より

第5.8.図　千葉ほか 2006 第29図より

第5.9.図　金箱ほか 2005 第9図を改変

第5.10.図　金箱ほか 1988 第Ⅵ-86図より

第5.11.図　金箱ほか 1988 第Ⅵ-128図より

第5.12.図　新屋ほか 1988 第113図より

第5.13.図　小栗ほか 2008 図3より

第5.14.図　渡辺 1975 第19・20図より作成

第5.15.図　新屋ほか 1988 第91・300・301・317図より作成

第5.16.図　阿部 2001 第8図，高橋 2004 図5-6より作成

第5.17.図　阿部 2001 第10図より

第5.18.図　塩谷ほか 2000 第5図より

第5.19.図　塩谷ほか 2000 第40図・第15表より

第5.20.図　Kawashima 2008Fig.2より

第5.21.図　金成・宮尾 1996 図3より


第6章

第6.1.図　Hayden 2001bFigure7.10.を翻訳



（表）

第2章

第2.1.表　西秋 2000 第1・2表，Costin1991，Lewis1996より

第2.2.表　Costin 1991:Table1.1.より

第2.3.表　Hayden and Adams 2004より作成


第3章

第3.1.表　沖松 2005 表1より

第3.2.表　Hayden 2001aFig.2.1を翻訳

第 4 章

第 4.1. 表　戸沢・半田 1966 より作成

第 4.2. 表　各報告書・報文より作成

第 4.3. 表　表中に記載

第 5 章

第 5.1. 表　江原ほか 1998 第 17 表を改変

第 5.2. 表　川島 2009 第 1 表より

第 5.3. 表　第 3.2. 表に加筆

第 5.4. 表　吉野 2007 表 1 より

第 5.5. 表　Kawashima 2008Tab.3 より作成

第 5.6. 表　Kawashima 2008Tab.4 より作成

# 初出一覧

はじめに 〈新稿〉

第1章　縄文時代における社会的複雑化に関する研究の位置づけと目的　〈新稿〉

第2章　狩猟採集民社会の複雑化　〈新稿〉
（第2節1.の一部は、「縄文時代土器製塩における労働形態」『筑波大学 先史学・考古学研究』第21号，2010年，1-34頁に修正・加筆）

第3章　環状盛土遺構からみた縄文時代後・晩期の集落
〈「霞ヶ浦周辺地域の縄文時代後・晩期遺跡と「環状盛土遺構」」『物質文化』第85号，2008年，33-52頁に修正・加筆〉

第4章　縄文時代の土器製塩における労働形態
〈「縄文時代土器製塩における労働形態」『筑波大学 先史学・考古学研究』第21号，2010年，1-34頁に修正・加筆〉

第5章　縄文時代の饗宴―縄文時代後・晩期における食料加工と消費の増大―
〈「縄文時代後・晩期における食料加工・消費の増大」Asian and African Studies　第13号，2009年，257-282頁をもとに改稿〉

第6章　縄文時代後・晩期社会の複雑化　〈新稿〉

おわりに　〈新稿〉

# あとがき

　「縄文階層化社会論」についての研究は,『縄文式階層化社会』以降, 一部の研究者のみが前向きに検討してきたに過ぎず, 研究の広がりをみせているとは言えない状況にある。しかしながら, 長期にわたる縄文時代の中で社会的変容があったことについては, 先行研究で言及されてきた通り異論はないと思う。これまでの先史時代の歴史観にとらわれることなく, 異なったアプローチで研究に取り組むことで縄文社会の本質に迫ることができるのではないだろうか。本書では縄文時代中期からの変化に注目し, 従来縄文研究に採用されなかった方法論を用いながら後・晩期社会について論じた。

　本書は2009年度に筑波大学大学院人文社会科学研究科に提出した博士論文『縄文時代後・晩期社会の研究—生産と饗宴からみた複雑化—』に一部修正を加えたものである。博士論文の審査にあたっては, 学群在籍時よりご指導を賜ってきた常木晃先生をはじめ, 内山田康先生, 三宅裕先生, マーク J. ハドソン先生にお引き受けいただいた。先生方には, 審査中, ご指導だけでなくその後の研究につながる貴重なご助言も賜りました。深く感謝申し上げます。

　筑波大学第一学群人文学類において縄文時代の土器製塩を卒業論文課題として扱って以降, 著者は関東平野の縄文時代後・晩期社会を主な対象として研究を続けてきた。大学院では, 前田潮先生のもとで, 縄文時代だけを見つめるのではなく北方狩猟採集民という広い視野が必要であることを実感することができたと思う。スロベニア留学中には, リュブリャーナ大学文学部考古学科のミハエル・ブディヤ先生にヨーロッパ新石器時代についてご指導いただき, 比較的な視点を養うことができた。本研究の骨子ともいえる海外で研究されてきた考古学的理論については, 当時筑波大学におられたマーク J. ハドソン先生のもとで学ぶことができ, これによって著者の研究方向が決定づけられたといえる。主査となってくださった常木晃先生は, 著者の研究テーマに合う遺跡を考古学実習の一環として調査させてくださり, この経験や得られた資料は本書の重要な部分となった。著者の大学院在籍中, 考古学研究室には様々な専門分野の先輩・後輩がおり, 縄文だけではない多様な視点からご教示・ご助言をいただくことができたことは幸運であり, 大変刺激になった。第4章の図の作成には増森海笑ダモンテ氏にご協力いただいた。学外では, 茨城県新治郡玉里村（現小美玉市）, 取手市, 土浦市などで発掘・整理作業に参加させていただいたことで, 数多くの遺物・遺跡に触れることができ, また報告書作成などの経験が得られた。これらの経験によって, 著者が考古学を続けていくうえで必要な実践的技術・知識が身についたのであり, 黒澤春彦氏, 小玉秀成氏, 関口満氏, 宮内良隆氏をはじめとする多くの方々にお世話になった。

　また, 筑波大学大学院人文社会科学研究科修了後には, スロベニアのリュブリャーナ大学, 筑波大学にて教育・研究に携わることができた。どちらも考古学とはほとんど無縁の部署であった

が，先生方および同僚の皆さんには著者の研究活動にご理解をいただいた。中でも，アンドレイ・ベケシュ先生および青木三郎先生には広い視野における国際的比較研究の重要性を教えていただいた。現在は山口大学大学情報機構に所属し，埋蔵文化財資料館に勤務している。学内の先生方，職場の先輩方からは，西日本の資料に不慣れな筆者に助言をいただいている。今後，館蔵資料をはじめ地域の資料を用い，視野を広げながら研究を進めていきたい。

本書の出版にあたっては，本研究の目的・手法をご理解いただき快く出版を引き受けてくださった六一書房の八木環一氏に心より御礼申し上げます。また，本研究をまとめる際には，資料閲覧・文献収集などで数多くの研究者の方々・諸機関にご協力・ご教示をいただきました。ここでお名前を全て挙げられないものの，旧稿と合わせまして，改めて御礼申し上げます。

最後に，著者の研究生活を常にサポートしてくれた妻ティンカと，研究中の精神的支柱となってくれた瑛文，然，主水に感謝し，本書を捧げる。

2015年2月

川島　尚宗

# 索　引

【事項索引】

## あ

I字文土偶　150
アカ族　154
遺丘集落　41, 65, 73, 74, 76
一夫多妻制　15
イロコイ族　16
柄鏡型敷石住居　7
エヒメボタル　23, 24
エンガ族　113, 158
園耕民　14, 16
オジブワ族　28

## か

階層制　1-7, 11-13, 31, 164, 165, 167, 171, 173
貝輪　161, 169
カルーサ族　167
環状集落　76-78, 168, 172
環状土籬　6, 172
環状盛土遺構　9, 41, 42, 52, 54, 59-61, 66-68, 74-76, 78, 79, 106-108, 117-119, 121, 139, 141, 143, 148, 150, 153, 168, 172
環状列石　6, 7, 79, 142, 164
キヴァス　37
起業社会　14, 16-18, 30, 143, 155, 165
木組遺構　43, 68, 115, 117-119, 121-123, 125, 127-129, 132, 134-140, 142, 154, 159-161, 164, 168, 169, 172, 173
饗宴　1, 2, 4, 5, 8-10, 12, 14, 18, 27-33, 37-40, 68-71, 73, 75, 76, 79, 114, 115, 117, 140-143, 148, 153-155, 157, 159, 161, 164, 165, 167-169, 171-173
窪地　41-43, 45, 47, 49, 51-63, 65-68, 71, 74-77, 79, 121, 125, 126, 143, 145, 148, 172
クリ　115, 116, 121, 122, 125, 126, 129, 131
グレート・マン　14
クワクワカワクゥ族　29
堅果類　5, 21, 22, 68, 115, 132-134, 136, 140, 142, 154, 159, 160-164, 167, 169, 171-173
厚葬　1, 3, 16
合同集団　16-18, 40
コースト・セーリッシュ族　29
コザワシ　133-138, 140, 159
婚資　15, 16

## さ

サケ・マス論　162-164, 167
サミア族　32
社会的複雑化　2-6, 8, 11, 12, 14, 17, 21, 28-32, 39, 40, 60, 69, 79, 148, 155, 157-159, 161-168, 171
社会的複雑性　2, 4-14, 18, 21, 29, 31, 39, 78, 85, 155, 157-159, 161-167, 169, 171-173
社会的不平等　2, 6, 13, 17, 28, 171
遮光器系土偶　143, 150, 151
奢侈品　17, 30, 109, 164
集石遺構　33, 37-39, 128
集葬墓　41
集約的労働　16
呪術　2, 9
首長制　4, 5, 8, 12-14, 30, 31, 165, 173
狩猟採集民　1, 3, 4, 6-8, 11-14, 16, 18, 20, 69, 85, 110, 148, 157-159, 162, 163, 167, 171-173
　素朴的狩猟採集民　12, 30
　複雑化狩猟採集民　1, 12-14, 18, 21, 26, 69, 114, 158, 171
人口密度　11, 14, 16
新石器時代　15-17, 110
製塩遺構　81, 83-86, 94, 101-108, 142, 157, 161
製塩土器　5, 81-101, 103-110, 113, 114, 142, 153, 157, 158, 169, 172
石錐　23-26, 110, 158
石鏃　24
石刀　石棒 を参照
石棒　71, 76, 128, 129, 141-143, 145, 147, 151-154, 169
世襲的階層制　1-5, 7, 11, 13, 14, 21, 26, 109, 114, 155, 157-159, 163, 171

石剣　石棒 を参照
専業
　　従属専業　19, 20, 27, 109
　　独立専業　19, 20, 26, 109
専業化　18, 20, 21, 26, 85
戦争　11, 14-17, 32, 165, 166
線帯文土器文化　15
双分制　77
贈与　16, 27, 28

## た

多遺体埋葬　168, 169
ダニ族　112
中石器時代　15
チューマッシュ族　8, 13, 15-17, 21-24, 26, 27, 32, 33, 38, 40, 110, 114, 155, 158, 163, 165, 167, 171
貯蔵穴　7, 35-37, 70, 115, 142, 167
通過儀礼　15, 27, 29
投資　9, 12, 14-16, 29-31
トゥワナ族　29
土器製塩　5, 79, 81-86, 92, 95, 100, 101, 103-114, 155, 157, 158, 161, 164, 168, 169, 171-173
土器塚　9, 41, 47, 68, 160, 161, 169, 172
土偶　55, 71, 72, 76, 107, 141-143, 145, 147, 150-155
トチ　5, 68, 70, 115, 116, 119, 120, 122, 125-142, 154, 159-161, 164, 172, 173
トチダナ　134-138, 159
トチモチ　133, 135, 140, 159
トナカイ　17
トモル　22
トランスイガリタリアン社会　5, 14-18, 27, 29, 30, 32, 155, 159, 165, 167, 171
トリンギット族　15, 28
奴隷　6, 11, 17, 19, 28, 32

## な

ナトゥーフ文化　16
西モノ族　163, 164
ヌートカ族　29

## は

廃屋墓　77, 168
配石遺構　6, 7
バサルワ族　28
バッラ期　17
バルヤ族　111-114, 158, 161
バンド社会　13
ビーズ　21-27, 32, 35, 37, 110, 114, 155, 158, 165
ビッグ・マン　14, 28, 113
ヒューロン族　17
プエブロ族　16
副葬品　3, 4, 6, 7, 15
部族社会　13, 165
ブタ　15, 16, 18, 143, 155, 165
プラトー・ホライズン期　35-39
プランク・カヌー　トモル を参照
プランク・ハウス　78
プロトヒストリック期　34, 36-39
ヘッド・マン　14, 15
ヘテラルキー　13, 31
返礼社会　14-16, 18, 30, 155, 165
暴君社会　14-16, 30, 165
干貝　85
墓制　1, 3-8, 10, 13, 109, 157, 172
ポトラッチ　9, 15, 16, 27-29, 31, 71, 164, 165

## ま

マーポール期　17
ミウォク族　163
水場遺構　5, 9, 45, 63, 68-71, 74, 115-119, 121-123, 126-129, 131, 132, 134, 138-141, 145, 154, 159-161, 164, 172, 173
耳飾　139, 142, 143, 145, 147, 151-153, 161, 169
ミミズク土偶　150, 151
メカジキ　22
メキシコハマグリ　24, 26
モニ族　112-114, 158, 161

## や

野心的リーダー　12, 14, 15, 17, 27

山形土偶　71, 150, 151, 169
ユロク族　163
ヨクツ族　163

## ら

利子　16, 30
リミナリティ　28
良渚文化　16
リルエット期　17

## わ

ワントゥー族　37


【地名・遺跡名】

## S

SCRI-191遺跡　24, 26
SCRI-192遺跡　26

## あ

赤城遺跡　45, 46, 62, 63, 117, 131, 143, 144, 151-153, 169
赤山陣屋跡遺跡　117, 129, 130, 134, 136, 137, 139, 154, 160, 161
安食平貝塚　54
石神貝塚　46, 47, 60, 106, 131, 160
井野長割遺跡　47-49, 59, 62, 63, 121, 145, 147
印旛沼　41, 49, 60, 107, 150, 153
牛久沼　83
後谷遺跡　43, 44, 117, 123-125
雅楽谷遺跡　44, 45, 59, 60, 106, 107, 151-153
オーストラリア　11
大宮台地　41-43, 45, 59-62, 71, 72, 74, 75, 106, 107, 110, 129, 141, 145, 148, 150-153, 160
乙女不動原北浦遺跡　148

## か

貝の花貝塚　52, 63-65, 141

霞ヶ浦　41, 42, 53, 54, 56, 59-61, 71, 74, 75, 80-82, 85, 86, 95, 104-110, 114, 157, 172
加曽利南貝塚　49, 50, 143
上高津貝塚　55, 61, 62, 71, 82-84, 92, 93, 95, 96, 99-106, 110, 148-150
上宮田台遺跡　63
カラハリ砂漠　11
カリフォルニア　4, 6, 8, 11, 13-15, 21, 26, 37, 38, 110, 158, 162-165, 167, 171, 173
関東平野　68, 79, 105, 107, 132, 150-152, 154, 162
キートリー・クリーク遺跡　17, 33-40
祇園原貝塚　52, 63, 147
金生遺跡　71, 143
草刈貝塚　77, 168
クムパ　112, 113
曲輪ノ内貝塚　47, 48, 79
黒谷田端前遺跡　45, 46
工芸品製作　5, 7-10, 26, 30, 171
古鬼怒湾　85
古作貝塚　169
コディアック島　13
小深作遺跡　45, 46
小山台貝塚　56, 60, 61, 71, 82-84, 94, 101, 103-106, 114

## さ

西広貝塚　51, 147
下ケ戸宮前遺跡　53
ささら(Ⅱ)遺跡　106, 107, 151-153
里浜貝塚　81, 109
サンタ・クルス島　23-26
サンタ・ローザ島　23
三ノ耕地遺跡　131, 145
三陸海岸　81
下総台地　9, 42, 47, 59-62, 65, 71, 74, 75, 79, 141, 148, 154, 160, 161, 168, 172
下宅部遺跡　115, 117, 126, 127, 129, 137-139, 141, 145, 154
正網遺跡　106-108
瀬戸内海　109
仙台湾　81, 82, 105, 109, 114, 157

曽谷貝塚　49, 50
園生貝塚　49, 50

### た

高井東遺跡　43, 44, 62, 71, 148
立木貝塚　57, 58, 61, 82
千網谷戸遺跡　107, 152
チャネル諸島　21, 23, 25, 26
寺野東遺跡　41-43, 45, 47, 60, 63, 66-69, 78, 79, 106, 107, 115, 117, 118, 121-123, 134, 137, 139, 143, 148
天神原遺跡　143
東京湾　65, 85, 107, 109, 143
道成寺貝塚　86, 90
徳山村　135, 136
戸ノ内貝塚　49, 50
殿台遺跡　83, 101, 103, 104

### な

中沢貝塚　51, 147
中妻貝塚　56-58, 60, 61, 82, 83, 86, 93-95, 99, 104, 106, 110
なすな原遺跡　148
二月田貝塚　81
西根遺跡　160
ニューギニア　14-18, 110-114, 143, 147, 148, 157, 158, 161, 165, 167, 172
能満上小貝塚　148

### は

原ヶ谷戸遺跡　152
バルカン半島　16
馬場小室山遺跡　44, 45, 59, 60
部室貝塚　55, 56
広畑貝塚　81-83, 86, 88-92, 94-101, 104-109
布川貝塚　82
福田貝塚　57, 60
ブリティッシュ・コロンビア　17, 33, 165
フロリダ半島　167
平三坊貝塚　42, 53-55, 60, 61
房総半島　145, 147, 148
法堂遺跡　81-84, 86, 91, 92, 94, 96-107, 109, 158, 161
北西海岸　3, 6, 7, 9, 11, 14-18, 26-29, 31, 35, 71, 78, 138, 148, 162, 164, 165, 167
ボツワナ　28

### ま

前浦遺跡　81-83, 101, 103, 104
前窪遺跡　142
前田村遺跡　58, 59, 61, 62, 71
三直貝塚　62, 63, 73, 147
宮内井戸作遺跡　48, 49, 147, 148
明神前遺跡　117, 122, 123, 137
三輪野山貝塚　49, 53, 59, 63, 65, 71, 101, 103, 104, 131, 132, 145
陸奥湾　81

### や

吉見台遺跡　47-49, 75, 147
余山貝塚　169

### ら

ラオス　33
レヴァント　17

## 【人名】

### あ

アーノルド, J.E.　12-14, 21, 24, 26, 40, 85, 108, 110
アール, T.　19, 20
赤澤威　92, 95, 96, 99, 100
阿部芳郎　41, 67, 79, 146-148, 160
アルデンダーファー, M.S.　28
安斎正人　7
江原英　41, 74
大塚達朗　162
大林太良　6, 7

か

金子裕之　88, 90, 97, 99, 100
カン, S.　28
クープランド, G.　26
クラーク, J.E.　19, 20
コーエン, M.N.　12
コスティン, C.L.　10, 19-21, 26, 27, 85, 108-110
ゴドリエ, M.　14, 112
小林達雄　6
近藤義郎　81, 85, 88, 101, 103

さ

坂口隆　1, 7, 167
佐々木藤雄　7
サックス, A.A.　3
サトルズ, W.　31
佐原真　6
ジャクソン, T.L.　163
鈴木正博　85, 93-95, 99, 114

た

高橋満　84, 88, 91
高橋龍三郎　15, 77, 100, 140, 147, 162, 163
ディートラー, M.　32
寺門義範　89
戸沢充則　91, 92

な

直良信夫　88, 97, 99
中村大　7

は

ハービック, I.　32
ピーコック, D.P.S.　19
ビンフォード, L.R.　3
フィッツヒュー, B.　13
ブラムフィール, E.M.　20
ヘイデン, B.　5, 10, 12, 14-18, 27-31, 33, 39, 155, 165, 167
ペロディ, J.R.　29
堀越正行　60, 74

本多昭宏　94

ま

武藤康弘　78

や

山田康弘　168
山内清男　6, 162, 167
吉野健一　145

わ

渡辺仁　1, 3, 6, 7, 162, 167, 171
渡辺裕水　85
渡辺誠　133, 135, 137, 140

著者略歴
川島　尚宗（かわしま　たかむね）
　　1978 年　栃木県に生まれる
　　2009 年　筑波大学大学院人文社会科学研究科修了　博士（文学）
　　リュブリャーナ大学文学部講師、筑波大学人文社会系研究員を経て
　　現在、山口大学埋蔵文化財資料館勤務

主要論文
「霞ヶ浦周辺地域の縄文時代後・晩期遺跡と「環状盛土遺構」」（『物質文化』第 85 号、2008 年）
「縄文時代土器製塩における労働形態」（『筑波大学 先史学・考古学研究』第 21 号、2010 年）
「Reconsideration of the Use of Salt in the Jōmon, Inter Faculty」（vol. 3、2012 年）

## 生産と饗宴からみた縄文時代の社会的複雑化

2015 年 7 月 25 日　初版発行

著　者　川島　尚宗

発行者　八木　唯史

発行所　株式会社　六一書房
　　　　〒101-0051　東京都千代田区神田神保町 2-2-22
　　　　TEL 03-5213-6161　　FAX 03-5213-6160
　　　　http://www.book61.co.jp　E-mail info@book61.co.jp
　　　　振替 00160-7-35346

印　刷　藤原印刷　株式会社

ISBN978-4-86445-067-6 C3020　　ⓒ Takamune Kawasima 2015　　Printed in Japan